2050年
世界人口
大減少

EMPTY PLANET

THE SHOCK OF GLOBAL
POPULATION DECLINE

ダリル・ブリッカー／ジョン・イビットソン＝著

文藝春秋

2050年　世界人口大減少

80億人に迫っている。

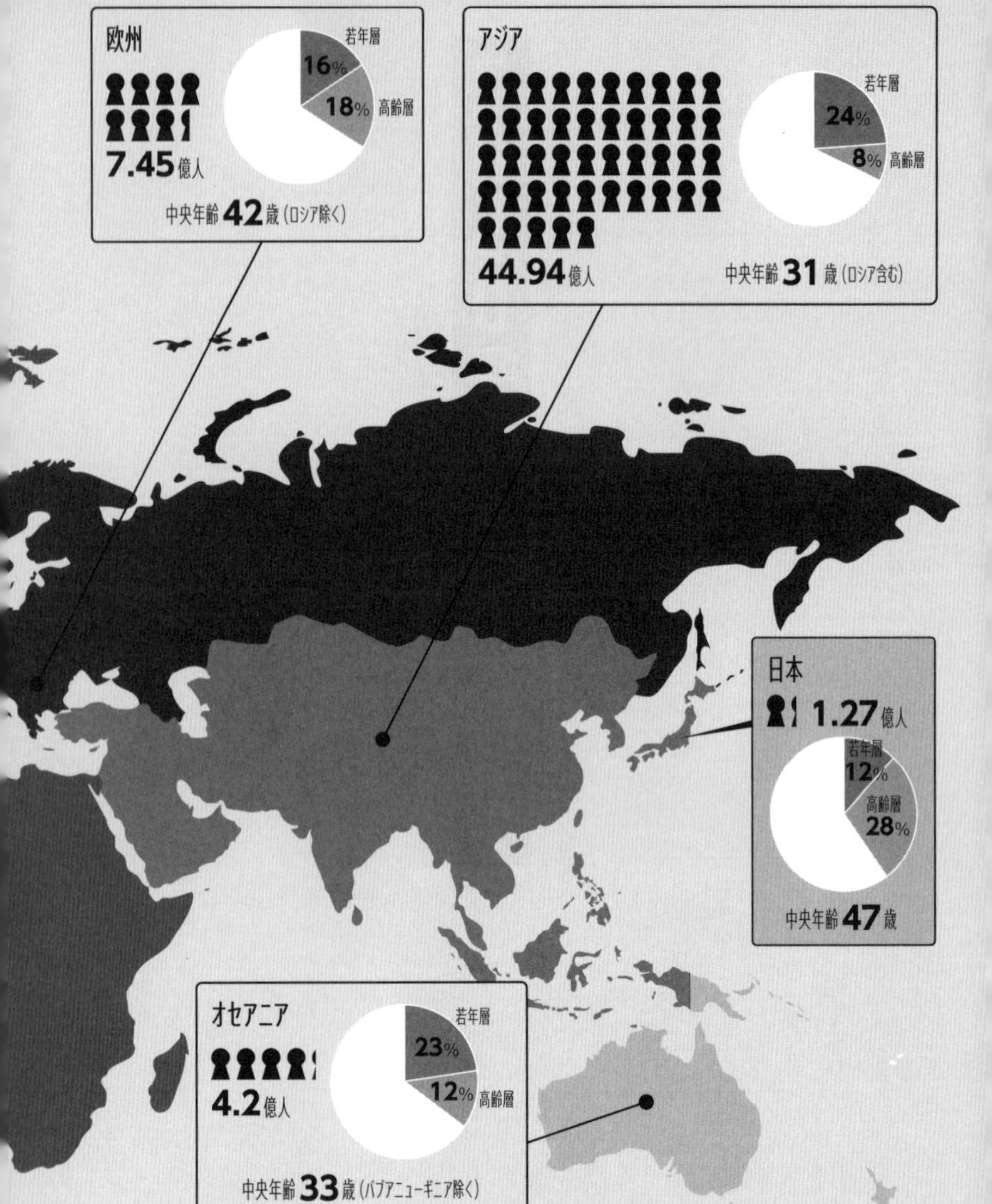

出所：2017 World Population Data Sheet
https://www.prb.org/wp-content/uploads/2017/08/WPDS-2017.pdf
："MedianAgebyContinent," MapPorn(Reddit, 2017)
https://www.reddit.com/r/MapPorn/comments/6lgvdm/median_age_by_continent_6460x3455/

現在、世界の人口は

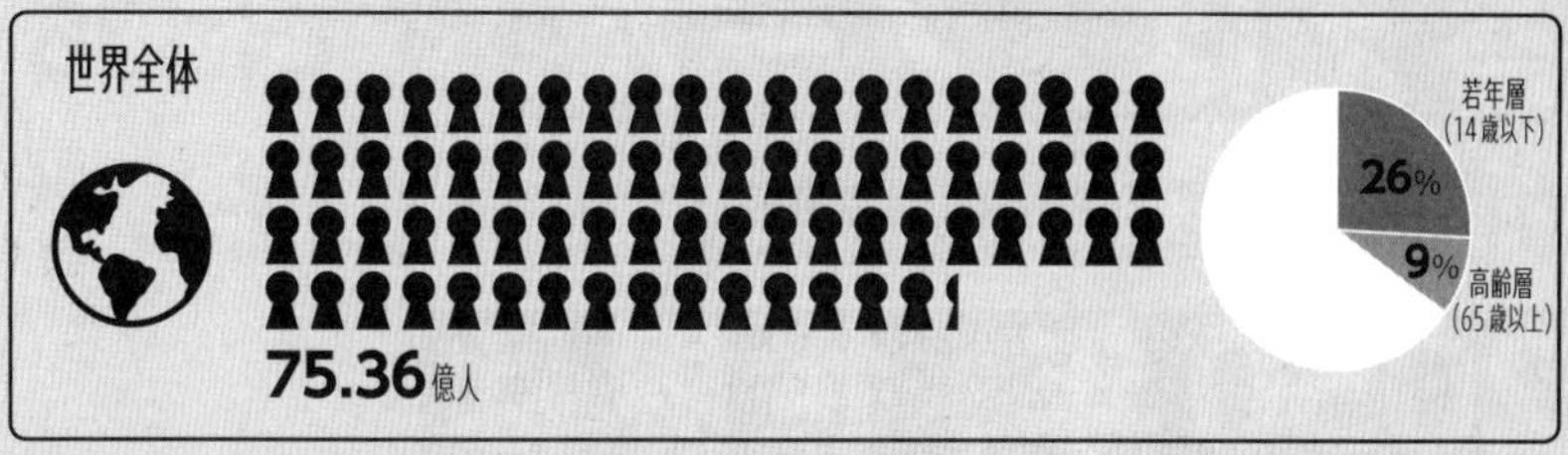

地域ごとの各種人口データ

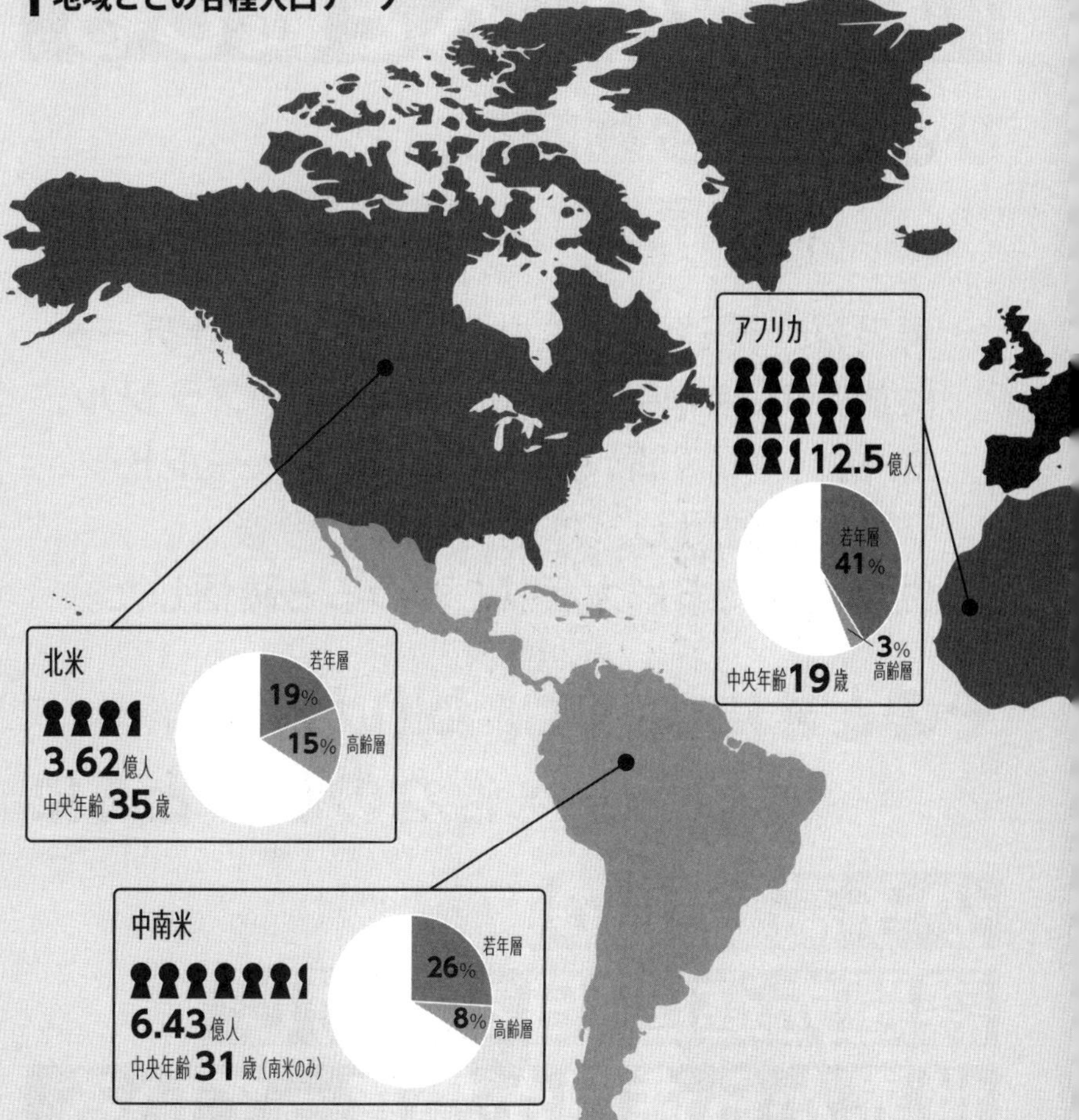

は、このまま続くのか？
答えは、ノーだ。すでに25カ国で人口が減り始めている。そして
2050年、世界は
「人口減少」へと転じる。

ひとたび減少に転じると、
2度と増加することはない。

著者は、国連をはじめとする各種統計データに加えて、中国、インド、アフリカ、ブラジル、ヨーロッパ、韓国などで貴重なフィールドワークを敢行し、本書を執筆。今後、世界のかたちはガラリと変わると確信した。

そのときに備えて、われわれは
何をすべきなのか？ とくに

少子高齢化の
課題先進国・日本に対し、
世界から注目が集まっている。

世界規模の「人口爆発」

国連の人口推計　三つのシナリオ

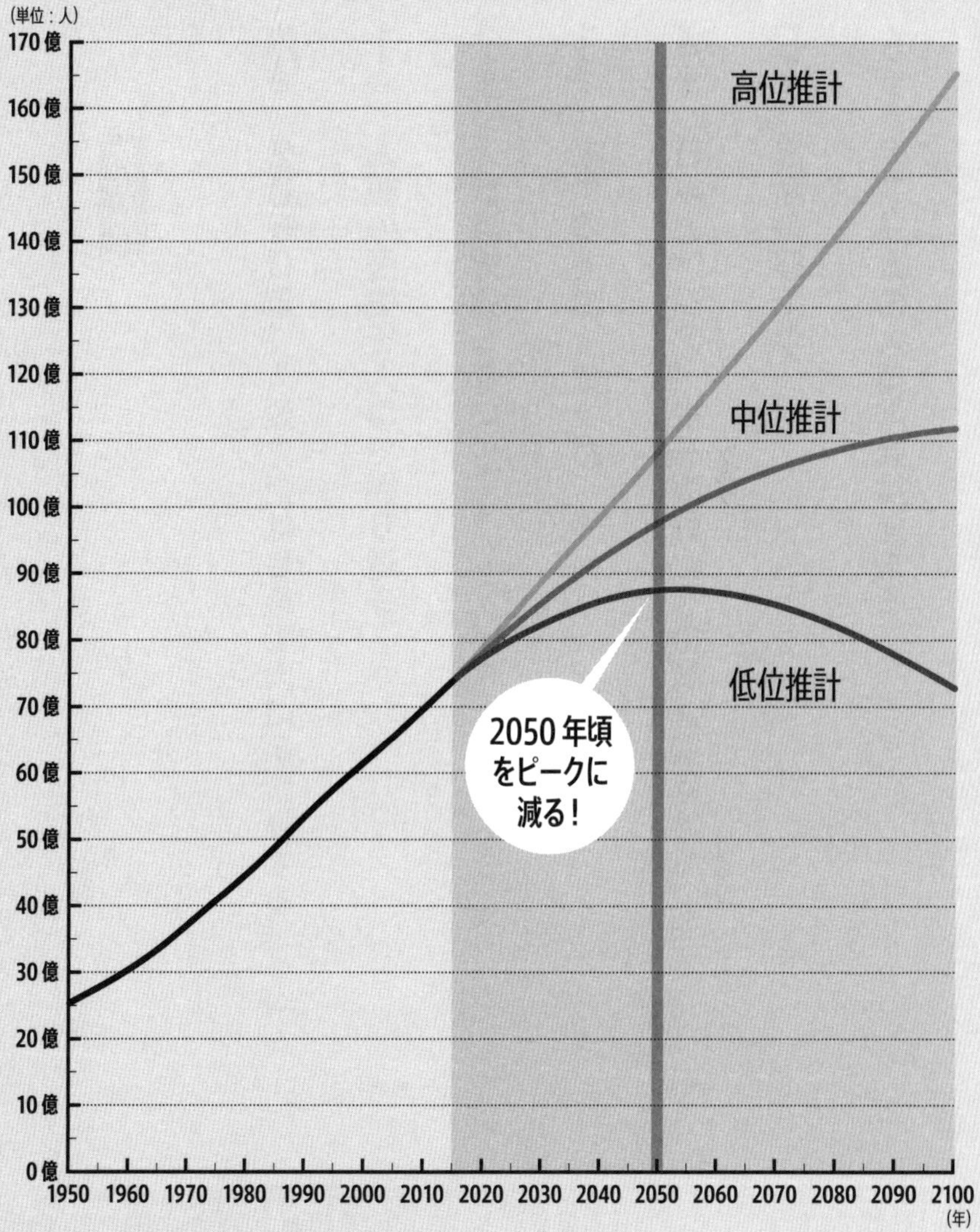

出所：国連人口部　"World Population Prospects：The 2017 Revision ほか

目次

ニナとエミリーへ。あなたたちがいなければ、私は存在しなかった

——ダレル・ブリッカー

メンターであり心からの友だったバリー・バートマンを偲んで

——ジョン・イビットソン

PREFACE

序章

2050年、人類史上はじめて人口が減少する

現在、世界人口は70億人を超えた。
だが今世紀半ばには、減少へ転じるだろう。
すでに25の国で人口が減り始めている。
本書では、未来への鍵を握る
中国、インド、アフリカ、韓国、欧州などでの
貴重な現地フィールドワークを加えつつ検証する。

それは女の子だった。

２０１１年10月30日の日曜日、日づけが変わる直前の真夜中、混雑したマニラの病院でダニカ・メイ・カマチョはこの世に生まれ落ちた。この地球に住む人類の数が70億人に達した瞬間である。

本当のところ、目盛りが正確に70億を指したのはその数時間後だったかもしれない。インドのウッタル・プラデーシュ州の村でナルギス・クマールが生まれた瞬間だ。もしくは、ロシアのカリーニングラードで男の子のピョートル・ニコラーエワが誕生した瞬間だった可能性もある[1]。いや、実はそのいずれでもない。記念すべき70億人目の赤ちゃんが生まれ落ちたとき、そこには写真撮影もなければ記念のスピーチもなかった。その瞬間がいつ、どこで起きたかを知る術はないのだ。我々にわかっているのは、国連のもっとも信頼できる推計によると、２０１１年の10月30日のどこかで人類の人口は70億人を超えたということだけだ。この歴史的な節目を象徴する赤ちゃんを「この子だ」と認定した国はいくつもある。ダニカもナルギスもピョートルも、そのような赤ちゃんたちの一人である。

だが、70億人目の赤ちゃんを祝うべき理由などない、と考える人も大勢いる。例えばインドの厚生大臣グラム・ナビ・アザッドは、「(世界人口が70億人に達したのは) 大きな喜びどころか、大きな心配事である。我々にとって、人口増加が止まった時こそ大きな喜びとなろう[2]」と明言している。アザッドと同じ懸念を抱く人は多い。彼らは世界人口が危機レベルにあると警鐘を鳴らしている。ホモ・サピエンスはなんの制限もなく野放図な繁殖を続けており、毎年生まれる1億3000万人以上の新生児（ユニセフの推計）に衣食住を提供する能力は限界に近づいている。地球に人が満ちあふれるにつれ、森は消え、生物種は絶滅し、大気は温暖化していると――。

この人口爆発の起爆装置をとり除かない限り、人類の未来を待ち受けるのは貧困増加、食糧不足、紛争多発、そして環境劣化だ――警鐘を鳴らす人々はそのように断言する。〝現代のマルサス〟の一人、ジョエル・K・ボーンJr.は次のように述べている。「人口増加の劇的な減少か、温室効果ガス排出量の急速な減少、または菜食主義の地球規模の大流行が起きない限り――そのいずれもが現在は逆方向に向かっている――、多くの人は〝地球の終末〟と呼ぶしかない状況に直面することになるだろう[3]」

こうした警鐘や懸念はすべて、完全に、見事に間違っている。

今から30年後、世界人口は減り始める

21世紀を特徴づける決定的な出来事、そして人類の歴史上でも決定的に重要と言える出来事が、今から30年ほど先に起きるだろう。世界の人口が減り始めるのである。そしてひとたび減少に転じると、二度と増加することなく減り続ける。我々の目前にあるのは人口爆発ではなく人口壊滅なのだ。種としての人類は、何世代もかけて、情け容赦なくひたすら間引かれていく。人類はそのような経験をしたことは一度もない。

この話にショックを受ける人がいても当然だろう。国連の予測では、人口は今世紀いっぱい増え続け、70億人から110億人になるとしている。人口増加が横ばいになるのは2100年以降だというのだ。だが、国連のこの予測は人口を多く見積もりすぎだと考える人口統計学者が、世界各地で増えつつある。そうした学者に言わせれば、世界人口は2040年から2060年の間に90億人で頂点に達し、その後は減少に転じる可能性が高いという（おそらく国連は、減少に転ずる瞬間の象徴的な死を迎えた人を「この人だ」と指定するだろう）。今世紀末には世界人口は現在と同水準にまで戻っているかもしれない。その後は二度と増えることなく減少を続けることになる。

今でもすでに25カ国前後の国で人口は減り始めている。人口減少国の数は2050年までに35カ国を超えるだろう。世界で最も裕福な国の一部は、今では毎年人口をそぎ落としている。日本、韓国、スペイン、イタリア、そして東欧の多くの国々がそうだ。イタリアの保健大臣ベアトリーチェ・ロレンツィンは2015年、「我々の国は死にゆく国です」と憂いたものだ。[4]

だが、豊かな先進国で人口が減っているというのは大ニュースではない。驚くべきは、巨大な人口を抱える発展途上国ですら出生率が下がっており、近い将来に人口が減り始めるという点だ。中国はあと数年で人口減少に転じる。今世紀中頃までにはブラジルとインドネシアも続く。もうすぐ人口が世界最大となる予定のインドでさえ、あと30年ほどで人口の伸びは横ばいとなり、その後は減少に転じる。サハラ以南のアフリカ諸国や中東の一部の国々では、今でも出生率が極めて高い水準にある。だがそうした国々でも、若い女性への教育が普及し、避妊や産児制限が広がると、事態は変わり始める。おそらくアフリカの野放図な出産ブームは、国連の人口統計学者が考えているよりはるかに早く終わりを迎えるだろう。

ブリュッセル、ソウル、ナイロビ、サンパウロ、ムンバイ、北京などを現地調査して確信

今後は出生率が加速度的に低下する——そうした徴候の一部は、学術論文や政府報告書などから読みとることもできる。だが、市井の人々と話すことでしか読みとれない徴候もたくさんある。そこで、著者である我々ふたりはそれを実際に行った。本書執筆のデータを得るために、計6カ国のさまざまな都市を訪れ、現地の人々と話したのである。

ブリュッセル、ソウル、ナイロビ、サンパウロ、ムンバイ、北京、パームスプリングス、キャンベラ、ウィーン——。それ以外の都市にも立ち寄った。そうした訪問先で我々は学者や公務員とも話したが、それより大事なのは若い世代との会話だった。大学のキャンパスや研究所、ファヴェーラ（ブラジルの貧民街）やスラム街で若者と話した。人生で一番大事な選択について彼らはどう考えているのか——すなわち、自分の子を作るかどうか、作るとすればいつか、という選択である。

人口減少それ自体には良いも悪いもない。だが、その影響は良くも悪くも巨大である。

今日生まれた赤ちゃんが中年になるころ、彼女をとりまく世界状況や将来見通しは今と大きく違っているはずだ。地球はさらに都市化が進み、犯罪率は低下し、環境により優しくなっているだろうが、同時に高齢者がずいぶん増えているはずだ。彼女は簡単に仕事を見つけられるだろうが、家計は苦しいだろう。大勢の高齢者の医療と年金に使われる税負担が、彼女の収入を食いつぶすからだ。学校の数も今より減るだろう。子供が減るからだ。

こうした人口減少のインパクトを実感するのに、なにも30～40年も待つ必要はない。今でも先進国である日本やブルガリアなどでそれを実感できる。こうした国々では、働き手および買い手となる若者人口が減少し、社会サービスを提供したり、冷蔵庫を売りさばくのが難しくなっているのに、それでも経済を成長させようと四苦八苦している。都市化が進む南米諸国や、さらにはアフリカでさえ、自分の人生を自分で決める女性が増えるにつれて、人口減少の影響が身近に感じられるようになってきている。例えば、子供たちがなかなか家を出て独り立ちしようとしなくなっている個々の家庭にも、そうした影響は見てとれる。彼らは20代のうちに子供を持とうなどという気はさらさらないのである。さらに、荒れ狂う地中海の海上にも人口減少の影響を見ることができる。悲惨な土地から逃げ出した難民たちが、空洞化へと向かい始めた欧州の国境に押しかけているからだ。

近い将来、地球規模の覇権争いにも影響が現れるかもしれない。数十年先には人口減少が戦争と平和の性質を変えかねないからだ。人口減少や高齢化の予期せぬ副作用で国力の低下に苦しめられる国が現れる一方で、一部の国は現在と同じ活力を維持できる。今後数十年間の地政学上の最重要課題は、一人っ子政策の壊滅的な帰結に直面して怒りと恐怖に突き動かされる中国を抑制し、丸く収めていくことになるかもしれない。

人口減少の副作用を恐れる一部の人々は、夫婦やカップルがもっと多くの子供を持つような政策を取るべきだと訴える。だが、そうした政策は無駄に終わることが数々の証拠から明らかだ。いわゆる〝低出生率の罠《わな》〟にはまり、子供はひとりかふたりしか持たないのが当たり前の社会になると、その数を当然だとする感覚は決して変わらない。夫婦やカップルは子供を持つことを、神や家族に対して果たすべき自分の義務だとはみなさなくなる。そうではなく、個人的な満足感を得るために子育てをしようと考える。そしてその満足感は、ひとりかふたりの子供を育てれば満たされる。

我々は自ら人口減少を選んだ

人口減少という難題の一つの解決法は、補充人員を輸入することだ。本書の著者ふたりがカナダ人である理由もそこにある。これまで数十年間、カナダは人口一人当たりで見て、主要な先進国のなかで最も多くの外国人を受け入れてきた。しかも他国で生じたような民族間のトラブルやスラム街の発生、猛烈な論争はほとんど起きていない。そのようにできた理由は、カナダが外国からの移民を経済政策の一手段と考えた——移民政策には能力に応じたポイント制（merit-based points system）を用いたため、概してカナダへの移民はカナダ生まれの現地人より教育レベルが高い——点と、カナダが多文化主義を受け入れた点にある。多文化主義とは、カナダ的モザイク社会の中でそれぞれが自分の出生地の文化を尊重する権利を共有することを指す。そのおかげでカナダは、地球上で最も豊かな国々のなかでも、平和で繁栄し、複数の言語が共存する社会になれたのである。

続々と社会に入ってくる新しい人々を、カナダのように落ち着いて受け入れられる国ばかりではない。例えば韓国人、スウェーデン人、チリ人は、それぞれ韓国人、スウェーデン人、チリ人であるとはどういうことなのかという点に極めて強い意識を持っている。フランスは、自国に来た移民がフランス人であるという自意識を持つべきだと強調しているが、古くからの移民の多くはそんなことは無理だと拒否し、その結果、社会から切り離され差別される「バンリュー」のような移民だけのコミュニティが生まれた。英国の人口は現在の6600万人から増え続け、今世紀末にはおよそ8200万人に達すると予測されているが、あくまでそれは現在のように活発な移民受け入れを続けた場合の話だ。ブレグジットを決めた国民投票から明らかなように、英国民の多くはイギリス海峡をお堀に変えたいと望んでいる。人口減少をなんとかしたいなら、国として移民と多文化主義の両方を受け入れなければならない。前者は受け入れるのが難しい。後者は、一部の人には結果的に受け入れ不可能かもしれない。

人類は史上初めて〝老い〟を経験する

大国のなかでも、来たるべき人口減少時代が追い風となる唯一の国がアメリカである。アメリカは何世紀もの間、最初は大西洋を越え、次は太平洋を越え、最近ではリオ・グランデを越えてやって来る移民を歓迎してきた。何百万もの人々が喜んで「人種のるつぼ」――アメリカ型の多文化主義――に飛び込み、米国の経済と文化を豊かにしてきた。20世紀が〝アメリカの世紀〟だったのは、移民政策のおかげだ。今後も移民の流入が続くなら、21世紀もアメリカの世紀となるだろう。

ただし、それには条件がある。警戒心を抱いて移民排斥主義となった最近の〝アメリカ・ファースト〟の盛り上がりは、すべての国との国境に高い壁を築き、アメリカを偉大な国にしてきた移民の流入チャネルの蛇口を閉めてしまえと息巻いている。ドナルド・トランプ大統領のもと、連邦政府は不法移民を厳しく取り締まるだけでなく、高い技能を持つ合法な移民の受け入れ数も減らしてしまった。米国経済にとって、自殺行為とも言うべき政策である。もしこの変化が一時的なものでないなら、もし米国民が馬鹿げた恐怖心から移民受け入れの伝統を捨て、世界に背を向け続けるとするなら、アメリカでもやはり減少することになろう。人口だけでなく、国力も、影響力も、富も――。アメリカ人は一人一人が選択を迫られている。多様性を受け入れ、来るものを拒まず、開かれた社会を望むのか、それともドアを閉ざして孤立しながら衰退する道を望むのか。

これまで、飢饉や疫病のせいで人間集団が間引かれたことは何度もあった。だが今回、人々を間引いているのは我々自身だ。人口を減らすことを自ら選んでいるのだ。我々はこの選択をずっと続けるのだろうか？　答えはおそらくイエスだ。政府による手厚い子育て援助金やその他の支援政策により、夫婦やカップルが持とうと思う子供の数を増やすことに成功するケースも時にはあった。だが、一度下がった出生率を人口置換水準――人口の維持には女性一人当たり平均2・1人の子供を生む必要があるとされる――にまで高めることに成功した政府はない。しかも、そうした支援策にはとてつもない費用がかかるので不況時には削減されがちだ。また、夫婦やカップルが本来なら持たなかったであろう子供を、政府が背中を押して生ませるというのは、おそらく倫理的にも問題があるだろう。

この先、縮みゆく世界に慣れていくに従い、我々は人口減少を喜ぶのだろうか、それとも悲しむのだろうか。成長を維持しようとあがくのだろうか、それとも人類の繁栄や活力が縮小する世界をいさぎよく受け入れるのだろうか――。私たちには答えられない。だが、詩人ならこう表現するかもしれない。人類は歴史上初めて、自身の老いを感じていると。

A BRIEF HISTORY OF POPULATION

1章

人類の歴史を人口で振り返る

自然環境や災害、疫病、飢饉、戦争で
人類の人口は伸び悩んでいた。
しかし、18世紀に産業革命と農業革命が起こり、
人口爆発が起きた。
ヨーロッパ、そしてアメリカ、
戦後は途上国でも人口は増えた。
だが、果たして現在もそうだろうか。

紀元前から1950年までの世界人口の推移（推定値）

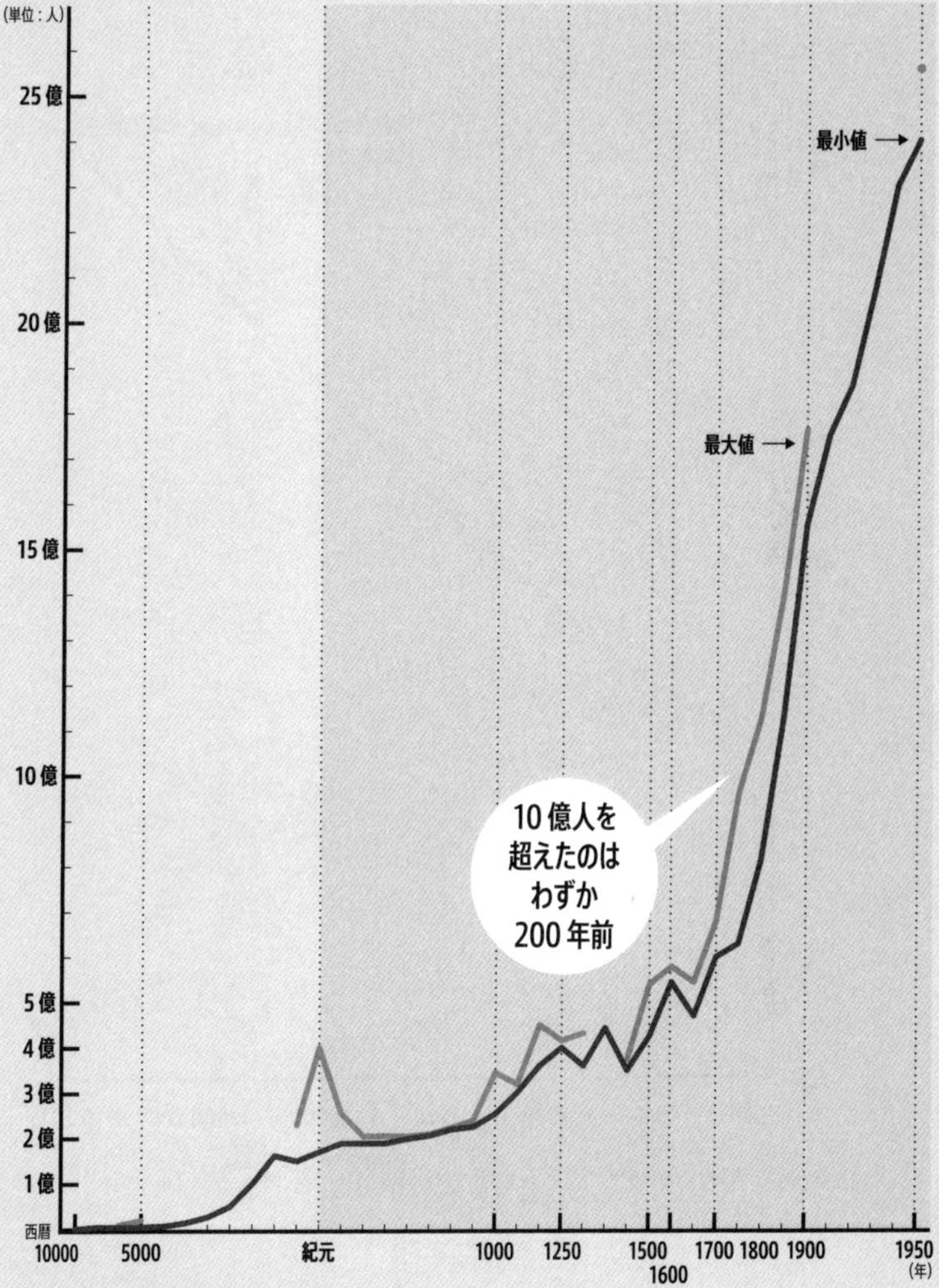

出所：米国国勢調査局：過去の世界人口の推定値
https://www.census.gov/data/tables/time-series/demo/international-programs/historical-est-worldpop.html

1950年以降の世界人口の推移

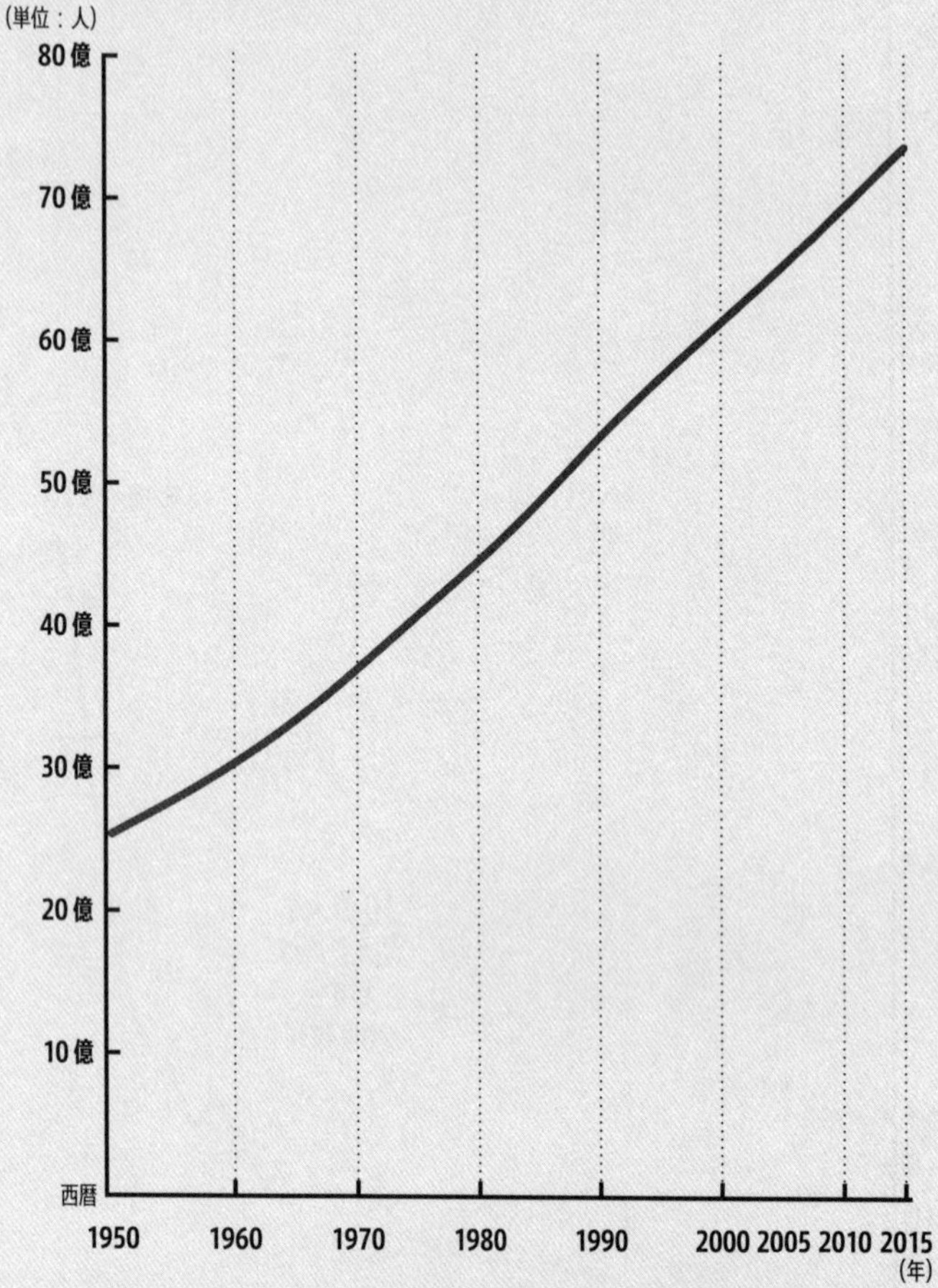

出所：国連　世界人口推計 2017年改訂版（World Population Prospects, the 2017 Revision）

人類の進歩は一進一退を繰り返す。

帝国の興亡の歴史は、人々を苦しめる難題が波のように寄せては引いてを繰り返したことをしのばせる。地球の寒冷化や温暖化で作物は大打撃を受けただろうし、新しいウイルスや細菌が持ち込まれるたびに人々は苦しめられた。知識を得ても失われ、同じ苦難を繰り返して学び直さねばならなかっただろう。定住の遅れた東方は当初は西方に差を付けられていたが、キリストの時代にはローマ帝国と漢帝国の力はほぼ等しくなった。あまりにも力が拮抗していたがゆえに、お互いが相手を滅亡させる原因となったのかもしれない。「両国では、複数の死病がそれぞれ独自に進化した」と考古学者のイアン・モリスは書いている。「そして紀元前200年までの間に、そうした死病の組み合わせは、両国があたかも別の惑星に存在するかのごとくまったく異なるものになった。ところが、両国の中核都市を結ぶルートを行き来する商人や遊牧民が増えるにつれ、両国の病原菌が混じり合い、すべての人へ恐怖が放たれたのである」[1]

紀元前3200年ごろメソポタミアとエジプトで生まれた文明の黎明期から、1300年のルネッサンスの始まりに至るまで、同じことが繰り返された。まず、地理的条件と優れた指導者と進んだ技術の組み合わせにより、どこかの部族か民族が優位に立ち、周辺地域すべてを征服する。こうして平和が訪れると、道が整備され、田畑は豊かになり、法律が作られ、税が徴収される。

その後、なにか良くないことが起きる。凶作か伝染病か、もしくははるか遠くで騒乱が発生し、辺境からなだれ込んできた兵士に帝国の中心部が奪われる——。こうして崩壊と再建のサイクルが繰り返される。

とはいえ、その繰り返しによってすべての進歩が失われたわけではない。東方か西方か南方が凋落すれば、別の方角が盛り返す。ローマ帝国の崩壊とともに西方で失われた知識はイスラム圏が保持していたし、インドはさまざまなことを可能にする〝ゼロ〟を発見した。新しい疫病が流行っても新しい抗体で抵抗できるようになる。少なくともユーラシアでは、免疫が人類の進歩に大いに役立った。

今から7万年前、スマトラ島のトバ火山の噴火後に人口数千人まで落ち込んだ人類は、最初の農業革命の時期に500万人から1000万人程度にまで増えた。西暦1年にはおそらく3億人になっていただろう。1300年頃になると、中国ではさらに文明開化が進み、イスラム圏はインドからスペインまで広がり、ヨーロッパはやっとローマ以降の暗黒時代から抜け出し、この結果として世界人口は4億人前後と過去最大に達する。[2] そして、かつてない惨劇が起きた。

感染者の80%を殺した黒死病

腺ペストの原因となる細菌「エルシニア・ペスティス」は長年人類とともに存在してきた。一説には、黒海と中国の間にまたがる地域が〝疫病の貯蔵庫〟になっており、そこにははるか昔から「エルシニア・ペスティス」がいて、今でもいるという（その地域では今でもたまに腺ペストの患者が出る）[3]。そもそも腺ペストの主な感染先は人間ではない。むしろ「ネズミがかかる病気に、人間も加わった」[4]のである。まず、この細菌を宿したノミを介してネズミがペストに感染する。ネズミが死ぬと、ノミは新しい宿主を探す。もし近くに人間がいれば、その人は一巻の終わりだ。ただし、ノミにかまれた人がペストを発症するまで3日から5日かかるため、別の人に病気をうつす時間は十分にある。ペストは空気中を飛ぶ咳やくしゃみの飛沫で感染するのだ[5]。

古代にもペストの大流行は繰り返し起きたようだ。完全な記録が残る最古のものは541年に発生した「ユスティニアヌスの疫病」で、ローマ帝国が失った版図を取り返そうとしたビザンティン帝国の望みを打ち砕いた[6]。だが、なんと言っても圧倒的なのは黒死病（この名は後につけられた）である。原因は、極めて毒性が高くなった腺ペストの変種である可能性が高い。中国、もしくは「ザ・ステップ」と呼ばれる中央アジアの大草原地帯から発生し、1346年にクリミアに至る。クリミア半島の黒海沿いの都市カッファを攻め落とそうとしたモンゴル軍が、ペスト患者の死体を城壁越しに投げ込んだと伝えられる。おそらく最も古い細菌戦の実例であろう[7]。いずれにせよ、黒死病は船を介してクリミアから地中海の港町へと到達する。

当時のヨーロッパには、ペストが蔓延する好条件がそろっていた。地球寒冷化で農作物の収穫は激減し、空腹に悩む人々の免疫力は低下していた。加えて戦争が人々の暮らしをさらに圧迫していた。だが、いくつもの悪条件にもかかわらず、中世ヨーロッパは数世紀続いた暗黒時代から抜け出し、経済と人口は急速に拡大していたため、各都市や地方の間を人と物資がかつてないほど大量に移動するようになっていた。こうしたいくつもの条件が重なり、黒死病は急速に広がった。主要な交易路に沿って陸路を一日2キロの速さで伝染し、さらに航路をノミが渡ることでほぼ瞬時に北ヨーロッパにまで飛び火した。3年もせずに全ヨーロッパ大陸は黒死病に支配された。

当時は感染者の80％が死亡した。たいていは最初の症状が現れてから一週間以内に死んだ。

中国とインドにも黒死病が蔓延したのかどうかについては、確固たる証拠がほとんどなく、議論は割れている。(8)だが少なくともヨーロッパでは、人口の3分の1がわずか数年で消えた。3分の1どころか60％が死亡したとする説もある。(9)

とはいえ、にわかには信じがたいが、黒死病の大流行はいくつか良い結果も生んだ。働き手不足で農奴と領主の絆が弱まった結果、労働移動率と労働者の権利が高まり、生産性向上のきっかけとなった。賃金はおおむね、物価の上昇を上回る勢いで伸びた。封建制はついに崩壊し、土地や資本の所有者は契約に基づいて労働サービスを得るようになった。また、それまでヨーロッパ人は死亡率の高い遠洋航海をなるべく避けてきた。ところが黒死病のせいで、陸にいても死亡率は相当高いとあって、あえて遠洋航海の危険を冒そうという気持ちが高まった。探検と植民地化を進めるヨーロッパの大航海時代は、実は黒死病が一助となって始まった可能性もあるのだ。(10)

ところが悲劇的なことに、その植民地化が黒死病よりさらに恐ろしい惨劇を新世界にもたらす。無防備なアメリカ大陸（南北および中央）の先住民のもとに、ヨーロッパからの探検家や略奪者、その後は入植者が次々と新しい疾病を持ち込んだのだ。正確な死亡者数はやはり推定が難しいが、ヨーロッパ人との接触により、アメリカ大陸の人口の少なくとも半分は消え去った。(11)これを「人口動態への影響で見れば、歴史上最大の大惨事だった可能性もある」とする見方もある。(12)先住民の死者数は人口の90％を超えていたという説もある。(13)とりわけ毒性が強く致死率の高い天然痘の影響が大きかった。

18世紀に人口増加の転換期を迎えたヨーロッパ

疫病と飢饉、戦争の三つが一体となり、前千年紀の中盤の世紀はずっと世界人口が抑えられていた。1300年の世界人口は4億人ほどと見られるが、1700年になってもその数は6億人を大きく超えてはいなかった[14]。当時の世界は、米国の人口学者ウォーレン・トンプソンが1929年に考案した「人口転換モデル」で言うところの「第1ステージ」にとどまっていたのである。誕生直後から18世紀まで、人類はずっと第1ステージにいた。出生率と死亡率の両方が高く、人口増加のペースは遅く、増加と減少が繰り返される。飢えと疾病が大きな原因だ。例えば、典型的な第1ステージの社会である中世ヨーロッパの場合、幼児のおよそ3分の1は5歳前に亡くなる。なんとか成人できても慢性的な栄養不足なので、おそらくは50歳代で病死することになる。

しかも、それは殺されなかった場合の話だ。産業革命以前の人間社会は、戦争や犯罪で常に殺される危険があった。先史時代はもっと暴力的だった。スティーブン・ピンカーが言うように、湿原や氷河といった場所で見つかる先史時代の人類の遺体には、ほぼ全員に暴力的に殺された痕跡が残されている。「暴力的に殺された遺体しか我々に遺せなかった古代人とは、どんな人々だったのでしょう?」とピンカーは驚いている[15]。そう考えると、人類誕生から啓蒙時代に至るまでは、中国でもアメリカ大陸でもヨーロッパでも、またそれ以外のいずれの土地でも、人口が増えたとしても微増しかしなかったことは驚くにあたらない。

ところが18世紀のヨーロッパで、人口増加のカーブは上を向き始める。1800年までに世界人口は10億人を超える。18世紀の百年間だけで、その前の四百年を上回る人口増加が起きるのだ。

ヨーロッパは「人口転換モデル」の第1ステージから第2ステージへと進歩した。出生率は高いまま、死亡率が次第に下がっていく段階だ。では、なぜ人々の寿命が延びたのか？

まず一つ挙げられるのは、疫病の大流行する間隔が次第に長くなり、また罹患しても症状の深刻さが次第に軽くなってきた点がある。これは、人々の食生活を支える農業の生産性が上がり、病気への抵抗力が増したためだ（この点については後にあらためて議論する）。三十年戦争が大きな傷跡を残して1648年に終わると、ヨーロッパには比較的平和な時代が100年以上続く。平和は、運河といったインフラへの新たな投資をもたらし、それが交易を活発にし、生活水準も向上した。新世界から持ち込まれたトウモロコシとジャガイモとトマトは、ヨーロッパ人の日々の食事の栄養価を高めた。

「各大陸の接近は、その後2世紀の間続く人口爆発の前提条件となり、また間違いなく産業革命にも一定の役割を果たした」と歴史学者のアルフレッド・クロスビーは述べている[16]。だが、もちろん平均寿命が延びた一番の原因は、産業革命それ自体だ。今の我々の世界につながる科学と産業の知識が加速度的に増えた。ジェームズ・ワットの蒸気エンジンの商業利用が始まったのは1776年だ（この年は特別な一年で、アダム・スミスが『国富論』を書き上げ、アメリカがイギリスからの独立を宣言したのも同じ年だった）。生産に機械が導入されることで生産性は向上した。工場、鉄道、電報、電球、内燃エンジン――最後の三つはアメリカの発明だ。南北戦争以後のアメリカは、富と力と自信を増していった。

産業革命と農業革命のおかげで、人々は次第に長生きするようになる。飢饉と伝染病がかつての勢いを失うと、人々は早めに結婚し、より多くの子供を持つようになった。しかもその子たちは、以前よりも多くが無事に育つ。衛生状態の改善、天然痘ワクチンの普及、その他の科学的躍進のおかげである。ビクトリア朝時代のイギリスでは、人類史上初めてとなる急速かつ持続的な人口増加が起きた。ヨーロッパとアメリカは、そのイギリスに追いつこうと先を争った。どのような社会であれ、第2ステージになると当時のイギリス社会のようになる。ただしそれは素晴らしい社会ではない。今も世界で最も悲惨な地域は、第2ステージの状態から脱出できずにいる。すなわち、人々の寿命は延び、多くの子供が産まれ、経済成長の果実は一部の少数者が独占し、貧困はそこらじゅうにあふれたままの状態だ。

人口置換モデル

第1ステージ　出生率も死亡率も高い
第2ステージ　出生率は高く死亡率が低い
第3ステージ　出生率も死亡率も低い
第4ステージ　出生率は人口置換率に等しく、死亡率は低い
第5ステージ　出生率は人口置換率を下回り、平均寿命は延び続ける

19世紀の産業革命がもたらした生活は、ほとんどの人にとって間違いなく悲惨だった。人々は退屈かつ危険な工場で、ありえないほど長い時間働き、病気の温床となる不快で密集したスラム街で暮らした。当時のヨーロッパは、もし凶作が数回続けばすぐに飢えが広がり、伝染病の大流

行がいつ起きてもおかしくない状態だった。しかし実際には、科学の進歩が細菌の進歩の先を行った。それがもっとも良くわかるのが「ブロードストリートのポンプ井戸」の逸話だ。

コレラと闘った無名の医師

イギリスによるインドの支配と貿易は、コレラ菌をその故郷であるガンジス・デルタからロシア経由でヨーロッパに連れてきた。最初にイギリスに持ち込まれたのは1831年。コレラ菌による死者は現在でも最貧国を中心に年間12万人を超えるが、19世紀のヨーロッパに与えた影響は破壊的だった。コレラ菌がイングランドに到達した時、上陸の地となった港町サンダーランドでは215人が死亡した。[17] コレラがこの島国を進行するにつれ、医者がなすすべもなく見守る中、何万人もの人々が死んでいった。医者たちはそれまで、こんなものを見たことがなかった（ただし、既知の症状に関してまで彼らの治療が役立たなかったわけではない）。

コレラは産業革命と一緒にやってきた。というのも、工業化と都市化により都市は巨大にふくれあがり——1860年のロンドンは人口320万人で世界最大の都市だった——恐ろしいほど不衛生な環境で暮らす住民の間には、都市の大きさと同じだけ巨大な健康上のリスクがあったのだ。コレラの発生時、ロンドンには個人所有の汚水槽が20万個もあり、排水溝や道沿いには汚物とゴミがあふれていた。[18] その一方で、産業革命は当時の科学も一変させた。とりわけ医学の世界では、実証研究により根拠のない世俗の一般通念が一掃された。

当時の人々は瘴気、すなわち汚染された空気を吸い込むことでコレラに感染すると信じていたが、ここにジョン・スノーという一人の無名の医師がおり、コレラは空気でなく水を経由して感染するのだと密かに確信していた。彼は、1854年8月31日にロンドンのソーホー地区から発生したコレラの大流行で、自分の仮説を証明する機会を得た。10日間で500人が亡くなり、人々はこぞってソーホー地区から逃げ出したが、スノーは逃げなかった。犠牲者の家を訪れ、遺族に話を聞き、感染に至るまでの行動をさかのぼって調べ、犠牲者の出た家を地図に記入していった。すぐに彼は、犠牲者ほぼ全員に一つの共通点があることに気付く。ブロードストリートの近くに住んでいるか、もしくはブロードストリートにあるポンプ井戸の水を使っていたのである。このポンプ井戸の水を自らくみ出して顕微鏡で調べたスノーは、「白くて羊毛のような小さな粒子」を発見する。これが病気の源にちがいない、と考えた彼の推論は正しかった。

だがこれは、当時の一般通念には反する推論だった。スノーは半信半疑の役人たちをなんとか説得し、ブロードストリートにあるポンプ井戸から手押しハンドルを除去させる。住民たちは別の場所から水を入手せざるを得なくなった。するとコレラの大流行はすぐに終わったのである。[19]スノーの発見は動かしがたい事実であり、頭の固い守旧派の説得には何年もかかったが、最終的に都市計画者たちは近代初の都市型下水システムの整備に着手した。1870年に運用開始されたロンドン地下の下水トンネルはきわめて堅牢に作られており、今日でもきちんと機能している。

一般にはあまり知られていないが、人類の健康に対するジョン・スノーの貢献はきわめて大きく、専門家の間では〝疫学の父〟として知られている。[20]彼は病気に対する人類の一般的理解を高め、また政策として公衆衛生を重視すべきだという理解も進んだ。その後も欧州各地でコレラは猛威を振るったが、ロンドンでは発生せず、それがヨーロッパ人の注目を集めた。遠からず、どの先進国でも都市計画者や政治家は、水の供給設備の安全確保を最重要課題として扱うようになった。医薬もまた飛躍的に進歩し、とりわけ麻酔薬と殺菌剤の分野で進歩が著しかった。平均寿命は延び、出生率は高いままで乳児の死亡率は激減した。イングランドおよびウェールズの人口は、1750年には600万人をわずかに下回り、黒死病に襲われる前と同じ水準だった、それが1851年までにはほぼ1800万人となり、1900年までに3300万人に達した[21]。人類は飛躍を始めたのだ。

スウェーデン型の人口減少――都市化で子どもは負債となる

私たちは20世紀の前半を、かつてないほど大量の人々が殺された時代だと思っている。第一次世界大戦の死者数は兵士と市民を合わせて1600万人超、第二次世界大戦では5500万人を超えた。また同じ時代に、これまでの最後となる伝染病の大流行も起きている。〝スペイン風邪〟として知られる悪性インフルエンザが第一次世界大戦の終盤に起き、2000万人から4000万人が犠牲になった。スペイン風邪の猛威はすさまじく、アメリカ人の犠牲者数は第一次世界大戦による戦死者数を上回ったほどだ。

それにもかかわらず、人口は何十年にもわたり急速に増え続けた。一部の国や地域では人口急増のペースがあまりにも激しく、不安を感じさせるほどだった。一方でより成熟した一部の先進国では、人口増加はそこまで急ペースではなかった。それどころか、アメリカなど一部の国では人口増加がほとんど止まるほどにまでペースが落ちた。この20世紀の人口動態を理解するには、二つのことを知らねばならない。なぜ死亡率が下がり続けたのか。そして、なぜ一部の地域では出生率も下がり始め、人口転換モデルの第3ステージに突入したのか――この二つの傾向を理解するには、スウェーデンを見るのがいい。

スウェーデン人は記録を残すのが好きだ。1749年には政府統計局を設立しており、今の我々に人口動態についての信頼できる最古のデータを残してくれた。そのデータを見ると、スウェーデンでどんなことが起きたのか、興味深い洞察が得られる。おそらくヨーロッパと北米のいずこでも同じことが起きたのだろう。スウェーデンではおよそ1800年ごろまで、出生率はわずかに死亡率を上回る程度だった。乳児死亡率は痛ましいほどに高く、生まれた赤ちゃんの20％は1歳の誕生日を迎えられずに亡くなり、さらに1歳を迎えられた子のうち20％は10歳前に死亡していた。[22]要するにスウェーデンは出生率も死亡率も高い、典型的な第1ステージの社会だった。

だが、19世紀に入って間もなく第2ステージに突入する。衛生状態と栄養状態が改善したおかげで、出生率は高いまま死亡率が次第に低下し始めたのだ。スウェーデンの人口は1750年の170万人から1820年には200万人にまで増えていたが、1820年以降は人口の急増期を迎え、1900年には500万人を超えた。その後は死亡率がゆっくりと低下しつつ出生率も低下する第3ステージに入った。そうでなければ人口はさらに増えていただろう。

では、なぜ出生率が下がったのか？

最も大きな要因は都市化であることに議論の余地はない。社会の経済的発展は都市化を促進し、都市化が進むと出生率が下がる。これは圧倒的多数のデータにより証明されている。しかし、その理由はいったい何なのか――。

中世ヨーロッパの社会では人口の90％が農業で暮らしていた。だが産業革命とともに登場した工場により、労働者は都市に集まってきた。農場では子供を作るのが「投資」になる。牛の乳搾りをする手、畑を耕す腕が増えるからだ。だが都市では子供は「負債」になる。養うべき口が一つ増えるだけだ。この傾向は現在までずっと変わらない。２００８年に行われたガーナの都市化と出生率に関する研究では、次のように結論している。「都市生活では子育ての費用がかさむ見込みが高いため、都市化は出生率を下げる。都市では住宅費が余計にかかるし、おそらく家庭内生産の面でも子供は都市ではあまり役に立たない」[23]。親の自分勝手な言い分に聞こえるかもしれないが、人々が都市に住むと子供の数を減らそうとするのは、純粋に自分たちの経済的利益に基づく行動に過ぎない。

女性の教育水準が上がり、出生率が下がる

出生率低下には、もう一つの要因があった（発展途上国では今もその要因が働いている）。我々はその要因が都市化と同じだけ重要だと考えている。都市には学校や図書館などの文化的施設がある。19世紀には新聞という最初のマスメディアも登場した。つまり、１８００年代にシカゴに住んでいた女性は、米国南部の農場地帯に住む女性よりも、産児制限について知る機会が多かったはずだ。女性は都市に引っ越すことで知識が増え始める。知識が増えた女性にとっては、自分が男性に服従するのは自然で当たり前なことではなく、是正すべき間違いとなる。女性たちはまず、所有権や年金といった分野で法の下の平等を求める運動を起こした。次に参政権を要求した。それから働く権利を求め、男性と平等な賃金を求めるキャンペーンを行った。こうして女性が多くの権利を勝ち取り、以前より力を持つようになると、女性はあまり多くの子供を生まなくなった。

赤ちゃんができるのは女性にとって常に嬉しいこととは限らない。19世紀には、特に大勢の子を生む女性にとって、妊娠・出産は健康上の大きなリスクとなった。母体と新生児に対する治療法が進歩した今日でも、子供に食事を与えてきちんと育てることは負担となる。さらに、子供を抱えた女性は家の外での仕事が制限される。仕事が続けられなければ、収入面だけでなく自立の可能性も下がりかねない。世界銀行の研究員は次のように指摘する。「ある女性が受ける教育の水準が上がれば上がるほど、その女性が生むであろう子供の数は減っていく(24)」

スウェーデンでは１８４５年、遺産相続で女性に男性と同じ権利を与える法律が成立した。１８６０年代になると出生率の減少が始まる。１９２１年には女性が投票権を得る。１９３０年までにスウェーデンの出生率は再び死亡率をわずかに上回ったが、どちらの率も極めて低い数値になっており、１００年前の半分もなかった。スウェーデンは人口転換モデルの第４ステージに入ろうとしていた。死亡率は依然として下がり続け、出生率が人口維持に必要な水準かその近くまで下がった社会である。第４ステージはまさにちょうど良いバランスが取れている。この段階にある社会では、人々は健康で長生きし、人口を維持または微増させるだけの子供が生まれる。

アメリカ、イギリス、フランスなど先進国でも人口が減少

イギリス、フランス、オーストラリアなど先進国の多くは、多少の差はあれスウェーデンと同じ道をたどった。19世紀の産業革命と20世紀の知識革命がそのように社会を変えたからだ。一方、以前は第三世界と呼ばれたこともあるチリ、モーリシャス、中国を見ると、三カ国ともスウェーデンと比べて変化の進み方はゆっくりだ。まだ出生率も死亡率も先進国よりはるかに高い。

スウェーデンで人口が減少に転じるのは１８６０年代になってからだが、一部の先進国ではもっと早い時期から減り始めた。アメリカとイギリスで出生率が下がり始めたのは１８００年代初頭だ。その当時も女性は多くの子供を産んでいたが、それでも以前よりは少なくなったのである。例えば米国の白人女性の場合（アフリカ系アメリカ人とネイティブ・アメリカンの女性についてはデータがない）、１８００年代には平均して7人の子供を産んでいた。だが１８５０年には平均5・4人、１９００年には平均3・6人である。19世紀の間に米国の出生率はほぼ半分に減ったわけだ。アメリカが第二次世界大戦に参戦する直前の１９４０年には、同国の出生率は２・２まで落ち込んだ。人口を維持するのに必要な２・１をかろうじて上回る水準だ。(25)

一般に、人口減少はいわゆる〝ベビーブーム〟が去った後の１９７０年代に始まったと思われている。だがそれは間違いだ。先進国の人口はベビーブームの始まる前、一部の国では１５０年近くも前から減り続けていたのである。

本書における「出生率」について

ここでちょっとした余談になるが、「出生率」という言葉について触れたい。この言葉から〝子供を産む機械〟のような響きを聞き取り、あけすけで、無礼にすら感じる人もいるだろう。「出生率」とは、一人の女性が生涯の間に産むと予想される子供の数の平均値を表すために、人口統計学者が使う用語である。"fertility rate"と"birth rate"（訳注：いずれも「出生率」と訳されるが、前者は分母が15歳から44歳の女性、後者はその社会の全女性）は人口統計学者にとっては異なる意味を持つ言葉だが、本書ではどちらも同じ意味で用いる。また念のため言い添えると、人口維持に必要とされる人口置換率が2・0ではなく2・1である理由は、子供のうちに亡くなる人や出生年齢前に亡くなる女性がいるため、この0・1を加える必要があるのだ。

塩素消毒――もう一人の無名の医師が人々の死亡率を下げた

ここまで私たちは、19世紀から20世紀初頭にかけて出生率が減ってきた理由を見てきた。一方、その期間には二つの恐ろしい世界大戦とスペイン風邪の猛威があったというのに、それでも死亡率が減り続けたのはなぜだったのか。その理由としてほとんどの人は医療の発達を挙げるだろう。さまざまな病気に対する新しい治療法やワクチン、外科手術や内服薬の進化、かつては致命的だった感染症を治す驚異的な薬、心臓病やガンと闘う手段の向上――。だが、そうしたものよりさらに重要な、それなのにあまり注目を浴びていない進歩がある。20世紀初頭に、公衆衛生が革命的な進歩を遂げたのだ。ジョン・スノーに匹敵する重要人物でありながら、さらに名の知られていない人物がその革命を先導した。その人物はジョン・リールという。

スノー医師のおかげで、先進国では20世紀に入るまでに近代的な下水システムが整備され、水を経由した感染の危険は減った。だが、下水だけでその危険をゼロにすることはできなかった。というのも、下水は最終的にどこかの川や湖に流れ込み、人々はその水を飲むからだ。水自体から汚染を取り除き、浄化することはできないのだろうか？

スウェーデンの化学者カール・ヴィルヘルム・シェーレが塩素を発見したのは1774年。その一世紀後、ドイツとイギリスの研究者たちがその塩素を使い、伝染病発生後の配水管を消毒するようになった。ドイツやイギリスでは、水を塩素で消毒しようという乱暴で一時しのぎの試みさえ何度か行われた。だが、劇的なブレイクスルーが訪れたのは1908年、米ニュージャージー州のジャージーシティにおいてだった。

同市の水道網は何十年も問題を抱えており、腸チフスなどの伝染病が繰り返し発生していた。1899年、同市は問題解決のためにジャージーシティ水道会社と契約を結ぶ。そして同社は、水道網のどこに感染源があるのかを調べ、それを取り除くために、公衆衛生に強い関心を抱く地元の医師ジョン・リールを雇った。

田舎の町医者だったリールの父は、赤痢に感染して苦しみながら亡くなった。その姿を見ていたリールは、感染病と闘うことに人生最大の執念を燃やしていた(26)。彼は塩素を使ったヨーロッパでの試験的取り組みを知っており、真の解決策はジャージーシティの水道を常に塩素消毒し続けることだと考えた。そのアイデアは市民の感情的反発を受け、多くの科学者からも非難されたが、リールは断固として耳を貸さず、半ば強引にことを進めた。施工業者を雇い、水道水を塩素消毒する設備をわずか99日で完成させてしまうのだ。1908年9月26日、あえて誰の許可も得ないまま、リールはジャージーシティの貯水池に貯められた水道水の塩素消毒を開始する。有り難いことに、彼が水に混ぜた塩素の濃度は的確だった。もし濃度を間違えていれば、ジャージーシティ全市に毒を盛ることにもなりかねなかった。

先進国から腸チフスが一掃される

翌年、市当局は市の水道水の汚染度がいまだに許容水準を超えたままだとして、ジャージーシティ水道会社を相手に二度目の裁判を起こす。だが裁判官は、塩素消毒のおかげで感染症が劇的に減ったという証拠を示し、市の訴えを退ける。リールの消毒装置が効果を発揮したのである。

この話は伝染病のように急速に広がった。6年を経ずして、地方自治体による水道サービスを受けるアメリカ人の半数は塩素消毒された水を飲むようになった。北米および欧州の関係当局も、予算の許す限りすみやかに塩素消毒を導入した。この動きが一般市民の健康に与えた影響は驚異的だった。１９０８年、リールが初めてジャージーシティの水道水に塩素を加えた当時、米国では年間に10万人当たり20人が腸チフスで死亡していた。そのわずか12年後の１９２０年、10万人当たりの死者数は8人まで減り、１９４０年までに腸チフスは先進国からほぼ一掃された。

塩素消毒の導入は、疾病との闘いにおける最大の進歩の一つと言っていい。だが、人々の注目を浴びるのは、公衆衛生ではなく医学である。医学の歴史を多少かじった人なら誰でも、フレデリック・バンティングとチャールズ・ベスト率いるカナダの研究者グループが糖尿病におけるインスリンの働きを発見し、その製造方法も見つけたことを知っている。だが、いったい誰がジョン・リールの名を知っているだろうか[27]。

先進国では、人口置換率近くまで出生率が下がる

20世紀中盤になると、病気治療と公衆衛生におけるいくつもの画期的進歩により、平均寿命は著しく延びた。１８９０年にオーストラリアに生まれた女児は51歳まで生きると予測されたが、

1940年にオーストラリアに生まれた女児は60歳をゆうに超えるまで生きると予測された。[28]だが、死亡率だけでなく出生率も低下した。都市化の進展と女性の権利の拡大が理由だ。オーストラリアが出生率の統計値を記録し始めた1931年、一人の女性が生涯に生む子供の数はすでに2・4人にまで減っていた。人口置換率の2・1をわずかに上回る水準だ。[29]先進国全体にとって20世紀前半は、平均寿命が延びつつも出生率が下がるという時期であり、世帯規模はますます小さく、人口増加はますます鈍化していった。典型的な第4ステージの姿である。その一方で、世界人口の大多数は第1ステージにとどまり、極めて高水準の死亡率および出生率という昔ながらの悲惨な暮らしを堪え忍んでいた。イギリス、フランス、アメリカ、さらにはベルギーまでもが、いわゆる〝帝国支配の福音〟をもたらしたはずだったのに――。

その後、第二次世界大戦が終わると同時に、あらゆるパターンが百花繚乱となった。先進国と発展途上国のいずれもが出生率の乱高下する社会へと突入し、それが現在まで続いている。

帰還GIへの支援が、アメリカの現代的中産階級をつくった

1943年中頃には、ドイツ・イタリア・日本の枢軸国側に対して「ユナイテッド・ネーションズ」――連合国側は自らをそう呼んだ――が勝つであろうことは、両陣営の指導者層には明らかになっていた。さて勝利の後は自国でなにが起きるのか。ワシントンの計画立案者たちは、第一次世界大戦の後になにが起きたか知っていた。政府が軍事機構を解体し、若者たちが国に帰ってくると、失業率が上昇したのだ。しかも政府はインフレーションが起きないよう利上げに動き、これが急激な景気後退を引き起こし、失業率はさらに悪化した。第一次世界大戦後の多幸感に満

ちた〝狂騒の20年代〟は1929年10月29日の「暗黒の火曜日」で終わる。ニューヨーク株式市場の大暴落は、近代社会が経験したことのない10年におよぶ大不況をもたらした。第一次世界大戦終結の余波が、次の世界大戦を引き起こす一因となったのである。果たして歴史は繰り返すのだろうか。第二次世界大戦の終結も、やはり景気後退と失業、さらには大不況を再びもたらすのだろうか――。断固そうはさせない、とハリー・コルマリーは強く決意していた。

コルマリーもまた、ほぼ歴史に埋もれた人物である。彼はペンシルバニア州ブラドックで生まれ、雑貨店を営む父親を手伝って子供の頃から新聞配達をしたり、ユニオン・パシフィック鉄道でアルバイトをしながら育った。その勤勉さのおかげでオバーリン・カレッジ、続いてピッツバーグ大学へと進学でき、法律の学位を取る。だが法律家としての仕事を始める前に第一次世界大戦が起きた。コルマリーは軍に入隊し、米国本土でパイロットの訓練を受けるが1919年に除隊となる。その後結婚してカンザス州トピカに引っ越し、そこで法律家として生涯を過ごした。

親切で同情心に厚く謙虚なコルマリーは、新しい故郷でみなに愛された。彼に強い自我はなかったかもしれないが、だからといって強い信念がなかったわけではない。コルマリーはトピカで出会った帰還兵たちの姿に愕然とする。「手足や健康を失った人、視力を失い手探りで歩く人、杖を頼りに足を引きずって歩く人もいた(30)」――連邦政府はそのような帰還兵に無関心で、彼らは自力で食べていかねばならなかった。

帰還兵への教育・住宅支援が効いた

コルマリーは設立間もない米国在郷軍人会に関わるようになり、1936～37年期にかけては会長も務める。第二次世界大戦が始まると、彼は米国在郷軍人会の計画立案を担当し、連邦政府に助言を行った。当時は民主党も共和党も、政治家も官僚も、民間人も軍高官も、みな激しい議論を戦わせていた。この戦争が終わったら帰還兵に援助すべきかどうか、もし援助するならなにをすべきか——コルマリーには、自分こそ正しい答えを知っているという確信があった。彼はワシントンのメイフラワーホテルの一室に閉じこもり、来たるべき戦後の米国社会に帰還兵を融和させるための計画書を書き上げた。[31] 数々の戦後復興計画が提案されたが、フランクリン・デラノ・ルーズベルト大統領および参謀たちが飛びついたのは、まさにそのコルマリーの計画書だった。1944年の復員軍人援護法、通称「GIビル」は、コルマリーの手書きの計画書を土台にして生まれた。この法案を議会に通すために米国在郷軍人会は大いに苦労したが、それが報われて法案は全会一致で成立した。ルーズベルト大統領がこの法案を正式な法律とする文書に署名したとき、コルマリーはその隣に立っていた。

GIビルは現代的な中産階級を生みだした。この法律により、帰還兵は学校の授業料を免除されるなど教育上の支援を受けられたため、800万人もの復員軍人が学位や卒業証書、技能実習などを入手できた。さらに同法には、住宅ローン金利の減免といった住宅取得を支援する仕組みもあり、430万人の帰還兵が自宅を購入できた。[32] GIビルに加えて戦争による技術進歩もあり、郊外には住宅地が形成され、こうした郊外同士や都市中心部への高速道路網が整備された。ほぼ全員が自家用車とそれなりの自宅を所有でき、そこには流行し始めたばかりのテレビジョンも設置された。夜になるとママとパパは自宅で子供たちとテレビを鑑賞する。子供の数はどんどん増えた。

何十年もの間、好況時も不況時も平和な時も戦時中も一貫して下がり続けてきた出生率は、爆発的な上昇期を迎えた。おそらく不況と戦争で、本来の自然な出生率が低く抑えられていたのだろう。戦後の豊かさのおかげで、多くの若いカップルが早く結婚して、子供をたくさん持とうと思ったことは間違いない。いずれにせよ、1800年から減り続けたアメリカの出生率は反転し、1950年代半ばには3・7にまで増えた。20世紀を迎えた頃に近い水準まで盛り返したのである。

テレビドラマによる「両親に子供ふたり」という新しい家族像

その意味では50年代の人気テレビドラマ『ビーバーちゃん』の一家は、平均的なアメリカ人家庭ではなかった。ふたりの子持ちのクリーバー家には、あと1・7人の子供がいなければならない。ウォリーとビーバーには妹がいてもよかったのだ。

このクリーバー家ははからずも、一つの思想信条を社会に広めるアイコン役を務めた。〝家族とは夫と妻、および夫婦の作った子供たちで構成されるものである〟――誰もがそう思い込んだのである。そのような家族像は昔から不変だろうと思われるかもしれないが、実はそれまで存在しなかった。20世紀になる前の家族は、もっとゆるやかに広がっていた。若い夫婦がどちらかの両親と同居することも普通であり、経済的に独立するか家が狭くなり過ぎてからやっと別居していたものだ。その頃は死亡率が極めて高かったので、子供の成人前に親が亡くなることは当たり前にあった。残された夫や妻は再婚し、一つの家庭内に二系統の兄弟姉妹が同居するのも珍しくなかった。場合によっては子供が叔父や叔母のもとへ、もしくはどんな形であれ最適な――もしくは少しでもましな——家庭へと移されることもあった。要するに家族とは、将来の姿がいかようにも変わりうる存在だったのである。もしビクトリア朝時代にテレビがあったなら、『ゆかいなブレディ家』(訳注：3人の子持ち同士が再婚した家庭のホームドラマ)がヒットしただろう。

社会実験としてのベビーブーム

戦後、人々の豊かさが増し、近代的医療と進んだ公衆衛生が普及したことで初めて、カップルは結婚と同時に独立して家を持つのが合理的だと思えるようになった。そして親は自分たちが70代や80代まで生き、子供もそうなるだろうと当然のように思えるようになった。昔から婚外子も離婚も非難してきたキリスト教と伝統的な家族観は、若いうちに結婚して多くの子供を持つよう推奨してきた。それが若者を、とりわけ若い男性を従順にさせる一番確実な方法だったからだ。

いわゆる〝ベビーブーム〟というのは、核家族を作り出し、それを人々に社会的・道徳的ルールを守らせる心の拠り所にしようという一つの実験に他ならない。テレビドラマ『ビーバーちゃん』は、都市近郊に住む中流の核家族を、みなが目指すべき理想像として描き出したのである(このベビーブームという実験やそれにまつわる思想信条の押しつけに対して後の世代に反動が生まれ、それを我々は〝60年代《シックスティーズ》〟と呼んだ)。

一方、カナダとヨーロッパもアメリカと同じ政策を採り、米国に劣らぬ出生率の上昇が起きた。ただし西ドイツでは出産ブームが遅れて始まった。戦後の荒廃から回復し〝奇跡の経済復興〟と呼ばれる経済成長が開花するのに10年かかったためだ。こうしていずれの先進国でも、1940年代後半から50年代にかけては女性の生む子供の数が大いに増えたが、60年代になると再び減り始め、第二次世界大戦が起きた頃と同じく人口置換水準ぎりぎりまで下がるのである。

　ベビーブームは例外的な出来事だったと見るべきだろう。たまたま平和時に訪れた繁栄と活気が、一世代限りの出生率の急上昇をもたらしたのだ。だがしょせん歴史の大きな流れには逆らえず、すぐに出生率はもとの低さに戻った。要するにベビーブームはたんなる偶然の産物であり、そこには20世紀後半の特徴となる「世界人口急増」を説明できる要素はない。なぜ20世紀後半に世界人口が急増したのか、その理由は別のどこかにあるはずだ。

貧困国の公衆衛生の改善で人口爆発が始まる

　欧州と北米の先進国は、19世紀から20世紀初頭までのどこかで第2ステージ（出生率は高いまで死亡率が減り始める）を通過した。だが、残りの国々はみな一気に第2ステージを経験することになる。それは旧宗主国の国旗が引き下ろされ、世界地図が繰り返し描き直された時期のことだ。

　第二次世界大戦が終わると、連合国は宗主国または戦勝国として世界を支配した。勝利は罪も生んだ。よくもまあ連合国は、自由のために戦いながら同時に何百万人もの被植民者を抑圧できたものだ。勝利はまた国際連合も生み出した。地球上のすべての国々を代表するために戦勝国によって創設され、貧困改善と平和維持という使命が与えられた。平和維持に関しては国連は〝ひび割れた聖杯〟に過ぎないと露呈したが、貧困改善についてはこれまでの50年、地球で最も貧しい人々に対して頭字語で表記される多数の関連機関――ＷＨＯ、ＷＦＰ、ＵＮＥＳＣＯ、ＵＮＩＣＥＦなどなど(33)――を通して食糧を届け、少なくとも最低限の西洋医学と公衆衛生を普及させることには成功している。国連以外にも旧宗主国や先進国など各国が直接行う援助もある。彼らは純粋なる慈善目的で行ってはいるが、自国企業に援助の実務を任せ、そうした企業が被援助国の現地市場に入り込むことにより、結果的に儲けが出る場合もあろう。こうした援助では、極めて巨額の資金が腐敗やお粗末な計画のせいで無駄に費やされてきた。一部の国々、とりわけアフリカでは、植民地から独立国になってからのほうが暮らしが悪化したケースさえある。とはいえ世界の大半の国では年ごとに状況は改善している。

黄熱病、デング熱、マラリア、エボラ出血熱――こうした疫病は対外援助と経済発展により撃退されつつある。予防ワクチンや治療、そして清潔な飲み水や下水処理など公衆衛生の改善の効果だ。また「緑の革命」（次章で詳しく触れる）のおかげで栄養状態が改善したことも一因だ。こうしたことから最貧困層まで含め、全世界で人々の寿命が延びている。飢饉と内戦に繰り返し見舞われてきたエチオピアでも、平均寿命は１９５０年の34歳から２００９年には59歳へと延び、西半球で最も貧しいハイチでも、同じ期間に38歳から61歳へと延びている。[34] 全世界の平均寿命は１９００年からおおむね2倍に延びた。

こうして発展途上国で平均寿命が向上し、しかも出生率は高いままだったので、世界人口は離陸し始めた。１８００年に10億人程度だったのが１９２７年ごろには20億人へ、１９５９年に30億人、１９７４年に40億人、１９８７年に50億人、千年紀の変わり目に60億人、そして２０１８年に70億人へと増えたのである。[35]

概して対外援助は発展途上国にとってプラスになっている。最近の総援助額は年間で１５００億ドル程度に達し、その5分の1は米国からの援助だ。これほどの金額になるとなんらかの役に立つ。近年は援助国も過去の教訓から学ぶようになり、とりわけ妊婦の健康維持では対外援助が優れた仕事をしている。また、後の章で改めて触れるが、インドと中国の経済発展も世界の貧困を減らし、平均寿命を延ばすうえで効果的だった。

このように、これまで何十年もの間、発展途上国が第2ステージ（出生率は高止まりしたままなのに平均寿命が延びる状態）から抜け出せずにいたことこそ、第二次世界大戦以降に人口爆発が起きた理由である。

都市化と女性の地位向上が、発展途上国でも起きつつある

だがここで、前述した人口爆発の数字をもう一度よく見てほしい。世界の人口が10億人から20億人へと倍増するのにおよそ125年かかっている。しかし、その後はわずか30年で30億、15年で40億、13年で50億、同じく13年で60億人へと増えているのだ。70億人へも同じ程度の年数がかかったし、80億人へもやはり13年程度で到達するだろう。

すなわち世界人口の増加スピードはすでに安定期を迎え、さらにゆっくりとペースダウンしているのだ。今後数十年かけて増加スピードはさらに落ち、いずれ増加が止まり、その後は反転して人口減少に転ずるだろう。その理由は、すでに発展途上国の多くが第3ステージに突入し、「死亡率も下がるが出生率も下がる」という状態にあるからだ。それどころかすでに一部の発展途上国は、バランスが均衡する第4ステージに突入している。平均寿命はさらに延び、出生率は人口維持か微増の段階である。そして真に驚くべきは、大半の先進国と少なからぬ発展途上国が、さらにその次のステージへとすでに突入していることだ。

何が出生率を引き下げるのかをもう一度思い出してほしい。――それは都市化である。都市化が進むと若い労働力は不要になり、逆に子供は経済面での負債となる。そして都市化は女性に力を与える。自分の身体を自ら支配できるようになった女性は、例外なく子供の数を減らす。この2つの要素は19世紀から20世紀にかけて先進国の社会にしっかりと根をおろした。そして今やこの2つの要素は発展途上国の社会にも影響を与えつつある。国連は2007年、その年の5月23日に人類史上初めて、都市に住む人の割合が農村に住む人の割合を上回ったと宣言した[36]（国連はこうした象徴的な日を勝手に決めるのが大好きだ）。都市化と女性の地位向上は、先進国に与えたのと同じ効果を発展途上国にも与えているが、すべてが先進国の時よりずっとずっと速いペースで進行している。すなわち世界中で出生率が急速に下がっているのだ。この急減こそがすべての原因である。この急減こそ、国連が見通しを誤った理由であり、この急減こそ、いずれ世界が縮小を始める理由である。その日は、ほとんどの人が思っているよりはるかに早くやってくる。

MALTHUS AND SONS

2章

人口は爆発しない
――マルサスとその後継者たちの誤り

『人口論』のマルサスや、
『成長の限界』のローマクラブが主張する
〝人口爆発が人類を滅ぼす〟は本当か。
だが実際には、国連による3つの未来予測のうちの
〝低位推計〟すなわち、人口減少が起きるのだ。

国連の人口推計　三つのシナリオ

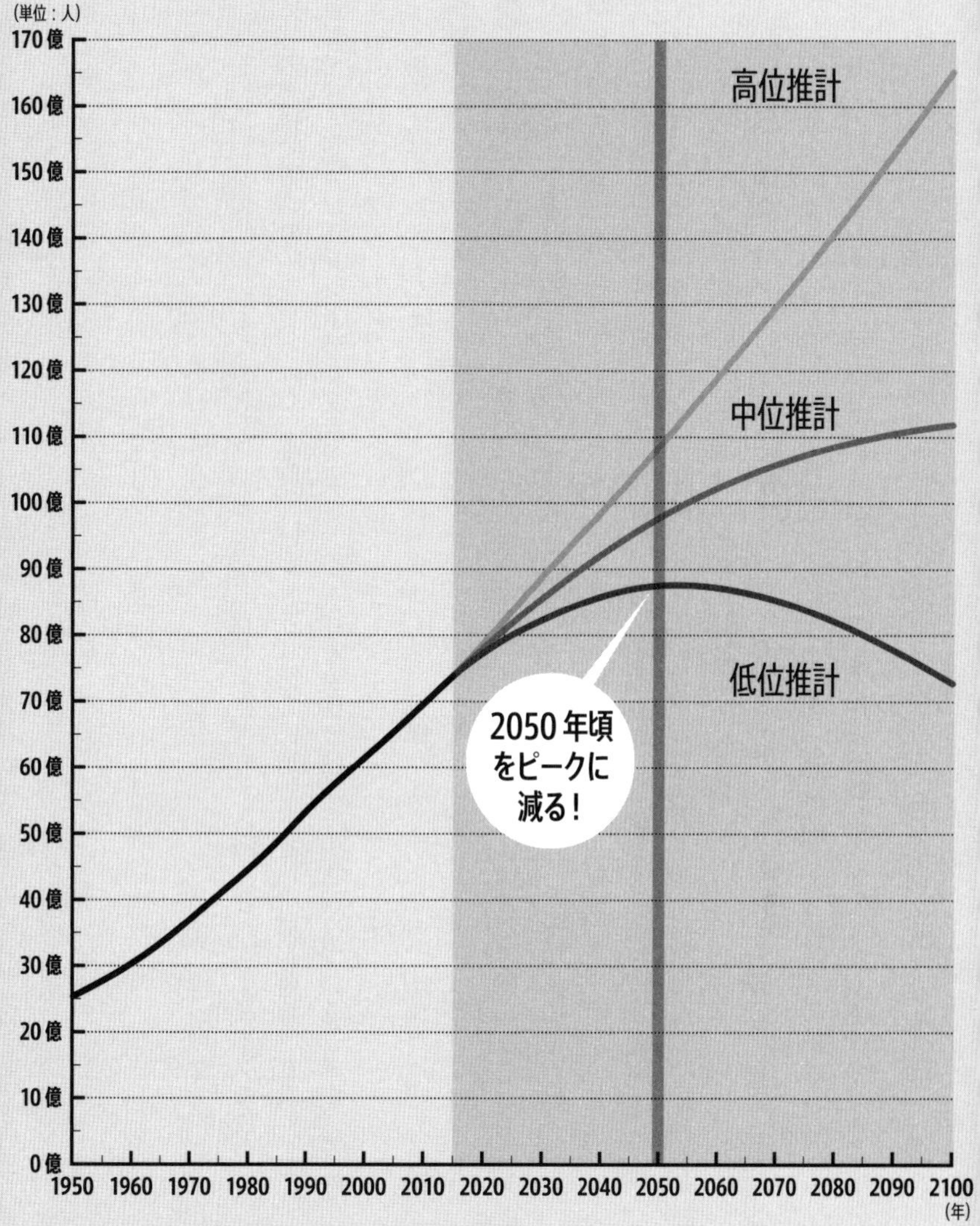

出所：国連人口部　"World Population Prospects : The 2017 Revision ほか

「ソイレント・グリーンは人肉だ！」――チャールトン・ヘストン演じるニューヨークの刑事は、恐怖の絶頂で警告の叫びをあげた。世界人口が800億人に達し、地球環境が破壊され尽くした世界で、人類はソイレント社がプランクトンから作る食物に頼って生き延びている。みな、その食物の原料はプランクトンだと思っていた[1]――。

1973年のアメリカ映画『ソイレント・グリーン』の舞台は2022年の地球だ。増え過ぎた人口のせいで地球環境が壊滅し、食糧不足による世界の終末は避けようがない。そんな設定の映画や小説、ドキュメンタリー番組やその他の娯楽作品は他にも山ほどある。例えば最近だとトム・ハンクスが主演した傑作映画『インフェルノ』。地球が人口爆発による壊滅の直前にあると確信した大富豪の科学者バートランド・ゾブリストは、「暗黒の午前零時まであと1分だ」と人々に警告し、自分が作り出したウィルスで人類の半数を殺すしか解決策はないと確信する[2]。我らがヒーローのハンクスだけがその計画を止められる、というストーリーだ。映画では誰一人としてゾブリストの予想に異を唱えない。ただ解決策が気に入らないだけだ。

こうした映画はストーリー自体が馬鹿げている。まず2022年に世界人口は800億人にはならない。せいぜい80億人に向けて増加中だろう（80億人でも多過ぎる）。現在の世界人口でも地球環境に負荷をかけ、いくつもの生物種を絶滅させ、地球温暖化の原因になってはいるが、それでも世界の終末といった様相はどこにも見えない。加えて、世界人口は増え続けるどころか横ばいになり、今世紀中頃あたりで減少に転じることは間違いない、と考える人口統計学者がますます増えているのだ。

「人口爆発」という社会通念の誤りを暴く前に、まずその神話がどのように生まれてきたのかを簡単に振り返ってみよう。その後で、なぜ完全に間違った社会通念が生まれたのかを考えてみたい。

マルサス『人口論』は本当か

トマス・ロバート・マルサス（1766〜1834年）は温厚な好人物だった。マルサスの父親は近代的な啓蒙思想を持ち、哲学者デイビッド・ヒュームの友人で、革命的なフランスの哲学者ジャン・ジャック・ルソーを敬愛するような人物だった。その父親はマルサスを学校に通わせずに自宅で教育した。長じてはケンブリッジ大学で学び、キリスト教の聖職者の資格も得る。だがマルサスは聖職者として出世する野心を持たず、また口蓋裂のため説教がしづらかったこともあり、結局は英国サリー州の小さな教会区に落ち着く。そこで彼は、周囲を取り巻く貧困と栄養失調に心を痛める。その後、聖職者から学者の世界に転身し、英国初の「政治経済学教授」という肩書きを得る。マルサスは若い頃、貧しい人々を国が支援すべきだと主張し（後にその考えを変えた）、〝不況時には国が公共投資を増やす必要がある〟とする理論をジョン・メイナード・ケインズより先に唱えた。[3] だが彼の名が現代まで残っているのはこのいずれとも無関係だ。彼の名は「マルサシアン」（マルサス学派）という形容詞として残っている。この言葉はあらゆる英単語のなかでもトップクラスに暗い言葉である。

1798年、マルサスは『人口の原理に関する一論：それが社会将来の改善におよぼす影響について』（以下『人口論』）と題した小論を出版する。当初は薄い冊子だったこの論考は、その後数十年もかけて何度も編集作業を繰り返し、最終的には分厚い学術書になった。この小論でマルサスは根源的な問いかけをしている。それは、当時生まれたばかりの社会科学の研究者に取り憑いて離れなかった疑問である。

「人類は今後、想像すらできなかったような無限の発展に向けた加速度的な進歩を始めるのか、それとも幸福と不幸の間で永遠に揺れ動くという憂き目にあうのか、どちらであろうか[4]」

マルサスの答えは、幸福と不幸の間を永遠に揺れ動くほうだった。彼の考えによれば、人類は産業や芸術・思想の面では進歩してきたものの、「男女間の情欲の撲滅に向けてはこれまで一切なんの進歩もなされていない[5]」。人々は大変にセックスが好きであるがゆえ、大勢の子供をつくる。その結果、なんの制限もなければ世界人口は常に幾何級数的に増加するのに対し、農業および食糧生産は算術級数的にしか改善しない。「わずかな算数の知識さえあれば、後者に比較して前者の増え方が無限に近いことがわかるであろう[6]」。したがって、兎や鹿やその他の生物が爆発的に増えては自滅するのと同様に、ホモ・サピエンスの人口についても同じことが起きるはずである――。

「長期的な人口増加」と「長期的な社会の繁栄」は両立しないのか

マルサスについてはいくつかの誤解がある。例えば〝貧しい人々に冷淡だった〟と言われているが、彼は純粋に貧しい人々を思いやる気持ちを文章にしている。例えば、彼らの悲惨さが目に見えない理由は「我々の知る人類の歴史が上層階級だけの歴史だからだ」と述べている[7]。また、人類が幸福と不幸の間で永遠に揺れ動くことで一番苦しむのは下層階級の人々である、と断言している。なんらかの理由（例えば豊作や土地の新規開拓、農作業の効率改善など）で一時的にゆとりが生まれたとしよう。すると、我々が労働者階級と呼ぶ人々は遠慮なく好きなだけ子供をつくる。そして当然ながら、彼らは子供をつくり過ぎる。そして増えすぎた人口は、労働賃金の下落と食物価格の上昇を引き起こす。そして人々は飢えに苦しむ。こうして人々は、どうせ養えないとわかっている子供を生むのをやめる。すると人口が減り、再び安定が訪れる——。マルサスは次のように結論する。そのような条件のもとで貧しい人々に援助をしても、避けようのない結末を先送りするだけであり、悲惨な状況をよりいっそう悪化させることにしかならない、と（訳注：当時のイギリスでは貧困層に一種の生活保護を与える「救貧法」が導入されていた）。

「この二つの力、すなわち人口の増加力と土地の生産力が本来的に不均衡であることにより（中略）克服不可能だと私には思われる大きな困難が生じる」とマルサスは述べる。「（中略）どれほど理想的な平等を想い描いても、どれほど農業管理を追求しても、その圧力を押しのけることはできない。（中略）したがってこれは、すべての人々が安らかに、幸福に、そして比較的のんびりと暮らせるような社会は存在し得ないという決定的な証拠であると思われる[8]」。換言すれば、貧困層は環境次第で数が増えたり減ったりはするであろうが、彼らが我々の社会から消えることはない、とマルサスは言うのだ。長期的な人口増加と長期的な社会の繁栄は絶対に両立し得ないからである。

だが既に農業革命は起きていた

このマルサスの預言は暗く、残酷で、しかも間違っている。彼がこの理論をまとめていたちょうどその頃、世界人口は人類史上初めて10億人を突破し、その後100年で20億人になり、今では70億人を超えている。それなのに、現代に生きるほぼすべての人が、マルサス時代のイギリスの貧困層よりも健康で幸福で長生きしているではないか――。人生の大部分を緑豊かな英国ハートフォードシャーで過ごした政治経済学の開祖マルサスは、なぜここまで徹底的に間違った考えを構築したのだろうか。

1798年にマルサスが『人口論』を出版したとき、イギリスではすでに農業革命から100年以上が過ぎていた。農業革命は、力を持つ地主や資本家などが共同耕地から小作農家を追放し、土地を囲い込む「エンクロージャー」から始まった。詩人たちは今でもこの行為を略奪だと嘆くが、農業の担い手が自分で土地を支配できるようになったからこそ、イノベーションを起こして収穫と利益を最大化できたのである。品種改良の実験を重ねた結果、牛一頭から得られる枝肉の量は1710年の370ポンドから1795年には550ポンドに増えた。[9]「かぶのタウンゼンド」とも呼ばれたチャールズ・タウンゼンド子爵は、かぶやクローバーなどの作物で実験を重ね、土壌の質を改善して休耕地の必要性をなくした。[10]そのうえ、脱穀機や刈り取り機、鉄製のすき、ジェスロ・タルの種まき機など、いくつもの大きな発明もあった。マルサスが最初に『人口論』を書いたとき、彼は国勢調査の結果を知る由もなかったが（イギリスが最初に国勢調査を実施したのは1801年）、イングランドおよびウェールズの人口は1700年に550万人ほどおり、マルサスが『人口論』を書いた頃には900万人を超えていたと今では推定されている。[11]その頃のイギリスは世界的な農業革命と産業革命の最先端におり、それにともなう人口爆発はこの先も永遠に続くかのように見えた。農業革命と産業革命が人口増加を支え続けると思われたからだ。

大ベストセラー『人口爆弾』の誤り

だが、今だにマルサス理論の誤りを認めようとしない論者もいる。彼らは、ただマルサスは登場が早すぎただけだとし、〝人口爆発による終末が来る〟と今でも自信満々で信じている。こうした終末論のうち最も有名なのは、マルサスの一世紀半後、1968年に出版された『人口爆弾』（河出書房新社、1974年）だ。著者はスタンフォード大学の生物学者ポール・エーリック。大ベストセラーとなった同書は、簡潔にして劇的な次の一文から始まる。

「人類を食べさせるための戦いは終わった。1970年代から80年代にかけ、何億人もの人々が飢え死にするだろう。今からどのような緊急対策に着手しても無駄だ」[12]

エーリックの結論の根拠となったのは、人口統計学者たちのきわめてわかりやすい見解だ。すなわち、現代医学と「緑の革命」（第二次世界大戦後に起きた食糧の生産性の天文学的向上）により、エーリックの言う〝低開発国〟では死亡率が劇的に下がり、しかもその間に出生率を下げる対策は何一つとられなかった。一方で米国など〝過剰開発国〟は出生率を下げつつあるが、それでも人口は増加を続け、農業生産力はすでに限界に達している。しかも環境にとてつもない負担をかけて農業生産力を高めてきたため、過剰開発国は一時的もしくは継続的な不作に対して極めてもろい状態にある。いずれにせよ、過剰開発国は今や大量飢餓の瀬戸際にある低開発国の人々に余分な食糧を分け与える能力も意志もない――。

そしてエーリックはこう結論づける。「この人口問題には二種類の解決策がある。一つは〝出生率による解決策〟で、これは我々自身が出生率を下げる方法を見つけるという道。もう一つは〝死亡率による解決策〟で、これは戦争や飢餓、疫病など死亡率を上げる方法が我々を見つける道である」[13]。そして、低開発国と過剰開発国のいずれの政府も、自国の出生率を下げるために体系的かつ包括的、場合によっては強制的な対策に着手しなければならないと主張する。「願わくば我々の価値観の変化で、それがダメなら強制的手法で」[14]と。だが、そうした対策でも来たるべき運命は変えられず、事態を少しマシにする程度でしかないと彼は言う。紙おむつに税金を課そうが、断種の強制にまで踏み込もうが、大飢饉は防ぎようがないと。

「今でも食糧に十分な余裕はない。近未来については議論が分かれるが、楽観論が正しければ、現在の飢えの水準がおそらく今後20年程度は改善されない。悲観論が正しければ、大規模な飢饉が遠からず起きるだろう。1970年代に起きる可能性さえあるし、80年代前半には間違いなく起きる。これまでの判断材料を見る限り、その多くは悲観論が正しいことを裏付けているように思える」[15]

〝緑の革命〟——そして飢饉がほぼ一掃された

実際はどうだったのか——。『人口爆弾』の出版から50年後の今、地球上にはおよそ75億人が住んでいるが、飢饉はほぼ一掃された。過去数十年間に食糧不足で多数が亡くなったケースもあるが、それは政府の機能不全や腐敗、もしくは（それに加えて）戦争による荒廃のせいだった。ソマリア、北朝鮮、スーダン、イエメンなどだ。一方、韓国、台湾、シンガポール、チリなど50

年前の〝低開発国〟（今の言い方では〝発展途上国〟）の多くは今や先進国になった。国連は1日1・25ドル以下の収入で生き延びている人々を「絶対的貧困層」と定義するが、その数は1990年の19億人から2015年には8億3600万人へと半分以下に減った。年間の子供の死者数は1990年には600万人だったが、今では270万人にまで減っている。[16]

予想より現実のほうが良かったのはなぜか――。その理由はいくつかある。エーリックは、増えすぎた人口のせいで水と空気の汚染が壊滅的な水準に達すると予想した。だが実際には、地球温暖化という大きな懸念はあるものの、少なくとも先進国は健全な水と空気の維持に関しては大いに健闘している。どちらも50年前よりはるかに改善された。例えばアメリカの場合、スモッグの主要成分である窒素酸化物（ＮＯｘ）と硫黄酸化物（ＳＯｘ）は、1980年の水準と比べてそれぞれ約60％および約80％も減っている。[17]五大湖の水質も、カナダとアメリカが1972年に結んだ五大湖水質協定により劇的に改善した。[18]

また、上記の要因よりさらに大きかったのが「緑の革命」だ。エーリックも農業に劇的な生産性向上が起きているのは知っていたが、その効果をあまりに過小評価したのだ。化学肥料、合成除草剤や病虫害防除剤、多毛作、遺伝子組み換えなど（一部に賛否両論があるにせよ）画期的な方法により農業の生産性は飛躍的に向上し、人々の需要を十分に満たす食糧が生産できるようになった。1950年から2010年までの間に世界人口は2倍以上に増えたが、食糧生産は3倍になった。耕作地の面積は30％しか増えていないにもかかわらず。「飢饉が起きるというマルサス学派の恐ろしい予想は間違いであり、発展途上国の大半は慢性的な食糧不足を解消できた」のである。[19]

中国とインドが経済成長し、都市化する

そして、その緑の革命よりもさらに大きかった最大の要因は、中国とインドの台頭である。それは人類が経験した最も大きな生活状態の向上だった。この両国だけで世界人口のほぼ40%近くを占める。第二次世界大戦で経済的に破綻したイギリスは、次第に手に負えなくなってきた植民地インドの民衆を統制できず、1947年に独立を認めた。その2年後には共産党を率いる毛沢東が台湾と香港を除いて中国統一を成し遂げた。最初のうちは両国とも、悲劇的に間違った経済思想のせいで、あまり国富を増やすことはできなかった。インドは自国経済の活性化を狙って保護主義的な関税を導入し、かえって経済を悪化させた。中国では急速な工業化を狙った毛沢東の大躍進政策が1950年代後半の大飢饉を引き起こし、一説には4500万人もの人々が亡くなったとされる。この「史上最大の人為的災害[20]」は、世界大戦など惨劇の多かった20世紀の水準から見てもなお、破壊的な大虐殺と言えるだろう。

だが、毛沢東の死と鄧小平の登場により、中国はついに離陸する。1980年から90年にかけて経済は2倍に成長し、90年から2000年にかけては3倍、2000年から2010年にかけては3倍を上回る成長を実現した。別の表現をすれば、中国人一人が一年間に生み出す富（一人当たりGDP）は1980年には205ドル（購買力平価に基づく実質ベース）だったのに、2016年には8523ドルになった[21]。過去40年で中国が生み出した富は、人類の5分の1を極貧状態から救い出したのである。

インドの経済成長は中国より遅れた。政府が愚かな政策をとったからだ。とはいえ、保護主義

政策や国内政治の腐敗、地域間の対抗意識といったマイナス要因にもかかわらず、インド経済も中国には及ばないながら急成長を遂げてきた。インド連邦政府は1980年代になると国有企業中心から次第に民間資本の活用へと舵を切り、1990年代には少しずつ経済の規制緩和を進めた。国民一人当たりGDPは1960年には304ドルと、当時の中国をかなり上回っていた。2016年には1860ドル弱で、中国をかなり下回るが、それでも相当な成長ぶりである。[22]

こうして中国とインドが経済成長を遂げ、都市化が進むにつれ、両国の出生率は低下した。インドの場合は自然に低下し、ちょうど今頃には人口維持水準の2・1になるだろうと予想されていた。中国の出生率はすでに急カーブを描いて落ち込み、公式発表によれば1・6とされる。これは中国政府が1979年に国民に課した〝一人っ子政策〟のためだ。急増する人口を抑制する狙いで導入されたこの苛酷なルールは、意図せざる結果を招いた政策の最高の見本として歴史に残るかもしれない。その〝意図せざる結果〟については後に詳細に触れる。とりあえずここでは、中国とインドの経済発展が地球全体の貧困を劇的に減らしたこと、そして両国の出生率低下が地球規模の人口爆発の危険を減らしたことに注目してほしい。

韓国、台湾、シンガポールなどが続く

世界の貧困レベルを示したグラフを見ると、2つの大きな動きに気付くはずだ。[23] 1つは1800年代初頭から始まる。当時は世界人口の85%程度が、今で言う「絶対的貧困」、すなわち自分と家族が今日一日の食事を得られるかどうかがおぼつかない状態にいた。だが、1800年代初頭から極めてゆっくりと、欧州と北米に住む人々の状況が改善し始めた。そして一世紀半後の1

950年までには、絶対的貧困状態にある人々の割合は世界人口の55%程度に減った。その後、2つ目の動きが始まる。グラフの曲線はそれまでのように緩やかな下り坂を描くのをやめ、急降下するのだ。現在、その日の食べ物にも困るような貧困層は世界人口の14%程度である。この点をよく考えてみてほしい。絶対的貧困層を世界人口の85%から55%にまで減らすのに150年かかった。だが、世界の半分強から6分の1にまで減らすのに、その半分の時間もかかっていない。以下は余談になるが、これはすごいことではないだろうか。我々は当然ながら、今も絶対的貧困状態で暮らす人々について引き続き案じてはいるが、それでもこれだけのことを成し遂げ、おそらく我々の生きている間にも絶対的貧困をほぼ一掃できようというのに、我々はあえて自画自賛すらしていないのである。

さて、中国とインドは20世紀後半に見事な成長を遂げた発展途上国のなかでも最大の国だが、その他にも、発展途上国から先進国へと変貌を遂げた国として、韓国、台湾、シンガポール、チリ、さらに〝アジアの虎〟とも呼ばれるインドネシア、マレーシア、タイもある。いずれにせよ驚嘆すべきは、第二次世界大戦後に世界中で一般市民が豊かになったという事実ではない。本当に驚くべきなのは、そのような豊かさの圧倒的な拡大が、世界人口の圧倒的増大と同時に起きた点である。

1972年、ローマクラブによる『成長の限界』

エーリックが、その前にはマルサスが、将来予測を間違えたからといって、その後も繰り返し登場する終末論者たちはまったく自信を失わなかったらしい。エーリックの次に大ヒットした終末論は、1972年にローマクラブが出版した『成長の限界』(ダイヤモンド社、1972年)である。ローマクラブとは、まったく共通点のないさまざまなトレンドを結びつけて、地球全体の大きな流れを分析しようと当時新設されたシンクタンクだ。MIT(マサチューセッツ工科大学)が開発したコンピュータ・モデルを使った分析をもとに、ローマクラブは次のように結論した。

「世界人口、工業化、環境汚染、食糧生産、および資源消費が今の増加ペースのまま変わらないとすれば、今後100年以内のどこかで地球上の成長は限界に到達するだろう。もっとも可能性が高そうなのは、人口と工業生産能力の両方が突如として減少を始め、その流れを止められなくなるという結末である[24]」

マルサスが指摘した幾何級数的な人口増加と資源消費により、2010年代には一人当たり生産高の減少が起き、2020年代には飢餓による死亡率の上昇が始まり、2030年前後には世界人口が減り始め、現在のような文明社会はおおむね崩壊するだろう。その崩壊を防ぐためには、人口増加と経済成長を抑制する抜本的な手段を即座に講じなければならない――。「この問題への不作為は、強硬策をとるのと同じことだ。指数関数的な成長が一日長引くだけで、世界システムは成長の限界に一日ぶん近づいていく。なにもしないという決断は、崩壊の危険性を高めるという決断である」と彼らは警告した[25]。

誰の目にも明らかなように、こうした警告のひとつとして実際には起きていない。それでもなお、人類は予測通りに破滅への道を進んでいると太鼓判を押すような新しい話が定期的に登場する。2014年にはメルボルン大学の研究者が、事態はMITの予測通りに進んでいると発表した。2008年から2009年にかけての経済不況は来たるべき未来の前兆だったというのだ。この研究を報じたガーディアンの記事は、「『成長の限界』は正しかった。我々は崩壊に近づいていると最新の研究で示された」との見出しをつけ、次のような研究者の結論を紹介している。「今とは違う道を進むべきだと世界各地の政治家や裕福なエリートを説得するにはもう遅すぎるかもしれない。もしそうであれば、残された我々は、予測できない未来に向けて自分自身を守る手段を考えるべき時期なのだろう」[26]

さらに新しいところでは、テキサス大学オースティン校教授で著述家のラジ・パテルによる『肥満と飢餓――世界フード・ビジネスの不幸のシステム』(作品社、2010年)、そして、フェミニストの先駆者スーザン・ソンタグの息子であるデイビッド・リーフによる『飢えの責任――21世紀の食糧と正義とカネ』(“*The Reproach of Hunger: Food, Justice, and Money in the Twenty-First Century*”、日本未訳、2015年)などがある。数多くあるこの種の本で最も鋭いのは、農学者でジャーナリストのジョエル・ボーンが2015年に著した『豊穣の終焉』(“*The End of Plenty*”、日本未訳)だろう。ボーンは農業界のイノベーションにより、過去の終末論がみな間違いだと証明されたことを十分に理解していた。それでも彼は、今回だけは違うと訴えた。近年の食糧価格の高騰は地球の生産能力が限界に達したことを示している。森林や海洋は枯渇しつつあり、数千もの種が絶滅に追い込まれ、集約農業が土壌と水資源を毀損している。そしてこうした行動すべてが恐るべき地球温暖化を引き起こし、その地球温暖化による水害で農作物の収穫が減少している――。「このペースを続けていけば、次に我々が絶滅させる種は人類かもしれない」とボーンは警告する。[27]

国連人口部の三つのシナリオ

こうした〝新しいマルサス派〟のなかでも最大の存在は、個人でなく一機関、しかも極めて権威ある機関だ。それは国連経済社会局の主要部門である「国連人口部（The United Nations Population Division）」である。国連人口部は国連本体に負けぬ歴史を持ち、形を変えつつも1946年から存在している。同部の主たる目的は、世界人口を正確に予測できる統計モデルの開発にある。在籍する人口学者と統計学者は、優れた仕事をしている。同部は1958年、世界人口は2000年に62億8000万人になるであろうと予測した。実際の2000年の世界人口は60億6000万人と予測よりいくぶん少なかったが、誤差の範囲内と言えるだろう。[28] 当時の人口統計学者が入手できたアフリカと中国のデータが極めて不十分であったことを考慮すれば、この予測結果は賞賛に値する。だからこそ、当時より正確な発展途上国のデータと高度化された統計モデルをもとに国連人口部がはじき出した今世紀の人口予測を、多くの人が極めて深刻に受け止めた。

では、その予測はどのようなものだったのか。一見するとかなり厳しい内容だ。2017年、国連は現在の世界人口が76億人であり、2030年までに10億人以上増えて86億人になると予測した。その後の20年でさらに10億人ほど増え、2050年には98億人になるだろう。そして我々の子孫が新しい世紀を迎えようとする2100年に、世界人口は112億人でピークに達する。その後は横ばいとなり、そして減り始めるだろうというのが国連の予測だ。[29]

もちろんこれは国連が示した一つのシナリオに過ぎない。「中位推計」と呼ばれるこのシナリオは、国連の人口統計学者が最も確率が高いと見なす推計であり、前回はその予測が正しかった。今回のシナリオは、各国ごとに今世紀中の出生率がどう変化するか、最も有力な予測値に基づいて推計されている。とはいえ、その人口統計学者自身が、この予測は外れるかもしれないと認めている。もし今世紀中の世界全体の出生率が「中位推計」より０・５高かったら、すなわち全女性が産む赤ちゃんの数が平均で予測より０・５人多かったら、悲惨な結末が待ち受けることになる。この「高位推計」シナリオが正しければ、世界人口は２１００年までにほぼ１７０億人に達し、その後も横ばいになる気配を見せずに急増を続ける。これほどの人々をいったいどのようにして食わせていくのか。地球環境への負荷にどう対処するのか。これほどの人々を地球のどこに住まわせるのか。農業生産性の向上をどれほど楽観的に予測しようとも、１７０億人のニーズを十分に満たせないことは確実だ。ついにマルサスとその後継者たちは正しかったと証明されるのだろうか――。

生まれる赤ちゃんが0・5人少なかったら――〝低位推計〟に注目

実はもう一つ、「低位推計」と呼ばれるシナリオがある。全女性が産む赤ちゃんの数が、平均で予測より０・５人少ないというシナリオだ。出生率は先進国のみならず発展途上国や最貧諸国でも激減する。このシナリオが正しければ、世界人口は２０５０年前後に85億人で頂点に達し、その後は減り始める。しかも急速に、だ。その減り方があまりにも急なため、２１００年ごろの世界人口は今とさほど変わらない70億人前後に戻るだろうと予測される。世界人口は増え続けるのではなく減っていくのである。

めでたい話ではないか、と思われるかもしれない。何百何十億人もの人類がひしめき合う世界より、地上の息苦しさは確実に緩和されるだろう。食わせて住まわせるべき家族が減れば、飢饉と貧困も確実に緩和されるだろう。確かに部分的にはその通りだ。だが、経済および地政学への影響はそれほど単純ではない。人口が減り続けるとどのような影響が生じるのか、後の章で詳しく触れる。

とりあえずここでの大きな問題は、上記三つのシナリオのうちどれがもっとも起こりそうなのか、という点だ。２１００年を迎えた時、世界人口は１７０億人でなお急増中なのか、それとも１１０億人で安定期を迎えているのか、もしくは70億人で減少中なのか――。それを知っておいて損はない。頭の切れる経済学者や政治学者でなくとも、１７０億人が暮らす地球は騒々しく不幸な世界だろうとわかる。１１０億人でも我々の手に負えないかもしれない。だが70億人ならどうだろう。我々は現在それくらいの人数でうまくやっているではないか。

国連人口部長へのインタビュー

２０１３年から国連人口部（ＵＮＰＯＰ）の部長を務めるジョン・ウィルモスは、「中位推計」かそれに極めて近いシナリオが実現するだろうと確信している。彼は我々とのインタビューで「今から30年ほどすれば、世界全体にとって（高位推計や低位推計は）まったくあり得ないシナリオになっているでしょう」と話した。個別の国ごとで見れば、国連による出生率の推計値は高すぎたり低すぎたりするかもしれないが、そうした差異は互いに打ち消し合う傾向がある、と彼は指摘する。人口の趨勢を予測する国連の計算手法は当てになると過去に実証されており、その手法は今でもやはり信頼できるとウィルモスは確信している。その計算手法とは、簡単に述べれば次のようなやり方だ。ある国（もしくは地域）の出生率は、かつてその国と似たような道をたどり、今でははるか先まで進んでいる国の出生率と同じような数値になっていく――UNPOPはそのような前提に立って推計している。例えばA国の出生率が30年前の6から今では4まで下がっているとしよう。一方でB国はかつて6あった出生率が同じく30年かけて4まで下がり、その後さらに40年かけて4から2に下がっているとしよう。するとUNPOPは、A国の出生率が今後40年かけて4から2に下がるだろうと予測するのだ。

「こうした歴史的な経緯を見れば、今は出生率が高水準で平均寿命が低水準の国々も、かつてそうだった国々と同じような経過を同じようなペースでたどり、いずれ改善していくものと考えられます」とウィルモス。「(推計は）すべて過去の経緯に基づいています」

彼はさらに、低出生率の国の一部で出生率がわずかに反発する傾向がある（とはいえ人口置換水準には遠く及ばないが）理由についても説明してくれた。ウィルモスの考えによれば、男女平等が進んだことや育児サービスの費用が手ごろになって利用が進んだことで、一部の社会においては夫婦やカップルが少し前の時代より多くの子供を持とうと考えるようになっているという。国連人口部では、この上昇傾向が今後も数十年にわたって続き、世界人口の増加に貢献するものと見ている。

過去40年かけて起きた事象が、いまや20年で起きるとしたら？

国連人口部の予測は、出生率の低下ペースが国や地域にかかわらず一定であり、A国は常にB

国と同じ道をたどると仮定している。このような仮定を心理学者や財務アナリストは「近接誤差（直近効果）」と呼ぶ。物事が過去に起きたのと同じように起きるはずだと思い込むバイアスを指す。実に多くの株式のプロが、間近に迫った下げ相場の徴候を意に介さないのも近接誤差のためだ。

通常なら過去は未来の前触れとなるが、統計に基づく未来予測では必ずしもそうは言えない。物事は変化するからだ。過去においては重要だった事象が未来ではそれほど重要でなくなったり、かつては微々たる問題だったことが大問題になることもある。例えば、〝都市化と女性の地位向上によって出生率が低下する〟といった一つの大きなトレンドが、かつてはかなり長い時間をかけて起きていたのに、今や加速度的に短期間で起きるようになっているかもしれない。もしくは、過去に40年かけて起きた事象が今や20年で起きるとしたらどうだろう？

それでもなお、過去の国連の中位推計は常に正しかったと実証されてきた。常識的に考えれば新しい中位推計も正しいはずである。だが、今回だけは常識のほうが間違っていると我々は考えている。そして、そう考えるのは我々だけではない。

国連が考慮しなかった〝教育〟の影響

我々は真っ白で明るく、無菌室のように清潔なオフィスにいる。

ここはウィーン経済大学のヴォルフガング・ルッツ教授の部屋だ。長身のルッツは禿頭の周囲に白髪が残り、紋切り型とさえ言えるようなあごひげを伸ばしている。１９５６年生まれの典型的なベビーブーマーだ。典型的でないのは彼の持つ二つの博士号で、一つはペンシルバニア大学、もう一つはウィーン大学で得たものだ。いずれも人口学と統計学に関する博士号である。彼は訪問客があると、お気に入りの人口動態の図表を開陳しながら、なぜ国連の人口予測が間違っているかを説く。その口調は礼儀正しいながらもキビキビと熱意がこもる。なぜ間違っているのか、それを一言でいえば原因は教育にある。

「脳はもっとも重要な生殖器です」とルッツは断言する。女性は〝子供をいつ、何人産むべきか〟についての十分な知識と、それを自ら決定できる自立性を手に入れると、すぐさま自分の産む子供の数を減らし、しかも産む時期を先送りするようになる。「ひとたび女性が教育と仕事を得て社会進出すると、社会に適応して世帯人員を減らすようになります。この動きが逆戻りすることはありません[30]」

ルッツは、ウィーンの南にある国際応用システム分析研究所（IIASA）の人口統計学者と共同で研究を進め、発展途上国の都市化がもたらす教育の普及も、人口動態の将来予測の要因に含めるべきだと確信するにいたった。国連の人口予測はその要因を考慮に入れていない。教育の普及という要因を考慮に入れたIIASAの予測によれば、世界人口の伸びは今世紀半ばに横ばいとなり、その後は減少に転じるという。ルッツは早ければ2060年から人類は減り始めると考えているのだ。

そのような指摘をするのは彼一人ではない。ノルウェーの学者ヨルゲン・ランダースは『成長の限界』の著者の一人だが、今では意見を変えている。「世界人口は決して90億人に達することはないでしょう。2040年に80億人でピークを迎え、その後は減っていくと思います」とランダース[31]。世界人口が予想外に落ち込む理由は、発展途上国の女性たちが都市の貧民街に移住するからだという。「都市の貧民街では大家族は合理的ではありません」

英エコノミスト誌も国連の人口予測に懐疑的だ。同誌の2014年の分析によれば、国連の過去の人口予測は「1980年以降にバングラデシュやイランで起きた劇的な出生率低下（両国ともかつては女性一人で6人ほど産んでいたのが現在はふたりほど）」を予測できなかったとし、「今のところ、新しい世界人口の増加はその多くがアフリカで生じている。そして（国連の人口予測の）担当者は、今後もアフリカの出生率の低下がアジアおよびラテンアメリカで起きた低下より穏やかなペースを維持すると仮定している。だが確かなところは誰にもわからない[32]」

『ファクトフルネス』著者の意見

スウェーデンの統計学者ハンス・ロスリング（『ファクトフルネス』日経BP、2019年の著者）がギャップマインダー財団を設立した目的は、普通の人が理解できる言葉で、現在進行中の人口動態の大きな変化についての知識を広げることにある。有名なビデオ『パニックを起こすな』のなかでロスリングは聴衆に訴える。「人類はかねてから、みなさんの多くが思っているよりもよくやっています[33]」。出生率と平均年齢が先進国と発展途上国との間で接近しつつあることを説明し、「我々の住む世界はもはや分断された世界ではありません」と。さらに、2000年生まれの彼の孫娘は〝ピーク・チャイルド〟の時代（14歳以下の児童数が頂点に達して減り始める時代）に生まれてきたと指摘する。今世紀が始まった時、世界には20億人の児童がいた。そして今世紀が終わる時も世界の児童数は20億人だろう。たとえ平均寿命の延びにより世界人口が本当に110億人まで増えるとしても、このような児童人口の安定、さらに教育や医療の質の向上もあるため、人類が昔より豊かな暮らしをしながら着実に世界人口を増やし続けるのは難しくない。ロスリングはそのように考えている。似たような予測数値を示す分析結果は他にも多数あり、例えばドイツ銀行の調査報告では、２０５５年に世界人口が87億人でピークを迎え、今世紀末には80億人まで減るだろうとしている。[34]

さて、では誰が正しいのだろうか。

国連の人口統計学者が正しいのか、それとも国連予測を批判する専門家が正しいのか。その答えを探る一つの道は、世界各地を見回して、さまざまな国と地域が自分たちを「人口転換モデル」のどのステージにあると考えているかを調べる方法である。

ピルを生んだひとりの女性

１９２９年に人口転換モデルが初めて考案されたとき、ステージは4段階しかなかった。最終段階である「第4ステージ」は、平均寿命が長く、出生率は人口維持に必要な2・1程度の低水準にある社会を想定していた。だが結果的には「5番目のステージ」が存在するとわかった。平均寿命がゆっくりと延び続け、同時に出生率は人口置換率を下回る水準を維持し、最終的に人口減少が起きるという社会である。現在、先進国のほぼすべてが「第5ステージ」にある。

１９７０年代から、最も経済発展の進んだ国々で出生率が2・1を下回るようになり、発展途上国でも出生率が下がり始めた。この現象は〝歴史上で最も驚愕すべき世界的変化のひとつ〟とされてきた。[35] だが今にして思えばまったく驚くべきことではない。社会の都市化が進み、女性が自分の身体に関する決定権を自ら握るようになるほど、女性たちは自分が生む赤ちゃんの数を減らすようになる。米国やカナダなど大半の西側諸国では、今や人口の80％が都市部で暮らしている。そして女性は自らの出産に関して、ほぼ完全に近いほどの決定権を握っている。これはある部分、1951年に起きた〝偶然の出会い〟のおかげもある。

マーガレット・サンガーは〝産児制限〟（バース・コントロール）という言葉を作り、また最初の産児制限クリニックを開いた人物でもある。1910年にニューヨークに引っ越してきたとき、サンガーは結婚していたがまだ若い女性であり、妻として家庭生活に埋没しまいと固く心に誓っていた。彼女は何千もの売春宿があるロウアー・イーストサイドで、貧しい女性たちを相手に看護師として働くうちに、堕胎しようとする女性が直面する恐ろしいリスクを知る。このため人々に避妊を奨励し、すべての女性が「自分の身体に対する絶対的女主人であるべきだ」と主張するが、そうした行動やアナーキストのエマ・ゴールドマンのスローガン「神も主人も不要」を掲げたことなどを理由に逮捕までされた[36]。それでもサンガーは、医者が患者に中絶の処理をする権利を勝ち取る。さらに、いくつもの医院を開き、雑誌を発行し、女性のためになる情報を拡散した。そして1951年、ある夕食会で内分泌学者のグレゴリー・ピンカスと出会い、後に彼を説得して経口避妊薬（ピル）の研究開発に専念させるのである。その研究開発費もサンガーが確保した。1954年まで人体実験が続けられ、1957年に深刻な生理不順を抱える女性患者への投薬が認可されると、深刻な生理不順を訴える女性が急増する結果となった。1960年には米連邦食品医薬品局（FDA）が避妊のためのピル使用を認可した。

ピルの登場は人々の性生活を一変させた。男女は望まない妊娠を恐れることなくセックスを楽しめるようになった。仮に女性が妊娠したとしても、ピルの市販から13年後には米国で中絶が合法化されている。「ロー対ウェイド事件」を裁いた連邦最高裁判所が、女性はプライバシー権の一部として「中絶の権利」を憲法で保障されているとの判決を下したからだ。1970年代が終わる頃には、どの先進国でもピルの利用と安全で合法な中絶が当たり前になっていた。

子づくりを勧める親族の影響力が低下

ここでスペインを例にとろう。

かつての巨大帝国は今や完全に人口増加の「第5ステージ」に入っている。女性一人当たりの出生率は1・3と極めて低く、人口置換水準をはるかに下回る。平均寿命も82・5歳と非常に長く、世界で4番目だ（日本、アイスランド、スイスに次ぐ）[37]。だが、長生きする人がこれほど多いスペインでも2012年から人口が減り始めた。地域によっては赤ちゃんがひとり生まれる間にふたりが死んでいく[38]。今のところ人口減少はゆっくりとしたペースで、2011年の人口4680万人から40万人が減ったに過ぎない。だが、減少ペースはこの先加速しそうだ。スペイン政府は今後10年で100万人、2080年までには560万人減ると推計する[39]。人口減少の流れを反転させるか、少なくとも減少ペースを緩和したいと強く願うスペイン政府は、国内の人口動態の不均衡解決に向けた国家戦略を考える〝セックスの権威《ツアー》〟を任命したほどだ[40]。

欧州では大半の国がスペインと似たような状況であり、移民の受け入れを制限している国はとりわけ厳しい。欧州だけではない。日本は今後35年間で人口が25％減り、1億2700万人から9500万人になると予想される。やはりアジアでもっとも経済が成熟している韓国とシンガポールも減少率は似たような数値だ。米国とカナダの見通しはもう少し明るいが、その理由は両国とも活発な移民受け入れ政策をとっているからに過ぎない（ただし両者の政策内容は大きく異なる）。この例外的な二国については後に詳しく論じる。

しかも、出生率低下は先進国だけで起きているわけではない。都市化と女性の権利の拡大は世界的な現象である。中国とインドで出生率が人口転換水準の2・1かそれを下回る水準になっていることはすでに触れた。同じ状況は他の発展途上国にも見られる。具体的にはブラジル（1・8）、メキシコ（2・3）、マレーシア（2・1）、タイ（1・5）などだ。一方でアフリカと一部の中東諸国ではまだ出生率が極めて高い。例えばアフリカならニジェール（7・4）、マラウイ（4・9）、ガーナ（4・2）、中東ならアフガニスタン（5・3）、イラク（4・6）、エジプト（4・2）などだ。ところが、こうした高出生率の国々にも、同じ地域の低出生率の国々と共通する点が一つだけある。ほぼすべての国で出生率が減少傾向にあるのだ。上がっている国は一つもない。

前に述べたように、都市化は子供が家計に与える損得勘定の計算式を変え、また教育を通して女性の権利拡大をもたらす。最近の研究では、それ以外にも都市化が出生率低下をもたらす要因がいくつか明らかになった。その一つは「親族の影響力の低下」である。都市化の進んでいない田舎暮らしであるほど、人々の社会生活は家族を中心に営まれることが多い。そこでは年長者が絶えず若者に〝結婚して子供をつくれ〟とうるさく言い続ける。子孫を増やすべし、という太古から続く進化上の欲求を満たそうとするのだ。

ところが社会の近代化と都市化が進むと、兄弟姉妹や両親、叔父・叔母の占めていた位置を友達と同僚が占めるようになる。あなた自身の家族を思い出してみてほしい。賭けてもいいが、どこかの時点で、どれほど遠回しな言い方であろうとも、両親や祖父母から「人生の伴侶を見つけて身を固め、子供を持つように」とプレッシャーをかけられたことがあると思う。一方、友達から子供を持てと迫られたことはあるだろうか？　なんらかの形であなたにそんな心配をする同僚がいるだろうか？

「我々の進化の歴史上、人の社会的交流に占める家族の割合が今ほど小さくなったことはない」――シカゴのロヨラ大学の心理学者イーラン・シュリラは述べている。「この変化は出生率低下の決定的要因である。なぜなら家族はお互いが子供を持つよう促し合うからだ。親族でなければそのようなことはしない」[41]

女性の権利を制限してきた宗教の影響力も低下

もう一つの要因は、世界の大半の地域で宗教が力を失っていることだ。信仰心が弱まった理由としてさまざまな説が唱えられているが、我々はそこまで踏み込む必要はない。ただ次の点だけは指摘しておく意味がある。すなわち、個人の自主性に縛りをかける組織的宗教の力を弱めている要因は、出生率低下をもたらした要因と同じなのだ。それは豊かさの拡大[42]や教育の普及、女性の解放[43]、親族の影響力低下などである。

宗教が個人の意思決定にかなりの影響力を持つ社会では、その影響力が極めて小さい社会と比べ、出生率が高いことに疑問の余地はない。ＷＩＮとギャラップの共同国際世論調査では、２００８年、２００９年、２０１５年の３回、世界各地で「自分を宗教的と思うか、思わないか」を聞いた。マラウィとニジェールでは回答者の99％が「思う」と答えているが、この両国は前述の通り、出生率が世界トップクラスである。一方、スペインでは「思う」と答えた人が回答者の39％しかいなかった。同国は今や世界で最も信仰心の低い国の一つと見なされている(44)（ところでここに興味深い相関関係がある。スペインやケベック、アイルランドなど、カソリック教会の力が急速に崩壊した社会は、高めの出生率から低めの出生率へとりわけ急速に移行する傾向が見られるのだ）。

#MeTooが盛り上がったのは

また、次の点も指摘しなければならない。女性は近年急速に自分の出産に関する決定権を握るようになったが、この権利拡大は多くの面でゼロサムゲームなのだ。ごく最近まで男性は頑固に無駄な抵抗を続けてきたが、それにもかかわらず出生率は低下した。男性は女性に所有権や投票権を認め、最終的には完全なる平等に近いところまで譲歩したが、喜んでそうしたわけではない。そうしたくないとジタバタ抵抗しながら認めてきたのである。

人類の歴史上ほとんどの時間、男性は女性をその身体まで含めて実質的にも法律的にも支配してきた。都市に住み、教育を受け、自立するようになった女性たちに強制されて初めて、男性はその支配をあきらめたのである。確かに人類誕生以来、男性と女性は互いに愛し合い、一緒に暮らしてきたのは事実だ。だが、それは一方的に男性の望む形に合わせてそうしてきたのであり、その形が女性にとっては苛酷だったこともあろう。何千年も続いたそうした歴史から一つだけ実例をあげる。

前述したように、マーガレット・サンガーは避妊を奨励したとして投獄された。それは彼女が米国のコムストック法に違反したからだ。1873年に成立したこの法律は、ポルノ写真やポルノ小説、避妊薬の使用を禁じただけでなく、避妊を勧めたり、その具体的なやり方を一般の人々に伝えることさえ違法とした。コムストック法と同種の法律は1970年代に入ってもしばらくは米国やその他の国々に存在していた。1970年代でさえ、コンドームは一般に薬局でしか買えず、しかもカウンターの奥に置かれ、薬剤師に相談しなければ購入できなかった。10代の男子にとっては恐ろしいほどハードルが高い話だ。

戦いはまだ続いている。米国でも他のどの国でも、政治家や聖職者（その大半は男性だ）はいまだに女性の中絶する権利を制限しようとしている。また2017年秋には、権力を持つ男性に性的暴行を受けたことを次々と女性たちが暴露し、〝#MeToo〟運動が盛り上がった。女性の身体を男性が所有するという負の遺産は、いまだに私たちの中に残されているのだ。

フィリピンで出生率が激減する理由

社会が都市化して女性の力が増すと、親族の結びつき、組織的宗教の力、そして男性の支配力が、出生率とともに低下する。こうした要因がすべて含まれる一例としてフィリピンの現状を見てみよう。

フィリピンは西太平洋の群島からなる国で、人口が多く、貧しい。1960年には、都市人口（800万人）より地方人口（1900万人）のほうが2倍以上多かった。現在、1億人を超える国民は都市と地方にちょうど半分ずつ分かれて住んでおり、2030年までに国民の65％が都市に住むと予測されている[45]。

フィリピン社会では都市化が進むにつれて女性の権利が向上している。２０１０年、政府は自ら〝女性のマグナ・カルタ〟と呼ぶ、広範囲にわたる一連の法律を成立させた。女性に対するあらゆる種類の差別を禁じ、暴力からの法的保護を強化している。世界経済フォーラムが発表する「世界ジェンダーギャップ（男女格差）報告書」は、現在のフィリピンを格差の小さい社会として世界第7位にランクしている（1位はアイスランド[46]）。

フィリピンの出生率は１９６５年には7だった。現在は3で、しかも5年ごとに赤ちゃんが０・５人ほど減るペースで低下中だ。5年ごとに０・５人である！　フィリピンのケースは、先進国では１００年以上かけてゆっくり低下してきた出生率が、発展途上国では20〜30年で急激に低下するという、さらなる証拠である。

いったいなぜフィリピンの出生率はこれほど急速に落ち込んでいるのだろうか。

同国ではカソリック教会が大きな影響力を持つが、実はその教会自身に答えがあった。「フィリピンでは教会に来る人が減っている」と報じるのは、〝アジアで最も信頼される独立系カソリック・ニュース・サービス〟を売り文句とするＵＣＡニュースだ[47]。今ではフィリピン人10人のうち４人しか定期的に教会に通っていない。「国民の大多数がカソリック教徒であるフィリピンで教会に通う人が減ってしまった原因の一つは、家庭が若い人々の価値観形成を支えられなかったことにある」と記事は嘆いている。

それでもカソリック教会の影響力はまだまだ強い。フィリピンでは中絶は違法であり、離婚という法制度もない。〝女性のマグナ・カルタ〟と名乗る法律になにが書かれていようが、女性は今でも差別され、家庭では暴力、外ではハラスメントに合う危険がある。「フィリピンでは、女性の権利のための戦いに決して終わりはない。男女平等を勝ち取り、守っていくためには、常に目を光らせていなければならない。その勝利がどれほどはかないものであろうとも」――最近書かれた調査報告書はそのようにまとめている。(48)

今回の人口減少は、ゆっくりと時間をかけて意図的に行われる

とはいえ、出生率低下の動きが後戻りすることはない。フィリピンの人口は現在の1億100万人から2045年には1億4200万人まで増え、その後はおそらく減少に転じるだろうと予測される。(49)同じような話は世界各地で繰り返されている。都市化、女性の権利拡大、そして出生率低下という流れは普遍的な現象なのだ。もちろん、国や地域ごとの文化的特徴に応じてそれぞれの進展のペースは異なるが。

もし一部の人口統計学者とオフレコで本音の話をすれば、彼らは次のような疑問を口にするだろう。すなわち、数々の反証にもかかわらず、国連は多すぎる将来人口推計をいつまで掲げていくつもりなのか？　なるべく人々の危機感をあおり、ひいては経済成長を制限するための介入を正当化しつつ（自由放任主義《レッセフェール》を信奉する資本主義者はほとんど国連にいない）、同時に国連を通じた援助プログラムの必要性を今後も確保するという姿勢をいつまで続けるつもりなのか――という疑問である。だが、なにもこうした穿った陰謀論を持ち出すまでもなく、国連が使っている人口推計モデルには欠陥があると判断できる。なぜなら、かつては有効だったが今後については当てはまらないであろう前提に立脚しているからだ。

著者である我々ふたりは、国連の「低位推計」かそれに近いシナリオが実現するだろうと考えている。読者の大半は、生きているうちに世界人口が減少に転ずる日を目撃するだろう。これまでトバ火山の噴火や黒死病、植民地化による荒廃など、さまざまな惨禍で世界人口は何度も激減した。だが今回の人口減少はこれまでと異なる。今回の人口減少は、ゆっくりと時間をかけて意図的に行われるのだ。我々自身の選択の結果として、くる年もくる年も前年より世界人口が減っていくという将来が待っているのだ。ほとんどの人はそれを受け入れ、もうすっかり馴染んでしまっている。ただ、誰かがあえて指摘するまで、我々はそれを受け入れていることに気付かないだけなのだ。

ブリュッセルで開かれた夕食会では、あえてそれを指摘する人がいた。

3章

老いゆくヨーロッパ

THE GRAYING OF EUROPE

「ふたり目の子どもは、どうする?」

「(お金持ちにならないと)無理だよ」

EU本部のあるブリュッセルでの20代~30代カップルによる会話だ。

同国の出生率は、人口置換水準を下回る1・8。

EU全体の平均はさらに低く1・6だ。

欧州各国の出生率

アイルランド	2.0
フランス	2.0
スウェーデン	1.9
ベルギー	1.8
フィンランド	1.8
イギリス	1.8
デンマーク	1.7
ロシア	1.7
スロベニア	1.6
ブルガリア	1.5
イタリア	1.4
スロバキア	1.4
ギリシャ	1.3
ルーマニア	1.3
EU 平均	1.6

※本文より作成

その夕食会には15人が参加している。ジュディスとナサニエルが住むアパートの大部分を占める広い部屋。長い木製テーブルを囲み、なんとか全員が席についた。6組のカップルはみな20代から30代で、自分たちは見識ある進んだ市民だと思っている。子供がふたり、6歳のローマンと4カ月のティルダがいることで、この夕食会の風景はより完璧に近づいたと言えよう。

男性陣のほとんどは学生か芸術家で、女性陣が仕事をして家賃を払っている。夕食のあと、男たちはベランダでタバコを吸い、女たちが後片付けをした（まあ、自分たちで思っているほど進んだ市民ではないのだろう）。

ジュディスとナサニエルは、ブリュッセルを構成する19の基礎自治体《コミューン》の一つ、スカールベークに住んでいる。ベルギーは間違いなく、世界一多くの自治体を持つという〝トンデモ賞〟を勝ち取れる国だ。ベルギーがオランダから独立したのは１８３０年、オペラの観劇後に興奮した一部の若い男たちが暴動を起こしたことがきっかけだ。この狭い国土に１１３０万人が住み、オランダ語の一種であるフラマン語を話すフランドル地域と、フランス語を話すワロン地域とにわかれている。東部にはドイツ語を話す飛び地もあり、また国土のほぼ中心にあるブリュッセルは国内で唯一、フラマン語とフランス語の両方が話されている。ただし、ブリュッセルの〝非公式な公用語〟は英語であると誰もが知っている。ベルギー人は地方自治の原則に強いこだわりを持っており、ブリュッセルに19もの基礎自治体があるのはそのためだ。

概して北米の都市には歴史ある中心街も保存されていないし、優れた都市計画もなかった。だから北米人から見ると、欧州各都市の中心街はとても魅力的に映る、という説がある。その説に従うならば、スカールベークは間違いなく魅力的である。表通りには三階建てから四階建てのレンガの家並みが続き、その大半が19世紀の建築だ。家々の横幅が狭いためひょろ長く見えるが、明かり取りの窓が優雅さを加えている。店はいずれも小さな地元資本で、公園などの公共施設は手入れが行き届いている。ただし、近づいてよく観察すれば、多くの家は壁の塗り直しが必要だと気付く。もっと大がかりな補修が必要な家もある。ブリュッセルでは関連法や規制があまりに多く複雑なため、手軽に補修ができないのだ。だから家主はなにもせずに放置する。

スカールベークには、旧来のヨーロッパ系住民とトルコ系・モロッコ系の住民とが入り交じって住んでいる。スカールベークにほど近い基礎自治体のモーレンベークは、マイノリティが多数派になっている。2015年のパリ同時多発テロ事件では、犯人にこの地域の出身者が何人も含まれていた。さらに2016年3月にテロリストがブリュッセル空港と地下鉄を爆破して32人を殺害した事件では、首謀者の一人がスカールベークで逮捕されている。逮捕された場所は、ジュディスとナサニエルが友人たちと夕食のテーブルを囲んでいる場所から、わずか1ブロック先だった。

祖母の兄弟姉妹は15人

さて、ジュディスとナサニエルの夕食会に参加した若い男女のほとんどは、自分の大叔父や大叔母について聞かれても大したことを知らなかった。ただし、大叔父や大叔母が大勢いたことだけはみな覚えている。参加者のひとりダニエラは、祖母に15人の兄弟姉妹がいたという。これが両親の世代になると兄弟姉妹は3、4人というのが一般的だったようだ。参加者たち本人は、だいたいひとりかふたりの兄弟姉妹がいる。フランス出身のエイドリアンは、「両親の世代が少人数家族を普通にしたんです」との意見だ。

テーブルに着く6組のカップルを見てみよう。一組の夫婦はふたりの子持ち。一組のカップルには子供がひとりいる。あとの4組に子供はいない。その4組は、もし子供を持つつもりなら年齢的に今が最後のチャンスだ。しかし、彼らは今のところどうしても子供を持とうとは思っていないという。その理由を聞いてみた。

「両親に〝子供は持たないほうがいい。すごくカネがかかる〟と言われたからです」

「ふたりとも働いているから」

「自由優先」

「家が狭いからですね。家賃はすごく高い」

「子供が欲しいならお金持ちにならないと」

「私たちはふたりとも仕事熱心で、子供に割く時間がありません」

——注目してほしいのは、前向きな理由と後ろ向きな理由の両極端にわかれている点だ。子供はカネがかかるし、カップルは両方とも働いているから、という後ろ向きな理由がある一方、子供を持つか持たないかは、それが今の自分たちに適しているかどうかで自由に決めていいと考えている。

ここにいる6組12人の男女は、人口置換水準である2・1人をはるかに下回る子供しかもうけていない。この6組が自らを再生産していくには13人の子供が必要だが、今のところ子供は3人だけ。彼らが達成した出生率は0・5にも及ばない。よしんばあと数人の赤ちゃんが今後生まれるとしても、今テーブルを埋めている6組12人から生まれた子供たちが、30年後に同じテーブルを満席にできる可能性は極めて低いだろう。

EUの出生率の平均は1・6

彼らのようなカップルはベルギーではごく一般的だ。同国の出生率は1・8で、人口置換水準を十分に下回る。そしてベルギーの現状は欧州のなかで決して例外的ではない。それどころかEU（欧州連合）の平均は1・6とベルギーよりさらに低い。英国こそベルギーと同じ1・8の出生率だが、EU平均の1・6を下回る国も多い。具体的にはギリシャ（1・3）、イタリア（1・4）、ルーマニア（1・3）、スロバキア（1・4）などだ。[1] こうした国ではすでに人口減少が始まっている。ギリシャは2011年に減少に転じた。[2] イタリアで2015年に生まれた新生児の数は、1861年の建国以来もっとも少なかった。[3] 同じ2015年、ポーランド全土で200の学校が生徒不足により閉鎖された。[4] ポルトガルは2060年までに人口が半分に減る恐れがある。[5] 国連の推計によれば、1990年代から現在までの間に東欧諸国は全体として人口の6%、1800万人を失ったという。これは地球上からオランダ一国が丸ごと消えるのに等しい人口減少である。[6]

こうした人口減少は、ブリュッセルの夕食会に参加した男女には良いニュースに思える。

「空間が増える」
「仕事も増えるね」
「家が安くなる」
「すべてのものが安くなるよ」

だが、彼らは考えが足りない。若者の数が減るというのは、彼らが高齢者になったときにその医療費や年金を支えるはずの納税者が減ることを意味する。子供を持つカップルが減れば家の買い手も減るので、住宅価格は下がり、結果として人々の資産も減る。新卒から中年までのもっとも購買意欲の高い層が減るというのは、車や冷蔵庫、ソファからジーンズに至るまで買い手が減ることであり、経済成長は減速する。その点を指摘すると、テーブルのみんなは黙ってしまった。

中国は統一帝国の強みが弱点に

ヨーロッパのこれほど多くの国で人口が減っているのには一つの理由がある。その理由は、欧州大陸の統一を不可能にしてきた地理的条件に根ざしている。欧州のキャラベル船が中国のジャンク船に圧勝した理由もそこにある。

中国はざっと4000年前から統一されている。中国の草原と河川は征服と交流を容易にするのだ。群雄割拠で国家が統一されていない期間は混乱状態となるため、安定した統一政府を求める強い文化的原動力が生まれる。そして多くの場合、統一は福音をもたらす。誰もが知るように、火薬や紙、羅針盤といった西側の素晴らしい〝発見〟の多くは、実際には中国のほうが先に発見していたのである。

中国がどれほど進んでいたかというと、コロンブスがパロス・デ・ラ・フロンテーラから出航する1世紀近くも前の1405年には、すでに永楽帝が財宝艦隊を編成し、大航海に送り出していたほどだ。この艦隊は7度の航海を重ねて現在のケニアにまで到達した。艦隊の中核をなすのは9本のマストを持つジャンク船だ。最大のものはサンタマリア号の5倍を超える全長150メートルもあったと推測され、何十台もの支援船を従えていた。(7) 15世紀初頭、中国の軍艦技術は欧州よりずっと優れていたのだ。

しかし、統一された大きな帝国には強大な中央政府が必要であり、そこには強大な官僚機構が必要となる。そして強大な官僚機構は汚職と腐敗を呼び込む。7度目の航海の後、永楽帝の後継者は財宝艦隊の出港停止を命じた。王朝内の派閥争いで、孤立主義政策を支持する儒者グループが国際派の宦官グループに勝ったからだ。国境にモンゴルの脅威が迫ってるというのに財宝艦隊には費用がかかり過ぎる、というのが儒者グループの言い分だ。2本マストの艦船さえ建造は許されず、財宝艦隊は港で朽ち果て、軍艦技術は失われた。

欧州は統一されなかったゆえ、イノベーションに必要な多様性が育った

ここで話を欧州に戻そう。人類の歴史上、誰一人としてヨーロッパ統一を成し遂げた者はいない。中央ヨーロッパの平原地帯は、川さえ渡ればなんの障害もなく開けている。だがその先が難しい。イタリア半島に侵攻するにはアルプスを越えなければならないし、イベリア半島へはピレネー山脈が邪魔をする。スカンジナビア半島とブリテン諸島はいずれも深い海に守られている。ローマ人は欧州大陸の征服にあと一歩まで近づいたが――ブリテン島ではハドリアヌスの長城で

名高いイングランドとスコットランドの国境まで到達できた――チュートン（ゲルマン）の森で好敵手に出会い、ライン川まで撤退した。西暦800年ごろ、フランク王国のカール大帝が西ヨーロッパのほぼ全土を統一したが、その天下は短命に終わった。19世紀にはナポレオンが欧州統一を目指すが、その天下はさらに短かった。さらにヒトラーの天下はそれに輪をかけて短命だった。欧州最大の帝国だった大英帝国は、最盛期に世界人口の4分の1以上を支配下に収めた。だが彼らは陸ではなく海でその帝国を築いた。

大陸全土が統一されなかったことは、ヨーロッパにとって最大の福音だった。おかげでイノベーションの母である多様性が育ったからだ。どれほどの権力を持つ皇帝でも、国境を越えて他国の考え方を焼き払えと命ずることはできない。自国でユダヤ人追放を命じても、彼らは別の国に引っ越すだけだ。カソリックとプロテスタントの分裂は、異端者にも常にどこか逃げ込む先があったことを示している。例えばどこかの王様や法王が、特定の理論を解説した本を発禁にしたとしても、その支配力が及ばない土地に必ず誰かが活版を持ち出し、印刷機を回した。モンゴルやトルコ、ハプスブルク家からの絶え間ない脅威は、航海術の発達や弓の強化、実用性のあるマスケット銃の開発などの優先順位を高めた。また国家間の競り合いが経済競争を促進した。というのも、賢明な君主であれば、費用をかけて軍隊を現場に駐留させているだけで半分は戦いに勝ったようなものであり、時には実際の戦争を不要にしてしまう効果さえあると知っていたからだ。こうして、狭い欧州大陸に多数の公国がひしめき合い、富を得ようと競い合っていたからこそ、未知なる世界への探検に価値が生じたのである。

知識を死蔵させなかったヨーロッパ人

中国の財宝艦隊がインド洋を探索していたころ、イベリア半島は紛争とイノベーションの大釜と化していた。この地は8世紀にイスラム教徒に征服されたが、中世になると徐々にキリスト教徒が奪い返したため、結果的にキリスト教徒とイスラム教徒の技術がぶつかり合って混ざり合い、キャラベル船を生み出した。大きな三角帆を持つ頑丈な船で、風に逆らって進むことができる。キャラベル船は極めて性能が良く、穏やかな地中海を離れて暴風雨の待つ大西洋に乗り出せることがわかった。

〝航海王子〟の異名を持つポルトガルのエンリケ王子は、アフリカ西岸沿いの探検航海を財政面で支え、また航海術や地図製作技術を研究する学校も設立した。熱心に探検に取り組んだポルトガルは、エンリケ王子が死没する1460年までに現在のシエラレオネに到達したほどであった。1488年にはバルトロメウ・ディアスが喜望峰に到達し、大西洋とインド洋が繋がっていることを立証した（ちなみにディアスはここを「嵐の岬」と名付けたが、当時でも多少はマーケティングを理解している人もおり、ポルトガルのジョアン王が人々に勇気を与えるような今の「喜望峰」という名に変えた）。

1498年にはバスコ・ダ・ガマがインドに到達し、アジア・ヨーロッパ間の交易をイスラム教徒が独占する時代を永遠に終わらせた。この頃にはスペイン人も〝探検ゲーム〟に乗り出し、1492年にはコロンブスを西へと送り出している。そのうちポルトガルの勢力が弱まるのと併行して、イギリス人とフランス人が新世界に広範囲の自国領土を主張するようになった。ここが大事な点だ。つまり、キャラベル船の技術は移転でき、一国が衰えても必ずどこか他の国がその技術を利用したのである。ここが中国人と違った。暗黒時代以降のヨーロッパ人は、一度得た知識を忘れたり死蔵させることはなかったのである。

出生率への脅威が大戦へとつながった

欧州ではルネッサンス時代に進歩した技術が18世紀の啓蒙運動の時期に科学の発展をもたらし、その発展が19世紀の産業革命につながり、その結果何百万人という農民が農地を離れて都市の工場へと移動せざるを得なくなった。この都市化こそが、子供を資産（重荷を分け合う背中）から負債（食わせるべき口）へと変え、出生率低下を招く圧倒的に大きな原因であることはすでに述べた。また、都市化は女性に力を与え、より多くの知識と自立性を得た女性たちは自分が生む子供の数を減らすようになることもすでに述べた。同時に親族の影響力や宗教の権威も低下した。すなわち、産業革命がヨーロッパで起きたからこそ、そしてヨーロッパの社会は世界で一番宗教の影響力が弱いからこそ、さらに――たとえブリュッセルの夕食会では男たちが女たちに後片付けをさせながらタバコを吸っていたとしても――ヨーロッパは他のほとんどの地域と比べて文化的に女性がより平等であるからこそ、そのヨーロッパが人口減少の最先端にいるのはまったく驚くに当たらないのだ。

イングランドおよびウェールズの出生率は１８００年ごろまでは6で安定していたが、その後着実に低下を続け、１９４０年には人口置換水準の2・1程度になる。米国や他の西側諸国も多かれ少なかれ似たような経過をたどった。奇妙なことに、フランスでは１７００年代後半からすでに出生率低下が始まっていた。確かな理由は誰にもわからないが、フランス革命の大混乱とその結果生じた社会の世俗化になんらかの原因があるのかもしれない。(8)いずれにせよ、低出生率の早期導入実験はフランスに破壊的な結果をもたらした。出生率がより高かった隣国ドイツは人口でフランスを凌駕し、1870年の普仏戦争でフランス人を打ち負かすのである。同じ失敗を繰り返さないよう、フランス人は人口減少を埋め合わす同盟国を得ようとする。ドイツも負けじと同盟国を求め、これが2つの世界大戦という虐殺の半世紀につながっていく。出生率の低下は、ときに国家安全保障にとって致命的に重大な脅威となりうるのだ。

一過性のベビーブーム

1930年代の大恐慌の時代になると、欧州の多くの国では、かろうじて人口を維持できる程度の赤ちゃんしか生まれなくなった。次に何が起きたかはご存じの通りだ。大恐慌と第二次世界大戦により出産が抑圧された反動で、先進国にベビーブームが起きたのである。

興味深いことに、ベビーブームの序章は実は第二次世界大戦より前に始まり、戦時中も続いていたようだ。スカンジナビア諸国の出生率は1世紀以上も着実な低下を続けたのち、1930年代中頃に底打ちして増加に転じた。1935年、イングランドおよびウェールズの出生率は1・7、ベルギーは1・9で底を打ち、その後は上昇傾向に転じている。戦後に西ドイツとなる地域の出生率は、1933年には1・6と人口置換水準を大きく下回っていた。ところがその後ドイツ人はふたたび赤ちゃんを産み始め、フランスでも同様に出生率は上昇に転じた。フランスとベルギーの出生率は第二次世界大戦の最中にも増加していたようだ。その時期は両国ともドイツ占領下もしくは統制下にあり、食糧や石炭などの入手は日々困難になっていたというのに――。また、スウェーデンやスイスなどの中立国では、すでに1940年にベビーブーム真っ盛りになっていた。[9]

こうしてヨーロッパの一部の国では、1930年代後半から赤ちゃんの数が増え始めた。おそらく大恐慌が落ち着きはじめ、経済的な余裕が生まれてきたせいだろう。第二次世界大戦は世の中をめちゃくちゃにしたが、戦争が終わるや否や、それまで抑圧されてきた子供への渇望が一気に解放され、本物のベビーブームが始まった。この現象は西側諸国すべてで起きたが、ここでは例としてデンマークを取り上げよう。

1930年、デンマークでは20歳から24歳までの女性のうち既婚者は29％だった。1960年にはその割合が54％になっている。若くして結婚する夫婦の割合はほぼ倍に増えた。若者の間で結婚が一種のブームになったのだ。というのも、戦後の復興景気により若者でも結婚と子育てを同時にできるほど経済的余裕ができたし、他方でまだ同棲は悪いことだとみなされていたからだ。「婚姻率上昇はこの時代の重要かつ極めて一般的な傾向であり（中略）、どの期間にも、どの世代にも、どの国にも見られた」[10]。若くして結婚すれば子供を作る時間もたっぷりある。結婚だけでなくベビーもブームになり、1960年にはデンマークの出生率は2・5まで上がった。人々は日ごとに豊かになり、ベビーブームは経済的になんの問題もなかった。

だが、それでもブームは終わった。ヨーロッパの出生率は1970年代になるとふたたび人口置換水準まで落ち、その後もさらに下がり続けた。大半の先進国で出生率は1・3から1・8までの間へと急落した。現在、フィンランドの出生率は1・8、スロベニアは1・6だ。全面的な近代化が西欧でもっとも遅く、今でもカソリック教会が相当の影響力を持つアイルランドの場合、しっかりと2・0を維持している。イタリアは1980年代以降、1・2と1・4の間をさまよっている。欧州で出生率が最高レベルのフランスは現在2・0。デンマークは1・7だ。

この新しいトレンドはなぜ生まれたのか。

答えは簡単だ。実はこのトレンドはなんら新しいものではない。前述したように、それまで出生率は1世紀半にわたり下落してきた。都市化、公衆衛生の改善、豊かさの広がり、そしてなによりも女性の自立性が高まったことの結果として、世代を経るごとに女性はますます子供を生まなくなっていた。ピルの登場や産児制限が利用しやすくなったこと、適切な性教育なども一定の役割を果たした。要するに、ベビーブームは一時的な例外現象だったのだ。例外現象が終わったあとは出生率低下という元のトレンドに戻り、今では当たり前となった「人口置換水準を下回る出生率」まで下がり続けたのである。

欧州の人口減少は目前

欧州では出生率の低下と組織的宗教の影響力低下との相関関係がとりわけ目立つ。第二次世界大戦の前までは、カソリックとプロテスタントのいずれもが、それぞれの国の公序良俗に影響力を持っていた。両派とも婚外セックスを罪として非難し、避妊も良しとしなかったので、結果として家族は大人数となり、その舵取りは昔ながらの役割通り、夫が大黒柱で妻が家事担当という夫婦が担った。だが戦後になると、避妊の抑止を含めて教会の影響力が低下する。その理由は、コミュニケーション技術の急速な発達や教育水準の向上、教会の権威に対する敬意の低下、カソリック教会による性的搾取スキャンダルの相次ぐ表面化など、いくつでも挙げられるだろう。べルギーではつい1960年代まで、日曜日の教会のミサにはみんなが出席していた。現在、参加するのは全国民の1・5%程度だ。[11] ある新聞記事は、「(ベルギーのカソリック教会本部は)歴史ある教会建築といった文化遺産の管理団体とほとんど変わらない存在になりかねない」と指摘している。[12] 今のヨーロッパの婚姻率は1965年の半分だ。[13] ベルギーでは内縁関係――オランダ語では「サーメンヴォーニン《samenwoning》」、フランス語では「コアビタシオン《cohabitation》」――が常識になりつつある。

ここで、なぜ出生率が2・1を下回っても即座に人口減少が起きないのか――という疑問を持つ人がいるかもしれない。その理由は2つある。ベビーブームが終わったとき、欧州にはまだ子供が大勢おり、彼らはやがて子供を持つ年齢になった。仮に彼らの作った子供の数が長期的に人口を維持できる水準に満たなかったとしても、短期的には人口を増やすのに十分なだけの子供を作ったのである。これがひとつ目の理由だ。

2番目の理由として、出生率は落ちたかもしれないが、平均寿命が延びたことがある。新しい治療法や外科手術の方法、タバコの抑止政策、健康問題への注意喚起、1月に食べられるモロッコ産のラズベリー――。1960年に英国で生まれた男児の平均余命は68年。これは当時の先進国の平均的数値であり、1960年代に念入りに作られた戦後の新しい年金制度も65歳を退職年齢としていた。65歳まで働き、数年間をゴルフでもして過ごすうちに、だいたいはお迎えがくることになっていた。ところが2010年に英国で生まれた男児の平均余命は79年で、この曲線を横ばいにしてしまうような特別なことが起きない限り、今後も平均余命は延び続けると予想される。これが英国のみならず大半の先進国で年金の財源問題を引き起こしている。今の90歳は昔の80歳に等しい。今では人生の5分の1かそれ以上を占めるようになった隠退生活を楽しむこうした高齢者たちが、人口を下支えしているのだ。

とはいえ、最終的には人口動態上の厳しい現実が待っている。それは、出生率が人口置換水準の下で停滞するようになってから2世代目の人々に訪れる。スペインやブルガリアですでに始まっているように、国の人口が減り始めるのだ。欧州大陸全体でも人口増加率は今や年0・2％であり、遠からず減少の域に踏み込むだろう。

ただしベルギーだけは例外だ。２０６０年には現在の人口（１１２０万人）と変わらないか、場合によってはわずかに増えて１１４０万人になると予想されている。[14]その理由は１９６４年にまで遡り、テオ・ルフェーヴルとハサン2世が交わした約束に端を発する。

モロッコ人労働者をベルギーに〝輸出〟

ベルギーの首相というのは、民主主義世界でもトップレベルに不安定な仕事である。ワロン人とフランドル人との間に存在する忌々しい違いのせいだ。ベルギーの歴史を通じて、炭鉱や大型産業のあったワロン地域はおおむねフランドル地域より栄えてきたので、フランドル人は傍流意識を持っていた。だが近年はその状況が逆転し、ただでさえ火種の多いこの国にまたひとつ可燃物が加わった。ベルギーでは選挙の後で連立政権をなんとかまとめ上げるのに数カ月かかることもあり、その連立政権もすぐ倒れかねない。このため１９６１年にテオ・ルフェーヴルが政権を握ったとき、彼は自分に与えられた時間はそれほど長くないとわかっていた。そして当時は、緊急に解決すべき課題がひとつあった。ベルギーの工業生産を支える、臭くて汚い仕事、ときには危険なこともある炭鉱労働といった仕事の担い手がおらず、深刻な労働力不足に陥っていたのだ。

どうすればいいのか――。

その頃、モロッコ国王のハサン2世もやはり問題を抱えていた。国王になってわずか3年目にして、モーリタニアとアルジェリアの一部の領有権を主張したことで近隣諸国の怒りを買い、一方で国内北部では諸部族の反乱に直面していた。彼には外国からの援助と西側諸国の後ろ盾が必要だった。国家の安全保障と富の蓄積には輸出が大きな役割を果たす。ところが当時のモロッコには輸出すべきものがほとんどなかった。あるとすれば自国民くらいである。そして、それこそまさにベルギーが必要とするものだった。1964年、ベルギーとモロッコは協定を結ぶ。何万人ものモロッコ人――そのほとんどは面倒を引き起こす北部のリーフ地方の部族民――を外国人労働者としてベルギーに送り込む、という内容だ。他の欧州諸国も、トルコやアルジェリアなど中東や北アフリカの国々と似たような協定を結んだ。本来ならこうした外国人労働者は欧州の国々に一時的に滞在するだけのはずだったが、こうしたことはたいてい計画通りには進まない。〝輸入〟された外国人労働者たちは子供を作る。そして、その子供たちはベルギー市民として生まれるからだ。

1970年代になると、米国ペンシルバニアからベルギーのワロン地域に至るまで、従来型の産業はどこでも落ち目になる。かつて第三世界と呼ばれた国々が手強い競争相手となり、先進国では何百万人もの底辺労働者が職を失った。ベルギーでは失業した労働者の多くがモロッコ人だった。彼らは新しい働き場所を探したが、悪名高きベルギーの官僚主義にさえぎられた。彼らは子供たちには親世代より良い暮らしをしてほしいと願ったが、モーレンベークのような地域では貧困が蔓延し、教師は逃げ出し、結局子供たちはきちんと学校に通えなかった。ベルギー人の多くは、孤立したモロッコ人の低所得者層が自ら壁を設け、ベルギー社会に溶け込むのをかたくなに拒否するのではないかと懸念した。だが、この問題を調査したカナダ人ジャーナリストで都市論の専門家でもあるダグ・サンダースは異なる結論を下した。「移住者は引きこもって伝統的なモロッコ人の暮らし方へと逃げ込んでいるのではない。彼らの周囲に存在する都市に頼らず、自分たちの力だけで生き残ろうとしているのだ。たとえグレーマーケット経済と犯罪に頼ることになっても[15]」

結局はベルギー政府がより良い職業訓練と教育機会の提供を通して、事態の改善に着手した。そして、学校や政府機関で以前より多くのアラブ系ベルギー人の姿を目にするようになり、融合が進んでいるという明るい兆しが見えてきた。今ではブリュッセルは世界でもっとも多様性に富んだ都市の一つである。だがそれでも、多くのベルギー人は孤独を抱えている。狭い国土に何百万という人々がひしめき合って暮らし、美しい田舎町と完璧な風景写真のような田園地帯と丘陵地帯を持ち、木の一本に至るまで無計画に育っているとは思えないようなこのベルギーは、孤独の集合体なのである。

根強い反移民感情

ブリュッセルの夕食会に集まった若きフランドル人のカップルたちには、イスラム教徒の友人が一人もいない（それどころかワロン人の友人もいない）。本人たちもわかっている。このまったく異質な新しい住民たちがベルギー社会に溶け込めるよう、ベルギー人はもっと努力しなければならないと。「彼らのことをもっと知りたいと思います。我々はみな、お互いのことをもっと理解できるようになるべきです」とジュディスは力説する。だがそれは簡単ではない。

移民とは、出生率が人口置換率を下回った先進国が、人口を維持するため、または少なくとも人口減少を緩和するための手段である。だが、移民はメリットに匹敵するだけの問題も引き起こす。孤立、拒絶、民族間の衝突、高まる緊張感などだ。さらに、移民を〝輸入〟すれば確かに下がりつつある出生率の底上げにはなるが、その移民は（イスラム系移民も含め）すぐに移住先の出生率に合わせて子供を産まなくなる。わずか一世代、移民本人の子供の世代になれば、もう21世紀の都市生活に馴染み、〝子供というのは少数を大事に育てるものだ〟と考えるようになる。

欧州はこの先確実に、より褐色に、より灰色になっていく。社会の構成員の年齢が上がり、出生率低下による労働力不足を移民が満たすからだ。その変化が生み出す緊張感はもうすでに目に見える。２０１５年から２０１６年にかけ、シリア内戦とＩＳＩＳ（イスラム国）の台頭で１００万人を超える難民が中東から欧州大陸へとなだれ込むと、当初は歓迎していた各国政府は国境を閉ざし、鉄条網のフェンスを急造した。なぜ難民たちは欧州に来るとき、トルコ＝ブルガリア間の国境を越える簡単な陸路を使わず、あえて命がけでエーゲ海や地中海を渡ってくるのか、その理由を一度でも考えたことがあるだろうか？　理由の一端は、フェンスと警備員の存在に加え、ひどい扱いをすると言われるブルガリア国境警備隊にある。[16] 東欧諸国も移民が来てくれれば大いに助かるはずなのに、西欧諸国に比べて移民受け入れを拒否する姿勢ははるかに強い。ブルガリアのヴァレリー・シメオノフ副首相は英ＢＢＣ放送に対して「ブルガリアは教育のない難民を必要としていない」と述べ、さらに熟練技能を持つ移民ですら必要ないと明言した。「彼らは文化も違えば宗教も違うし、日々の習慣さえも異なる。（中略）ありがたいことに、ブルガリアは欧州へ殺到する移民に対して今のところ最上級に守りの堅い国だ[17]」

　ブルガリアの人口は、1989年の900万人弱から現在の700万人強へとすでに縮小している。しかも、低い出生率（1・5）やゼロに近い移民受け入れ、他の欧州諸国へ移民するブルガリア人の存在などで、2050年までにさらに30％減る恐れがある。ブルガリアは新しい住民に来てもらう必要があるのだ。だが彼らは気にもしていない。よそ者と一緒に生きるくらいなら消えるほうがいいのだろう。

そしてブレグジットが起きた

　人口が減っている、もしくは近く減り始めるという確固たる証拠があるにもかかわらず、欧州の多くの国がなかなか移民を受け入れようとしないのはなぜか。一部の移民グループが移住先の社会に溶け込むのにこれほど苦労しているのはなぜか――。

　こうした問題をめぐり、悪意に満ちた議論が飛び交っている。ブルース・バワー（"*While Europe Slept: How Radical Islam Is Destroying the West from Within*"『ヨーロッパが寝ている間に：イスラム過激派はいかに内部から西側を破壊しているか』の著者）やマーク・ステイン（"*Lights Out: Islam, Free Speech and the Twilight of the West*"『消灯：イスラム、言論の自由、そして西側の黄昏』の著者）のように、病的な恐怖にとりつかれて人種差別主義者になりかけた人々は、イスラムが文化的・政治的に欧州を乗っ取り、西側の立憲民主制をシャリーア（イスラム法）と新たなカリフ制に置き換えかねないと警告する。実際は、ヨーロッパの人口に占めるイスラム教徒の割合は2050年でも10％に過ぎないと試算される[18]。「ユーラビア」や「ロンドニスタン」（訳注：いずれもイスラム人口が増える欧州やロンドンを揶揄する呼び方）が生まれるにはまったく足りない。しかも、この数字はもっと低くなる可能性が高い。なぜなら移民を送り出すイスラム諸国でも出生率は下がっているし、「時とともにイスラム系移民の出生率は下がり、移住先の欧州各国の大多数と同じような出生率に近づいている」からだ。[19]ピュー・リサーチ・センターは、欧州に住むイスラム教徒の出生率が２０３０年までに２・０に下がると予測する。人口置換水準に満たない出生率であり、非イスラム教徒の欧州住民（出生率１・６）との差は赤ちゃん０・５人分にも満たない。

それでも反移民感情（アフリカ・中東からの移民だけでなく他の欧州諸国からの移民に対しても）が原動力となり、イギリス人の52％は２０１６年6月23日の国民投票でＥＵを離脱するという選択をした。フランスからポーランドまで、移民への恐怖心が右派政党の躍進を支えている。確かに、大々的に報道されるテロリストの攻撃を目にした住民たちが、国境や自宅周辺の安全性を高めるよう要求するのを誰が責められよう。ヨーロッパ人は政治思想や肌の色にかかわらず誰もがみな、移民議論で避けて通れない感情と必要性との矛盾を解決しようと苦しんでいる。

もちろん、非ヨーロッパ系移民の難問を解く一つの方法は、ヨーロッパ人をもっと多く生むことだろう。人口が増え、平均年齢が低くなるよう自然出生率を上げるのだ。育児支援を手厚くし、保育サービスの時間を延長し、育児休暇の法制化を進める――確かに一定のインセンティブ政策の組み合わせによって、ヨーロッパ人のカップルに2人目、３人目を生もうと思わせることは可能だ。実際にいくつかの国でそうした政策を試みている。だが、その成果はひいき目に見てもまちまちといったところだ。

スウェーデンの出生率を向上させた夫婦

１９２０年代初頭、スウェーデンの経済学者で社会学者、そして政治家でもあるグンナー・ミュルダールはまだストックホルム大学の学生だったが、その頃からすでに異彩を放つほどに頭脳明晰で傲慢だった。こんな逸話が残っている。ある教授が彼に対し、年長者にもっと敬意を払うよう警告した。「君の昇進を判断するのは我々だからね」。これに対してグンナーは「はい。でもあなたがたの追悼文を書くのは我々ですからね」と答えたという[20]。

鉄道員の息子として生まれたグンナーは、自転車旅行の途中で1軒の農家に泊めてもらい、そこで農夫の娘アルバと出会う。下手な冗談みたいな始まり方だったが、ふたりは20世紀でも屈指の素晴らしい夫婦になる。それぞれが別途にノーベル賞を受賞したのだ。グンナーは１９７４年に経済学賞をフリードリッヒ・ハイエクと共同受賞し、アルバは１９８２年に平和賞をアルフォンソ・ガルシア・ロブレスと共同受賞した。

グンナーが米国の人種格差問題に言及した画期的著作『アメリカのジレンマ』（著作集『グンナー・ミュルダール　ある知識人の生涯』勁草書房、２０１１年に収録）は、ニューヨークタイムズをして「トクヴィル以降、アメリカについての最も重要な本」と言わしめた[21]。米最高裁は、学校における人種分離制度を無効とした「ブラウン対教育委員会裁判」でこのグンナーの著作を引用している。一方でアルバは世界的な核軍縮運動を主導した。ふたりは、気難しいが思いやりにあふれた素晴らしい夫婦として60年間も結婚生活を続けた。「たいへんな高齢になるまでずっと一緒に暮らすのがどれほど幸せなことか、みんな知らないのだよ」とグンナーは述べている[22]。

このふたりは1930年代、ひとつの問題にいつも頭を悩ませていた。スウェーデンの暗澹たる出生率である。1900年には4・0だった同国の出生率は、1935年までに1・7と激減した。当時のスウェーデンは他の西側諸国と同じく、世界大恐慌からなんとか回復しようと苦闘している最中だった。ミュルダール夫妻が心配したのは、大恐慌の弊害のひとつとしてスウェーデンの出生率が押し下げられ、将来は今の人口水準を維持できなくなるのではないかという点だった。大家族を良しとする〝出産奨励〟政策はそれまで、政治的右派と宗教的右派が推す政策であり、カソリック教会は避妊と中絶をしてはいけないと説いていた。ミュルダール夫妻はこの問題を左派のテーマとして取り上げ、人口水準を維持するには（そこにグンナーはこだわった）家庭でも社会でも女性が完全に平等なパートナーにならない限り（そこにアルバはこだわった）無理であると訴えた[23]。

ふたりは1934年に〝*The Crisis in the Population Question*〟（『人口問題がはらむ危機』日本未訳）を出版し、スウェーデンの政策立案者に衝撃を与えた。スカンジナビア諸国には昔から社会連帯の根強い伝統があり、同書出版の2年前の1932年にはスウェーデンで社会民主労働党が政権を握っている。当時、ストックホルムは財政赤字など気にもせず、不況対策として巨額の財政支出を行っていた。政府は同書の勧めに従い、妊婦の医療費を無料化したり、手厚い家族手当を導入するなどの改革を進めた。妊娠や出産を理由に女性を解雇するのは違法になった。スウェーデンの女性は次第に、「仕事と家庭の両立を目指しても問題ない」と考えるようになっていく。こうしてスウェーデンでは出生率が上がり、経済は上向きになった。

出生率向上へのさらなる手厚い施策

果たして、スウェーデンの社会政策が経済成長をもたらし、その経済成長が出生率上昇につながったのだろうか？

この複雑に絡まった問題を解きほぐそうと、経済学者たちは何十年も執念を燃やし続けているが、いまでも一致した見解は存在しない。はっきりと言えるのは、社会政策と経済成長と出生率上昇の3つが一緒に起きたということだけだ。スウェーデンの出生率は2・5前後までゆっくりと上昇を続けた。

だが1960年代になるとピルが普及し、その10年後には自発的な中絶が合法化される。スウェーデンの男性は妻が外で働くのを笑顔で受け入れるが、同じく笑顔で家事も妻に任せるため、女性たちにはストレスと不満が残る。1970年代になると出生率は下がりはじめた。これは諸外国と同じだ。しかし他の西側諸国と違い、スウェーデン政府はそれまでの10年間、高い出生率を維持しようと執念を燃やしてきたのだ。そこで政府は保育サービスの時間を延長し、男性も育児と家事を分担するようキャンペーンを打った。1989年までに、育児休暇は収入の90％を補償したまま1年間に延長され、出生率は2・1へとわずかに回復した。

だがこうした制度には巨額の費用がかかる。1990年代になると不動産と金融のバブルがはじけ、スウェーデン経済は一気に深刻な不況に突入する。不況対策に苦しむ政府はあらゆる分野で緊縮財政を進め、各種の出産・育児支援制度も縮小された。制度縮小のせいなのか、それとも不透明な経済への不安のせいなのか――おそらくはその両方の組み合わせだろう――いずれにせよ、スウェーデンの人々は再び子供の数を減らしはじめた。1990年代末までに出生率は1・

5へと下がった[24]。

不況が終わるとスウェーデン政府は出生率向上のために新しい施策を導入した。育児休暇は480日間に延長され、ほぼ全期間で収入の80%が補償される。夫婦はそれぞれが少なくとも2カ月間の育児休暇を取るよう求められ（必須なのだ！）、それが消化できないと権利の一部を失うことになる。ベースとなる手厚い家族手当に加え、子供がひとり増えるごとに手当が加算される。子供の数が多いほど、ひとり当たりの手当の額も増額される仕組みだ。ストックホルムでは、ベビーカーを押している親は無料で公共交通機関を利用できる。ほとんどの職場では、従業員の子供が病気になって親が家に残る必要がある場合、有給休暇が与えられる。

現在、スウェーデンの出生率は1・9であり、先進国のなかではかなり上位だが、それでも人口を長期間維持するには足りない水準だ。スウェーデンは人口を底支えするために次第に移民に頼るようになってきている。とはいえ、生粋のスウェーデン人の間に新たな移民流入に対する反発も広がりつつある。

良い環境でも悪い環境でも下がる出生率

スウェーデンの例は、出生率を上げたい国々に2つの重要な教訓を与えているように見える。子供を持とうと思わせるための多彩な支援政策は確かに一定の効果を持つ。目盛りを動かすことができるのだ。ただし目盛りを大きく動かすことはできない。しかもそうした支援政策には巨額の費用がかかり、不況時にも同じ政策を続けるのは難しい。今の日本を見ると、将来への悲観的な見方も出生率を押し下げる一因となっているかのように見える。経済面の不確実性というのは、強力な産児制限の一手段となるのだ。

ロシアでも似たような状況が起きている。ベルリンの壁が崩壊したとき、ロシアの出生率は2・2とそれなりの水準だった。だが経済が崩壊に向かって傾きはじめた1990年代になると出生率は急降下し、90年代後半には1・2という最低値になった。アルコール依存症の蔓延による平均寿命の低下も加わり、ロシアの人口は減り始めた。1993年の1億4800万人から、2009年には1億4200万人を切るまでになる。だが、ウラジミール・プーチンは（他の資質がどうであれ）この趨勢を逆転させることに成功した。アルコール依存症を減らす政策は功を奏し、経済も石油と天然ガスに後押しされて回復した。移民のおかげもあって人口は1億4400万人まで回復し、出生率も1・7まで上がっている。

ここまでの話にある種の皮肉が含まれているのに気づいた読者もいるだろう。工業化と都市化、そして経済成長によって初めて、産む子供を少なくしようという選択を女性ができる条件が整えられる。ところが、ひとたびそうなった後では、不況になると出生率低下につながりかねず、景気が回復すると子供作りも上向く。良い条件が出生率を下げ、悪い条件も出生率を下げるのだ。

ブリュッセルでの夕食会まで、ジュディスとナサニエルも、その友人たちも、出生率低下という問題を気にかけたことはなかった。誰でもそうだ。少しでもいいアパートを探し、就職先の心配をし、うまく就職できれば次はもっといい職場に移りたいと願う。交際相手との関係を一歩ずつ深めて、絆の強さを確かめてみる。うん、この相手なら大丈夫だ。ぜひ一緒に住もう。私たちは結婚するの？　するかもね。でも、しないかも。子供は作る？　うん、そろそろいいね。ふたり目はどうする？　無理だよ、もっと早ければ考えたけど――

　こうしてヨーロッパは衰退していく。

ASIA: THE PRICE OF MIRACLES

4章

日本とアジア、少子高齢化への解決策はある

少子高齢化で世界のトップランナーとなった日本。
外国人差別、女性差別、ロスジェネ放置などが原因だ。
日本の復活策はどこにあるのか。
女性活躍か、老人の定年延長か、
AI活用、イノベーション、移民か。
そして韓国、中国はどうか。

日本の人口見通し

〈総人口〉

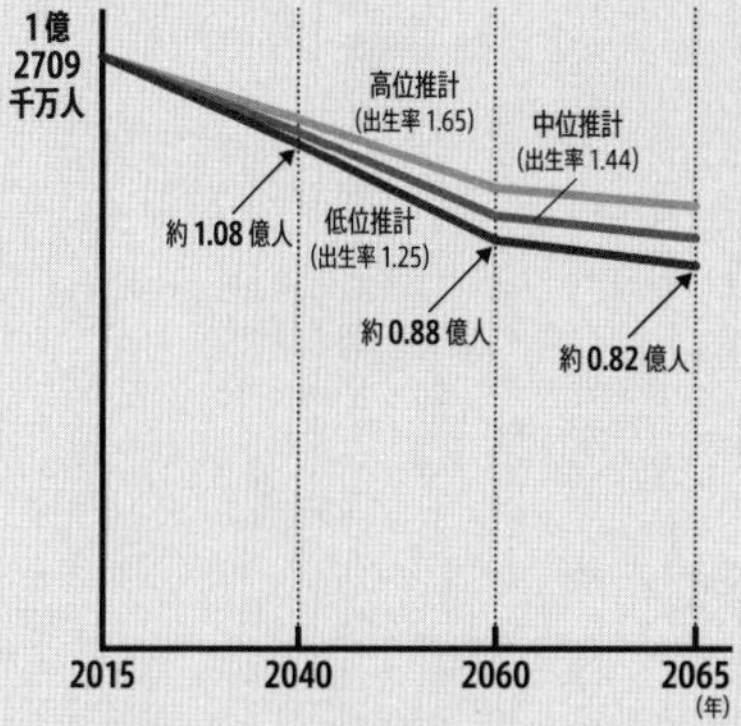

〈若年層人口(0歳~14歳)〉

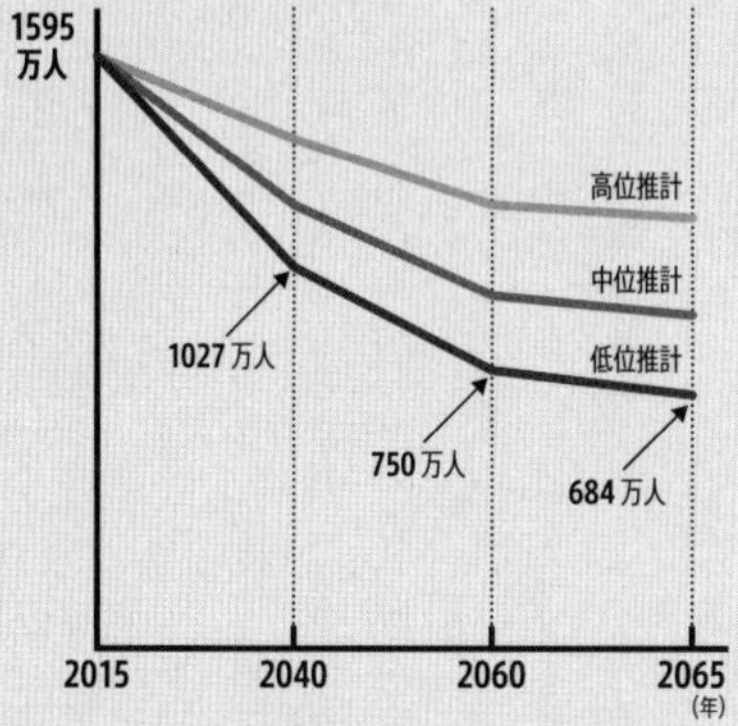

〈労働者人口(15歳~64歳)〉

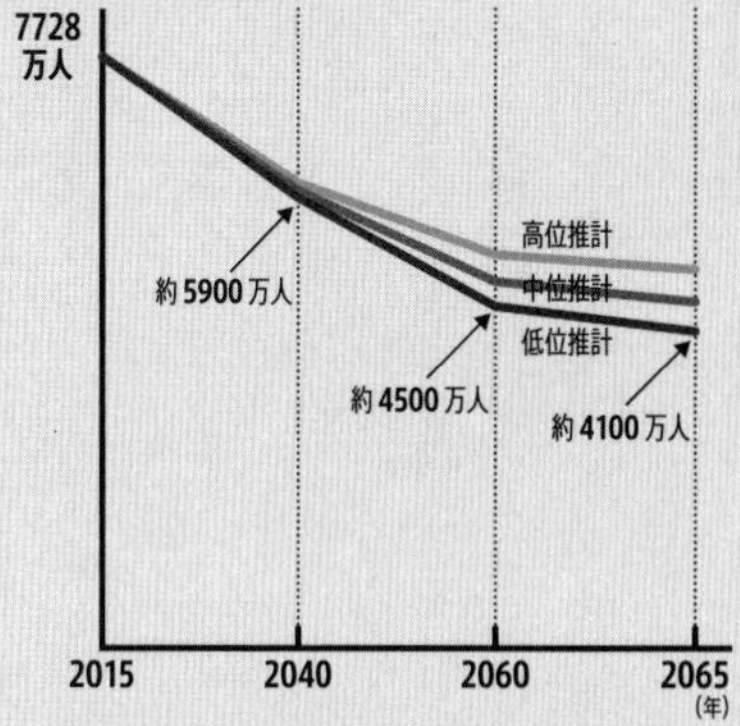

〈高齢層人口(65歳~)〉

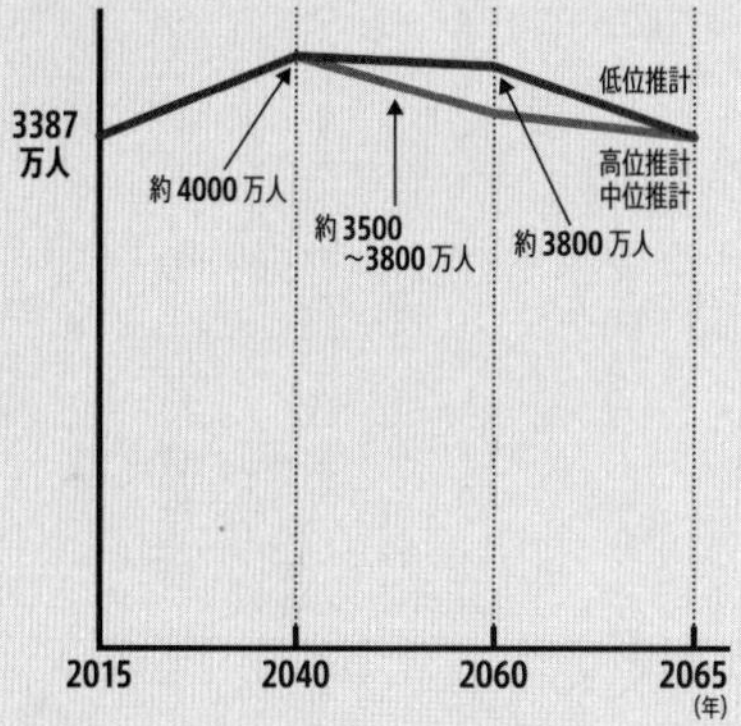

出所：国立社会保障・人口問題研究所
http://www.ipss.go.jp/pp-zenkoku/e/zenkoku_e2017/pp_zenkoku2017e_gaiyou.html

アジア各国の出生率

マレーシア	ベトナム	日本	タイ	シンガポール	韓国
2.0	1.8	1.4	1.4	1.2	0.98

※本文より作成

井深大は欲求不満を抱えていた。

ソニー会長としてひんぱんに出張があり、その道中でオペラを聴くのをいつも楽しみにしている。ところがソニーの携帯用カセットレコーダーの最高級品「TC－D5」は携帯用としてはあまりにも大きい。自分が個人的に使うため、もっと持ち運びやすいものを設計してくれ――彼は社内のエンジニアにそう依頼した。ところが、できあがったものは自分だけで使うには素晴らし過ぎた。そこで井深はもう一人の会長である盛田昭夫のところに持って行った。

「歩きながら聴けるステレオ・カセットプレーヤーというのはいいアイデアだと思わないか？[1]」

――ウォークマンの誕生だ。

ソニーのエンジニアはカセットレコーダーからスピーカーと録音機能を取り去り、軽量のヘッドホンをこしらえ、単3乾電池2本で動かせるほど効率的で丈夫な再生機を作り上げた。こうしてソニーは1979年7月にウォークマンを発売する。携帯用音楽プレーヤーへの需要があるかどうか誰も知らなかったので、宣伝には少々のチラシを用意したくらいで、月に5000台も売れればありがたいと思っていた。ところが発売直後から売れ行きは絶好調。あっという間に5万台が売れ、ウォークマンは1980年代を代表するアイコンのひとつになった。ウォークマンが切り開いた携帯用音楽プレーヤーの流れはその後、より安価に、より高品質へと進歩を続け、ディスクマンやｉＰｏｄ、スマホと形を変えながら、今日我々がポケットに入れて持ち歩く音楽ライブラリへとつながっている。ウォークマンは、日本の創造性と巧みなマーケティングの絶頂期を象徴する存在だった。

戦後日本、奇跡の復興

両親にも祖父母にも第二次世界大戦の記憶がないという人は、日本の成し遂げた奇跡を正しく理解できないだろう。戦争が終わったとき、日本は真っ平らな廃墟になっていた。２つの原子爆弾は広島と長崎の大部分を消し去った。他にも60の都市が焼夷弾爆撃を受け、数十万人が殺され、または重傷を負った。攻撃から逃れるため８００万人以上が都市から避難した。日本の都市部はその40％が破壊され、国富の３分の1が失われた。１００万人の一般市民と２００万人近い軍人が死んだ。当時の日本の人口の約４％である。ほとんどの日本人は栄養失調だった。日本が米国および連合国に無条件降伏した１９４５年8月から数カ月間、経済が戦時中の３分の1に縮小するなかで、多くの日本人にとって最大の課題は、生き延びられるだけの食糧を見つけることだった。(2)

戦時中は情け容赦なかったアメリカ人も平時には寛大になった。餓死を防ぐため大量の食糧を日本に送り込み、農地の所有権は地主から小作農の手に渡された。共産主義の広まりに危機感を抱いたアメリカは、日本の工業生産力の回復を手助けし、民主的な憲法を押しつけた。その憲法は日本人が大切にする天皇制を残しつつも、天皇の役割を縮小して国民の象徴とした。

１９５０年になると北朝鮮が韓国に侵攻し、これが結果的に日本への福音となった。日本は侵略を阻止しようとする国連軍の集結地になり、日本の産業界は戦時特需で急速に回復、発展を遂げた。1952年、日本は完全に主権を回復し、その後は立ち止まることなく順調な歩みを続ける。日本はエネルギーと天然資源を安価に入手できないため、実業界の指導者は競争力を高めようと生産性の飽くなき改善に力を注いだ。そして日本人は見事な成功を成し遂げるのである。労使間の政治紛争を解決した日本政府は、1960年から「所得倍増計画」に着手する。補助金や低利融資やその他の産業育成政策を通じてわずか10年でGNP（国民総生産）を2倍にしようという計画だ。これをわずか7年間で実現してしまう。1970年までに日本は経済規模で西ドイツを追い抜いた。日本はわずか1世代の間に、餓死寸前の状態から世界第2位の経済大国になったのである。(3)

〝よそ者〟に国籍をなかなか与えない日本

だが、経済のめざましい成長と併行して、日本社会にはもうひとつ止めようのない事態が進行していた。出生率が着実に下がっていったのである。

1900年ごろの日本は出生率も死亡率も高く、典型的な第1ステージの社会だった。だが、西側列強の介入を受けた日本の支配者層は、自衛には近代化が不可欠だと確信し、その後は急速な工業化を進めた。1920年代の出生率は母親ひとり当たり子供5人という水準だったのに、1950年代には人口置換率をかろうじて上回る程度まで急落し、戦後の復興期にはわずかに上昇したものの、その後はふたたび下降に転じている。(4) 1975年、米国から返還されてまもない沖縄で開催された国際海洋博覧会が成功裏に終わった年、世界第2位の経済大国である日本の出生率は人口置換水準を下回った。その後も下がり続けて2005年には1・3まで落ち、現在は1・4へとわずかに戻している[5]。

この出生率は主要な先進国として珍しいものではない。だが、日本には典型的な欧米諸国と異なる点がある。日本は血統主義、すなわち国籍が血筋に応じて与えられるのだ。より正確に言えば、生まれた子の親の片方がすでに日本国籍を持っていることが条件になる。もしデンマーク人のカップルがカナダで子供を作れば、その子はデンマークとカナダの両方の国籍を持つ。同じカップルが日本で子供を作れば、その子の国籍はデンマークのみだ。法律上は（両親いずれもが日本国籍を持たなくても）日本国籍を得ることも可能（帰化）だが、申請の事務手続きは恐ろしく面倒だ。申請者の自宅と職場には調査員が調査にくる。めでたく日本国籍を取得できたら、それまで持っていた外国の国籍は放棄しなければならない。2015年に日本が国籍を与えた外国人の数（帰化許可者数）は9469人[6]。5年前の2010年は1万3072人だったから、その数は減っている[7]。

図らずも2010年は日本の人口が1億2805万7352人でピークを記録した年でもある。その5年後の日本の人口は1億2700万人超だ。わずか5年間でざっと100万人もの人口を失い、しかもその期間に日本国籍を与える外国人の数は減らしている。これが低出生率と移民制限政策を組み合わせた国に起きることなのだ。今の日本の人口動態を説明しようとすると、〝壊滅的〟という言葉を何度も使うことになる[8]。

子どもは〝自己実現〟の一手段に

考えてもみてほしい。今の日本は全国民の4分の1超が高齢者で、世界一の高齢化社会になっている。20歳の女性より30歳の女性のほうが多く、30歳の女性より40歳の女性のほうが多い。日本の人口減少が手に負えないほど根強い理由はここにある。ひとたび人口が減り始めると、それを止めるのは実質的に不可能になる。なぜなら、妊娠可能年齢にある女性の数は1年ごとに前年より減っていくからだ。それよりさらに手に負えないのは、出生率の低下にともなう思考様式だ。人口統計学者はその思考様式を「低出生率の罠」と呼ぶ。すなわち、ある社会で出生率が1・5を下回る状況が1世代かそれ以上続くと、そのような低水準が新たな常識となり、その意識を変えるのはほぼ不可能になるという。オクスフォード大学教授のサラ・ハーパーは次のように説明する。

「就業パターンが変わり、幼児保育施設や学校が減り、家族と子供を中心とした社会から個人を中心とした社会へのシフトが起きる。そして子供は、個人の自己実現や幸福のための一要素となる」[9]。――日本人カップルにとって（ドイツ人カップルでもカナダ人カップルでも同じだが）、子供を持つことはもはや一族郎党や社会や神に対する義務ではない。子供を持つということは、そのカップルの自己表現方法であり、人生を経験する1つの手段なのだ。もちろん、リビングルームをミッドセンチュリーモダン風に統一することや、コスタリカのジャングルで過ごした2週間の経験、もしくは多少不安定で安月給ながらも最近やっと彼がありついたグラフィックデザインの仕事、などと比べれば子供のほうが比較にならないほど重要ではあるが、それでもそうした一連の延長線上に〝子供を持つこと〟も含まれる。そんなカップルがきっとあなたの知り合いにもいると思う。

韓国、香港、台湾、シンガポールも

2065年までに日本の人口は8800万人になり、ピーク時の2010年の3分の2強まで減るだろう。[10] 日本政府は人口1億人を維持することを公式目標として掲げているが、その実現方法はまだ誰も知らない。若者は仕事と希望を求めて都会に移り、田舎を捨てる。「あまりにも人口が減り、せめてうわべだけでも賑やかにしようと地域住民がマネキンを飾る集落もある[11]」

これは決して日本だけの話ではない。韓国、香港、台湾、シンガポールは1世紀分に相当する経済の近代化を、わずか1世代の間に駆け足で達成した。日本を含めたこの5つの社会はいまや世界でも最も出生率が低い。香港ではついに出生率が1を切ったとする概算もある[12]（訳注：2018年の韓国の出生率は0・98だったことが2019年2月に判明し、世界の主要メディアがこれを報じた）。経済がまだ完全には成熟していないが発展中という他のアジア諸国も、出生率の低さで先達に迫りつつある。タイは1・4、ベトナムは1・8、マレーシアは2・0だ。アジア太平洋地域の人口大国で、出生率が人口置換水準に近づき、それを下回るという動きが起きていることが、世界的な人口減少の主要因のひとつになっている。

アジアの虎たちはこの20～30年で、世界人口のかなりの部分を極貧状態から引き上げた。これはまさしく奇跡以外のなにものでもない。だが、これほどの爆発的成長には代償が伴う。というのも、彼らの社会は経済ほど急速には進化しないからだ。古い価値観と新しい現実は激しい摩擦を起こす。そして政府が慎重に練り上げた計画は意図せざる結果を招く。それが自然現象であっても人為的現象であっても、最大の影響を受けるのは若者である。

韓国のエリート女性の悩み

ユ・スヨンは23歳で経済学を専攻、パク・ジホは24歳で国際関係を学び、シム・スジンは23歳で国際貿易が専門だ。3人とも韓国で最難関のソウル大学の大学院生だ。我々は日本式のベントーボックスの昼食を食べながら、仕事や男友達、将来について話し合った。ブリュッセルで話した同じ世代の男女と同じく、彼女たちも叔父や叔母が大勢おり、3人の両親には合計で21人の兄弟姉妹がいる。だが本人たちはそれぞれ兄弟姉妹がひとりしかいない。

3人とも頭脳明晰で口調は歯切れ良く、野心満々だ。今の関心事は成績と卒業、そして卒業後の仕事だ。結婚にはそれほど興味はない。

「父は私に結婚しないよう勧めます。独身のほうがはるかに自由だから。ひとり暮らしは本当に自由」とジホは言う。「それに、自分にふさわしい男性を見つけるのは本当に難しい。父は、ぴったりの相手が見つからなければ結婚することはないと言います」。子供については？「もし結婚したら子供はひとりがいい」とスヨンは言い切る。あとのふたりもうなずく。子供はなしかひとりね。ふたりはいらない――。「韓国で働く女性は（子供以外に）数多くのハンデを背負わされます」とスジンが説明する。「これが韓国のガラスの天井です。子供を育てながらキャリアを築くのは非常に難しい」

韓国のミレニアル世代は極めて困難な課題に直面している。彼らの親は、多くの点で日本とそっくりな爆発的経済成長をわずか1世代で成し遂げるという奇跡にかかわった世代だ。朝鮮戦争後の健康状態の改善と6・0前後の出生率（当時は地方の貧しい社会ではそれが当たり前だった）が相まって、韓国にもベビーブームが起き、1950年から1985年の間に人口は2000万人から4000万人へと倍増した。この若い世代の大集団は、いわゆる〝人口ボーナス〟をアジアにもたらした。トランジスタ・ラジオ等の製品工場は、やる気のある若い労働者であふれかえり、これが経済成長の最初の一波となった。20世紀後半の数十年でアジアが飛躍的な経済発展を実現できたのは、たんに巨大な若者人口に恵まれたからに過ぎない――そう批判的に見る向きもあるが、それは馬鹿げた見方だ。フィリピンや多くのラテンアメリカ諸国のように、人口ボーナスを無駄にした例を見ればいい⒀。

ところがアジア各国の政府は、何百万人もの若い労働者を歓迎するよりもむしろ憂慮した。彼らはネオ・マルサス主義の大げさな警告にそそのかされ、性教育と避妊の普及につとめた。それ自体は良いことだが、必ずしも経済成長にとってプラスになるとは限らない。人口爆弾を恐れた韓国政府は積極的な出生率引き下げキャンペーンを行い、見事に成果を上げた。1980年代まで韓国の出生率はちょうど人口置換水準だった。だがその後は他の国々と同じく下がり続け、今では1・2というあきれるほどの低水準になっている。高い生活水準のおかげで平均寿命は82歳を超え、世界でもトップクラスだ。65歳以上の高齢者人口を15歳未満の若年人口で割って100をかけた「老年化指数」で見ると、韓国はすでに89と極めて高い。これが2040年までに289になる見込みだ。若年者ひとりに対し高齢者がほぼ3人という社会である。

アジアの先進国では、人口が高齢化していること、年功重視のため一足飛びの昇進が難しいこと、そして若者の間でいい仕事をめぐる競争が激烈なことにより、〝あきらめ世代〟と呼ばれる世代が誕生している。[14]そして、こと〝あきらめ〟に関しては、男性より女性のほうが多くをあきらめざるを得ない。

デート、結婚、出産、仕事、自宅……N個のあきらめ

女性はまず、デートと結婚と出産の〝3つのあきらめ〟を受け入れなければならない。「ほとんどの職場では、結婚して妊娠した女性はそれだけで辞めなければなりません」とジホは言う。「仕事を辞めさせられると知っているので、多くの女性は妊娠しないようにしています」

さらに悪いことに、アジアの雇用主の多くは終身雇用のコストを避けようと、新しく採用する若者には契約社員の職しか門戸を開いていない。このため不動産価格の高いアジアの都市部ではマンションの部屋を買うのも難しい。安定した勤め先と住まいが入手できないため、〝3つのあきらめ〟は〝5つのあきらめ〟になる――デート、結婚、出産、安定した仕事、自宅の所有、だ。さらに「稼ぎ」と「娯楽」のふたつを加えた〝7つのあきらめ〟もある。自分の競争力を高めようとする学生は、稼ぎを捨ててふたつめの学位を取るため大学に残り、そのうえ夜も遊びにいかずに別の講座を受講するからだ。

この現状が気が滅入るほど大変だとすれば、大人数のベビーブーム世代が引退年齢になる将来はさらにひどい。政府の医療支出増加は避けようがなく、年金生活者を支える税金を払うミレニアル世代は〝N個のあきらめ世代〟（Nは上限のない指数関数的増加を表す変数）と呼べるほど厳しい未来が待っている。

アジア各国が直面する人口問題はあまりにも深刻で、今後数十年は難局と衰退しかないと予測

する人もいるほどだ。ソウル大学の人口統計学者チョ・ヨンテは〝韓国の将来になんらかの希望はあると思うか〟という我々の質問に対して首を横に振る。「残念ながら、韓国の未来はどこから見ても明るくありません[15]」

珍しいことに、チョ教授は娘たちを学習塾に通わせていない。韓国や日本では、少しでもいい大学に行けるよう多くの親が子供を私立の学習塾に通わせる。こうした学習塾の費用は高く、アジア各国で人々が子供を生もうとしない抑制要因のひとつになっている。だがチョ教授は、娘が大学生になるときには苦労せずに大学に入れるだろうと考えている。彼が小学校に入学した40年前、同学年の子供は韓国におよそ100万人いた。だが一番下の娘が小学校に入学したとき、娘と同学年の子供は韓国全土で43万人しかいなかった。「多くの大学がいずれ閉鎖か再編を余儀なくされるでしょう」と彼は見る。大学は入学志願者を落とすのではなく、来てくれるよう懇願するようになるだろうと。

これは間違いなくメリットになる話だ。もしチョ教授の娘たちが苦労せずに大学を選べるなら、卒業後の仕事選びにも苦労しないのではないだろうか。何百万人ものベビーブーム世代が退職するのだから。答えはイエスでもありノーでもある。チョ教授はこう見ている。

「娘が大学に入学するころ、学生の暮らしは今よりずっと楽になるでしょう。彼女が卒業するころには就職もとても簡単でしょう。人口が少なくなれば、いろいろなことがうまくいくように見えます。でも実際は違います。娘の仕事は終身雇用ではなく、もっと期間の短い契約になるでしょう。彼女の生活水準はとても低くなると思います」

国からも夫からも支援はない

ユ・スヨン、パク・ジホ、シム・スジンの3人は、同世代のトップを走っているというのに、仕事や住む場所について確固たる見通しが持てないでいる。就職先は終身雇用を約束してくれないだろうし、高齢者を支えるための税負担が重さを増すにつれて、生活水準も厳しくなるだろう。結婚や出産を先延ばしに考えるのも当然である。

しかも、アジアの女性が結婚と出産を先延ばしにする理由はもうひとつある。それはアジアの男性だ。ミレニアル世代の男たちは、自分が親の世代より進歩的で家事や子育ても喜んで分担していると主張するが、統計データからは別の姿が見えてくる。日本人男性が家事に割く時間は1996年（1日27分）から2011年（96分）で確かに3倍になっている。だが、日本人女性の平均である3時間と比べればまだはるかに少ないし、大半の先進国の男性と比べてもやはり少ない。主要な先進国の集まりであるOECD（経済協力開発機構）の調査によれば、日本人男性はOECD諸国のなかで子供の世話をする時間が一番少なく、家事をする時間は韓国人男性の次に少ない。この理由はアジア人男性が怠惰だからではない。その正反対である。日本人男性は一週間の労働時間が80時間になるケースも珍しくないのだ[16]。あまりに疲れ切って性交渉さえ持たなくなることが日本の少子化危機の一因かもしれない。ある調査では、18歳から49歳までの日本人男性の49％が、過去1カ月間にセックスをしていないと回答しており、2年前の調査より10％ほど上昇している[17]。

こうした家事負担に加え、勤続年数に応じて給料が上がる仕組みが育児休業する女性にペナルティーを科すため、日本人女性と韓国人女性はますます仕事と子育ての両立が難しくなる。子育てをさらに懲罰的にするのが、他の先進諸国と比べた両国の子育て支援政策——内容よりもむしろその欠如——である[18]。

この問題には文化的な背景がある。韓国や日本では、結婚とはたんにひとりの男性とひとりの女性が結びつくことではなく、それぞれの一族同士が結びつくことだと思われている。こうした考え方はかつては世界中のどこでも普通であり、数十年前から欧州と北米だけで廃れ始めたに過ぎない。

「同年代の男たちは、女性を手伝うよう期待されており、それを本人たちも知っています」とジホ。「でも実際にそうしているかわかりません。それに、男性側の家族も、その男性に女の仕事をしてもらいたくないと思っているでしょうね。韓国では結婚は個人対個人のものではなく、家族対家族なのです。ですから私たちは結婚相手の家族の意向も気にするし、とりわけ義理の母の気持ちを重視します。妻になる女性と義理の母との関係は一種特別なものです」

誰が彼女たちを責められよう？

このように、給与体系は育児休業する女性を罰する仕組みだし、社会規範は男性があまり家事をしなくても許されるとあっては、きっと日本や韓国の女性たちは専業主婦として家にとどまり子育てに専念しているのだろうと思うかもしれない。だが、彼女たちはそうはしていない。日本人女性と韓国人女性の労働参加率は、アジア以外の先進国より低めではあるが、それほど低くはないのだ。日本は49％、韓国は50％だが、米国は56％でドイツは55％である[19]。国からも、雇用主からも、夫からも、ほとんど支援を得られないまま、それでも仕事をしようと心に決めた（おそらくはお金の必要性もあろう）アジア人女性の多くは、時間切れギリギリになるまで出産を先延ばしする。日本人女性の第一子出産時の平均年齢は30歳だ。米国では26歳である。[20]

こうした事実は実際の現場になにをもたらすのか？　厚生労働省の調べでは、日本の２０１７年の婚姻件数は前年から１万３０００減って60万７０００組となり、記録を取り始めてから最低となった。また出生数も２年連続して１００万人割れとなった。[21] 結婚していないカップルが子供を持つ場合や、女性が独りで出産するケースなど、婚外子の見通しについては考える必要もない。アジア社会では非嫡出子を不名誉とする考えがいまだに極めて根強いからだ。

すでに述べたとおり、世界的な都市化の傾向が女性の権利拡大をもたらし、それが出生率の低下につながっている。これは間違いのない事実だ。だが一方で、それぞれの文化はみな独特である。我々は世界を巡り、出生率に影響を与える独自要因が土地ごとにたくさんあることを知った。アジア諸国に共通する特徴のひとつは、男性優位の考え方が残っている点だ。女性は自由に教育を受けられるし、仕事を持つことも何の問題もない。だが、それと同時に女性は当然家のこともすべきだと思われている。そして子供が生まれれば、女性がキャリアを犠牲にして子育てをすべきだと思われている。アジア諸国の女性が子供の数を減らす理由はここにある。誰が彼女たちを責められよう？

移民や難民を受け入れないアジア諸国

人口減少を埋め合わせる別の方法もある。移民だ。だが、前述のとおり、日本やアジア諸国は移民に後ろ向きである。どれほど後ろ向きかを知るには、今や世界中に広がる難民の問題を見ればいい。

２０１５年の難民危機は、移民を歓迎する国と排除する国を浮き彫りにした。自暴自棄の難民を社会に受け入れようとヨーロッパ人がいかに苦労しているかはすでに論じた。一方、アジア諸国は難民にどう対応しているのか。一言でいえば、まったく対応していない。今回だけでなく、これまでずっとその姿勢を貫いてきた。アジア諸国は自ら望んで難民を受け入れることはないのだ。中国は世界一の人口を持つが、難民受け入れ数はゼロに近く、国民人口１０００人当たり０・２２人である。日本はさらに同情心に乏しく、受け入れた難民の数は人口１０００人当たり０・０２人だ。韓国は０・０３人――。注目すべきは、こうした数字が注目されない点だ。金持ちのアジア諸国に難民受け入れを期待する人は誰もいない。難民自身もアジア諸国に行こうとしない。これは地理的な距離の問題ではない。難民の大量発生地域から見たら、カナダに行くのもアジアと同じく大洋をひとつ越える必要があるが、カナダは人口１０００人当たり４人の難民を受け入れている。[22]

よそ者になかなか国籍を与えないのは日本だけではない。中国、韓国、そして台湾も、移民や難民の受け入れはほとんどゼロに近い。こうした国や地域の人々は、自分たちが人種的に同一だと考え、その同一性には価値があり、守るべきものだと思っている。日本の場合、「(日本)国民であるとはどういうことかを論じる人気テーマ〝ニホンジンロン（日本人論）〟の中核にある信条は、日本人とはひとつの人種から成る国家を構成するタンイツミンゾク（単一民族）の人々である、とする考え方だ。このニホンジンロンは学術論文の世界では完全に誤りだと思われているが、日常会話ではいまだに根強く人々の口にのぼっている[23]」

中国はどうか。人口の92％を占める漢民族は、中国国境の内部にいる他民族のことを〝風変わりで彩りを加える存在〟くらいに思っていればマシなほうで、悪くすると政府転覆を狙う危険分子だと見なしている。そして外国人は誰であろうと中国に来てほしくないと考えている。「今の中国は異常なほどに同質化が進んでいる。新生児をのぞき、ほぼ完全に新規参入に門戸を閉ざし続けることでその状態を維持しているのだ」とエコノミスト誌は２０１６年に書いている[24]。

一方で韓国人は、少なくとも自分たちの外国人嫌悪を恥ずかしく思っている。韓国の軍隊は２０１１年、忠誠を誓う文言に使われていた〝民族〟という言葉を〝市民〟に変えた[25]。とはいえ、おおむね外国人を受け入れないところは変わっていない。

アジア諸国が移民受け入れに後ろ向きな理由のひとつとして、よく言葉の問題が挙げられる。かつて日本人外交官はこう言ったものだ。日本語は身につけるのが極めて難しく、しかもやっと覚えても日本の外ではなんの役にも立たない、と[26]。だが、これは本当の理由を隠すための煙幕だ。日本人は、日本人だけが日本人だと思っている。きわめてわかりやすい理由だ。

ロスジェネ、世界一の債務残高、働けない高齢者、教育費に苦しむ若者

日本の人口は２０１０年にピークをつけて減少に転じたと述べた。その２０１０年は、別の観点からも日本にとって転換点だった。世界第2位の経済大国の地位を中国に奪われたのだ。中国の経済成長が逆転の大きな理由だが、それより大きな原因は日本自身にある。中国経済が日本を追い抜いた２０１０年は、日本の株式市場崩壊からちょうど20周年に当たる。１９９０年代の〝失われた10年〟、そして２０００年代の2回目の〝失われた10年〟に続き、今の日本は3度目の

〝失われた10年〟がやっと終わろうとしている。その結果生まれたのが〝ロストジェネレーション（失われた世代）〟だ。

この長期にわたる停滞の直接の原因は、１９８９年12月の日本銀行による大幅な利上げで資産バブルがはじけ、大暴落が起きたことだ。銀行はつぶれ、つぶれなかった銀行はバランスシートの毀損を恐れて貸し渋りに走った。政府はなんとか経済を活性化しようと何千億円ものカネを社会基盤に注ぎ込んだ。このケインズ主義的経済政策が民間の資本市場を餓死に追い込み、事態を悪化させた可能性もある。

だが、日本の停滞にはもうひとつ別の要因があった。不況と債務の増大――ＧＤＰの２５０％にものぼり、日本政府は世界一の債務残高を抱える――に加え、高齢者層の増加が経済の足手まといになったのである。大半の職場は60歳を退職年齢と定めており、給料はおおむね年齢で決まる仕組みのため、企業は働き続けたい高齢の労働者を雇い続けることができない。この結果、生産年齢人口は着実に減り続け、日本はまたひとつ記録を作った。先進国で従属人口指数が最大になったのだ。これは非生産年齢に当たる退職者と年少者の人口を生産年齢人口で割って１００をかけた指数で、日本は65、米国は52、中国は39になる。[27]この数字が意味するのは、日本は他の経済大国と比べて、高齢者（医療費）と年少者（教育費）に必要な社会制度を支える労働者数が少ない、ということだ。

これは、さらに暗澹たる将来像につながる。ウォークマンのことを思い出してほしい。カセットテープ用ウォークマンは、生産終了になる２０１０年までに累計2億台を売った。きっかけは中年オペラ・ファンの要望だったかもしれないが、この2億台を買ったのはほとんどが若者だった。若者は消費する――。この数十年だけでも、若者は何十億枚もの7インチ盤(45回転)レコードやLPレコード、カセットテープ、8トラック、CD、iPod、スマートフォン、そしてスポティファイやiTunesの音楽配信を購入してきた。若者は少年少女から成人になると、人生初の洗濯機やソファや冷蔵庫やSUVを買う。その後、子供のためにベビーカーを買い、職場のパーティーのためにシンプルな黒いドレスを買う。そして家を買い、次はもっと広い家を買う。働く20代、30代、そして40代たちは、経済の原動力となる富の大半を作り出すだけでなく、それを消費するのである。

日本経済の停滞基調がそろそろ30年にも及ぼうという理由の一端は、人口の高齢化にある。人々は年齢とともに消費を減らし、それが需要の減少になり、今後も需要は減り続けるだろうと当然の懸念を抱く銀行は、ますますスタートアップ企業への融資を行わなくなる。経済学者の吉野直行とファルハード・タギザーデ・ヘサーリの言葉を借りれば「高齢化と労働人口の減少は、日本が長期的な不景気に陥った最大の原因のひとつ」なのだ[28]。

女性、高齢者、AIは日本を救うか

もうひとつのやっかいな問題が労働力不足の深刻化だ。

人手が足りていれば経済成長を後押しするはずの仕事も、働き手が足りない。この人手不足を緩和するために政府が打てる手はいくつもある。男性の働き手が足りないなら女性がその仕事を担えるし、そうすべきだと考える人もいる。総理大臣の安倍晋三が掲げる、複数の柱からなる経済再生計画〝アベノミクス〟は、労働力不足の解消策として女性の労働参加の向上をとりわけ大きな目標としている。[29] だが前述のように、日本の女性の労働参加率は他の先進国とそれほど大きな差はない。つまり、向上の余地はあるものの、それほど大きくはない。また、子育てのために女性が仕事を辞めるべきだとする慣習はそう簡単になくならないだろう。そこで安倍政権が積極的に推し進める別の解決策が、退職年齢を引き上げて今より多くの高齢者が職場に残れるようにするという手だ。２０１８年２月、安倍政権は公務員の定年を（現在の60歳から）65歳へと段階的に引き上げると同時に、民間部門の労働者もなるべく長く仕事を続けられるようにする計画を発表した。[30]

さらに、オートメーション（自動化）もひとつの解決策になる。日本はこの分野では世界の最先端にいるし、人工知能で機械の能力が飛躍的に向上すれば、人手不足で生じた隙間を埋めるのに使えるだろう。とはいえ、仕事を続ける高齢者が増えたところで若者ほど消費しないという現実は変わらないし、機械はいっさい消費をしない。生産に関する問題にはいくつもの現実的な解決策があるものの、それらはひとつとして経済成長の真の足かせである消費不足の問題を解決できない。日本の消費不足を解消するには、移民を認めるどころか積極的に勧誘する必要があるだろう。近年、日本政府はひっそりと就労ビザの発給数を増やしているが、それでも在留外国人は日本の総人口の２％に満たない。[31] 果たして、この状況はこの先変わるのだろうか――。それは日本人が自分たちで決断するしかない問題である。

イノベーションを起こせる若者の減少

最後にもうひとつ、人口減少と高齢化のデメリットを挙げよう。これはもっとも目に見えにくい点でもある。日本がかつて一度も競争力を持てたことのない分野、1970年代から80年代の活気に満ちていた時期でさえもそうだった分野として、デジタル技術研究がある。その理由としてありとあらゆる説が登場した。日本の評論家の多くが唱えた理由のひとつは教育制度だ。批判的思考や創造的思考を鍛えるよりも、知識とスキルの獲得に重きを置いているからだ。滋賀大学教授（前学長）の佐和隆光は次のように述べている。「外国の大学生と比べると、概して日本の大学生は思考力、判断力、そして自己表現力で後れを取っており、それが産業界と大学でイノベーションが停滞している本当の理由だというのは議論の余地がないであろう」[32]。同教授は改善策のひとつとして、日本の学生に歴史や哲学、文学といった一般教養をもっと学ばせるべきだと指摘する。

それでも次の事実は変わらない。すなわち、トランジスタからシリコンチップ、パソコン、インターネット、ネット通販、そしてクラウドに至る一連のデジタル革命を推進してきたのは主に、シリコンバレーやシアトル、そしてハーバード大学などのエリート大学を拠点とする発明家と起業家である。ジャック・キルビーやロバート・ノイスなど集積回路やシリコンチップを開発した人々、そしてマイクロソフトのビル・ゲイツやアップルのスティーブ・ジョブズ、さらにはフェイスブックのマーク・ザッカーバーグからアマゾンのジェフ・ベゾスに至るまで、彼らの伝記を読むとひとつの共通点に気づく。みな、画期的なブレイクスルーを思いついたのは若者のときだった。だが日本にはもうそれほど多くの若者がいない。社会が高齢化するとイノベーションを起こすのが難しくなるのである。

日本に突きつけられる選択肢

　アジア各国の政府は事態の深刻さを理解している。赤ちゃんの枯渇を食い止められなければ、人口は今後数十年で激減する。1970年代から80年代にかけ、政府は政策手段により出生率を下げることに成功したのだから、今回は政策手段により出生率を引き上げる後押しができるかもしれない。シンガポール政府はとりわけ独創的な手を打っている。出生率が世界最低レベルの1・2とあってはそうせざるを得ないのだ。いわば政府系お見合いセンター（出会い系パーティーにサルサ教室！）ともいえる「社会発展局（SDU）」を新設し[33]、さらに2012年には、独立記念日（ナショナル・デー）である8月9日を「ナショナル・ナイト」にすると宣言し、カップルたちに子作りに励むよう促した。そのプロモーション用ビデオで使われた歌でも「あなたが（赤ちゃんを）欲しいのは知っている。SDUも知っている。（中略）出生率は放っておいたら急上昇しない」と訴えている[34]。

　韓国の選んだ政策手段はより常識的なものだ。不妊治療を受けるカップルに補助金を出し、父親の育児休暇取得を促進し、3人以上子供のいる家庭は優先的に公的保育施設が利用できるようにしている。2010年には毎月第3水曜日、官公庁の電気を午後7時30分に消灯するようにした。早い時間に帰宅し――仕事中毒気味の韓国基準ではこれが早い時間なのだ――〝職員が出産や子育てに献身できるように〟するための措置だ[35]。今のところこうした施策にまったく効果はなく、2015年の出生件数は前年より5%減少している。

　日本の場合、公費で保育サービスを拡充する取り組みや、若いカップルに結婚を促すような施策はあまりなされていない。一部の大企業は育児休暇制度を以前より充実させた。だが、我々が前章で見たように、社会政策を通して出生率を上げようとすると巨額の費用がかかるうえ、効果は限定的だ。日本政府もそれを知っている。最近では、東京の東側に位置する近郊住宅地の浦安市で、なんとも気の滅入るような実験が行われた。同市は、いつか子供を持とうと思う可能性に備えて卵子を凍結保存する女性に補助金を出すことにしたのだ。ただし、凍結保存した卵子を使って将来無事に妊娠・出産できる確率は低いのだが[36]——。

移民を受け入れなかった場合の日本の将来

アジア太平洋の一部地域に飛躍的成長をもたらし、かつて想像もしなかったような富と安定を人々に与えてくれた〝人口ボーナス〟は、そろそろ〝人口ハンデ〟へと変わる。社会の高齢化が進めば医療と年金のコストが増え、従属人口比率は望ましい方向と正反対に動き、若い世代は自分だけでなく両親まで含めた家計の収支を合わせるのに苦労するようになる。東北大学の研究者は、およそ１７５０年後に日本人の最後のひとりが死亡し、国が消滅するだろうと試算した[37]。

もちろん、そんなことは起きない。だが日本人全体が今、ひとつの選択を迫られている。日本社会に移民を受け入れるか、それとも小国として生きるすべを学ぶか、そのどちらかしかない。おそらく日本人は後者を選ぶのではないだろうか。感情を表さずに優雅な冷静さを保ちながら、消えゆく村落や国富の減少を淡々と受け入れるのだ。労働時間は増え、収入は減るだろうが、家族やコミュニティから得られる喜びや慰めはなくならない。政府は残された財源を老人の健康や医療ニーズに重点的に振り向け、小中学校や大学は閉鎖されるだろう。無人となった地方のインフラは荒廃するにまかせ、一方で都市部の生活水準は可能な限り維持しようと努めるだろう。人口動態の変化はゆっくりと訪れるので、日本の人々には適応していく時間が十分に残される。なんとかやっていけるだろう。

これが、移民を受け入れなかった場合の日本の未来だ。アジア太平洋の先進国はみなこれと同じ未来が待っている。子供が生まれなければ、高望みのできない時代と折り合いをつけるしかない。増えるものはめったになく、減るものばかりになる。

シンガポールの〝ナショナル・ナイト〟は失敗だった。

THE ECONOMICS OF BABIES

5章

出産の経済学

子どもを持つことは素晴らしいが、お金がかかる。
ひとり25万ドル（およそ2700万円）との試算も。
高い教育を受け、キャリアを追求し、
パートナーを選び、次は子どもとなったとき、
経済的余裕はあるのか。

初産の平均年齢

（歳）

ニジェール	18.1
マリ	18.8
ザンビア	19.2
リベリア	19.2
アンゴラ	19.4
アフガニスタン	19.9
エチオピア	20.0
ケニア	20.3
ボリビア	21.2
メキシコ	21.3
イエメン	21.4
コロンビア	21.7
ペルー	22.2
トルコ	22.3
エジプト	22.7
インドネシア	22.8
フィリピン	22.8
カンボジア	22.9
タイ	23.3
パキスタン	23.6
ロシア	24.6
アメリカ	26.4
ポーランド	27.4
イスラエル	27.6
カナダ	28.1
フランス	28.1
イギリス	28.5
オーストラリア	28.7
デンマーク	29.1
スウェーデン	29.1
ドイツ	29.4
オランダ	29.6
香港	29.8
ギリシャ	29.8
ルクセンブルク	30.1
シンガポール	30.5
イタリア	30.7
日本	30.7
スイス	30.7
スペイン	30.7
韓国	31.0

出所：CIA
https://www.cia.gov/library/publications/the-world-factbook/fields/352.html

本書はここまで、世界各地で出生率が低下する状況を追いかけてきた。だが、「それがどうした？」という疑問を読者が持つのはきわめて当然である。何十年も先の世界の様子を誰が気にするというのか？　それが今の自分の生活になんの関係があるというのか？

その疑問への答えは「すべてが関係している」である。今、この瞬間にも、経済的力学・社会的力学・人口動態的力学がすべて、あなたを目に見えないそれぞれの力で引っ張っている。あなたが何歳だろうと関係ない。そして、その力に気づく人はほとんどいない。

今の10代が両親の10代の頃よりセックスしなくなっているのも、そうした力のせいだ。今や多くの国で第一子を持つ平均年齢が30歳になっているのも、そうした国では子供をひとりかふたりしか持たなくなっているのも、これらの力のせいだ。遠からず、そうした力のせいで、人々は退職年齢を延ばさざるをえなくなる。そうした力のせいで、人々はいずれ、思っていたより多くの時間とエネルギーを親の面倒をみるために割かなくてはならなくなる。場合によっては、そうした力のせいで、人生の最後を独りで過ごしながら、自分より先に中年で亡くなった子供のことを思って嘆き悲しむ人もいるだろう。

縮小して高齢化した世界がどんな姿になるのか、なにも何十年も待たなくても見ることができる。自分を見るだけでいい。この話はすべてあなたに関することなのだから。

子供ひとりに25万ドルかかる

まずは、すべてのなかで一番重要な選択から話を始めよう。子供を持つか持たないか、持つとすればいつか――。

このテーマに関しては大きなニュースがある。韓国人女性の初産の平均年齢は30歳だとすでに述べた。韓国と同じ30歳の国として、他にもオーストラリア、香港、アイルランド、イタリア、日本、ルクセンブルク、ポルトガル、スペイン、スイスがある。他の先進国もほとんどは似たような平均年齢だ（例えばカナダは28歳）[1]。女性が初産の年齢を遅らせるという世界的傾向は、この時代の現象として極めて重要である。

子供は素晴らしい。子供は両親に喜びを、近隣には活気を与える。再生と刺激と恩恵をもたらす存在だ。子供に向ける親の愛情に勝るものはこの世に存在しない。その愛情は我々のＤＮＡに文字通り書き込まれている。だがしかし、残念なことに子供にはカネがかかる。幼児保育サービスの費用は大学の授業料よりも高い。米国では、５歳未満の子供を持つ家庭は、平均して家計収入の10％を払っている[2]。まずは食費と衣料費がかかる。この衣料費というのは、古いスニーカーではなく新しいスニーカーのことだ。去年の服ではなく今年の服のことだ。去年の秋に子供が着ていた服や靴は、今年の秋にはもう小さい。自宅も広くしなければならない。子供部屋や遊ぶための裏庭も必要だ。もしかするとプールも。公立の学校は授業料が無料だが、教科書代や修学旅行費、制服代は普通タダではない。体育でホッケーをすればスティック代がかかり、ピアノを習えばピアノが必要になる。２年前に買ったばかりの自転車はもう小さくて乗れない。「なんで僕はダメなの？　どうしていつもやらせてくれないの？　ずるいよ！」――。そうそう、歯の矯正もあった。歯の矯正について親に文句を言わせたら止まらなくなる。最低でも4500ドルかかるうえ、出費がそれだけで済むことは絶対にないからだ。そのうち運転を覚えれば、家の車に傷をつけるのは間違いない。

子供が生まれてから19歳の誕生日を迎えるまでにかかる費用は、中流家庭でひとりにつき約25万ドル（およそ2700万円）という試算もある。[3]そのうえ、大学の学費が加わる。多くの親が、子供はひとりかふたりで十分だと考えるのも当然だ。子供をひとりも持たない人も大勢いる。独り身のほうがいいから、もしくは自分もパートナーも子供を持つより旅行するほうが好きだから。そういう人たちは代わりに犬を飼うことも多い。

大金がかかるという問題に目をつむったとしても、子供を持たないもっともな理由は他にたくさんある。ティーンエイジャーの親を務めるのは、場合によっては心身ともにボロボロになりかねない経験である。若すぎる出産は、母と子の両方の健康を危険にさらしかねない。10代の母から産まれた嬰児の体重は平均より軽い傾向があるし、母となる女性も父となる男性も、親としての責任を引き受けられるほど精神的に成熟していない場合もある。父となるべき男性が逃げだすケースはままある。学生のうちに子供を持てば、学校を続けるのはまず無理だ。10代の母親が仕事をしようとしても、おそらく低賃金で消耗する単純労働しかない。その稼ぎでは幼児保育施設は利用できないので、生活保護に頼らざるを得ない。生活保護で暮らすシングルマザーのもとで育つ子は、定職のある両親のもとに育つ子と比べて圧倒的に不利となる。最大のマイナス点は、その子に対する期待値が小さくなることかもしれない。母親も親族も教師も友人も、最後には本人さえも、その子が素晴らしい大人に成長するとは期待しない。そしてその低い期待値通りに人生を矮小化してしまう。しかもこのサイクルは繰り返される。手厚い社会的セーフティネットのあるドイツでさえも、片親で育つ子の3分の1は貧困状態にある。両親と子供ふたりの家庭では8%だというのに。(4)

10代の妊娠は急減した

良いニュースは——それどころか、本来なら屋上から叫ぶべきほど素晴らしいニュースなのにほとんど注目されていないのだが——彼らがこのことを理解し、そのため世間一般の思い込みとは違って実際には10代の妊娠率が急落していることだ。米国では1990年、ティーンエイジャー1000人につき62人が出産していたが、現在その数は22人。ほぼ3分の1に激減した。米国外ではさらに劇的な急落が起きている。カナダでは1960年代と比べて10代の妊娠が80%も減っているし、(多少の差はあれ)同程度の激減はスウェーデン、チェコ、香港、オーストラリア、オマーン、モンゴル、モルジブ、バルバドスなど、先進国の大半と発展途上国の一部でも起きている。それ以外の国、例えばジャマイカやルーマニア、南スーダン、南アフリカなどではおおむね半分から3分の2に減っている。(5) これは性教育プログラムの改善に加え、避妊や中絶が簡単にできるようになったおかげだと研究者は考えている。比較的最近の話だが、「モーニングアフターピル(事後ピル)」の通称で知られる緊急避妊薬が薬局で(医師の処方箋なしで)入手できるようになったこと、さらに経口中絶薬の存在も10代の妊娠率急落の一助となっている。道徳的または宗教的な保守派の一部はこの事実を認めようとしないが、明白な証拠のある話である。ティーンエイジャーの妊娠を減らしたければ、子供たちにセックスについて教え、安価かつ簡単に避妊できるようにすることが肝要だ。

10代の妊娠が減ることは、社会によい結果しかもたらさない。まず、若すぎる出産のせいで貧困に陥る女性が減る。政府は生活保護などの社会福祉に充てる費用を減らし、他の分野にまわせる。機能不全の家庭で育ったことでギャング団に加わったりその他の問題を起こすリスクにさらされる若い男性が減るため、犯罪率も低下し、ひいては警察や刑務所にかかる費用も減る。

キャリア女性の足を引っ張るもの

ところが、10代だった女性が年齢を重ね、それでも子供を産まない選択をし続けていると、社会に与える影響はプラスだけではなくなる。

女性が完全なる平等を手に入れたとはまだとても言えないものの、それでも男女格差を埋めつつあり、ガラスの天井を打ち破ろうとしている。1973年、「ロー対ウェイド事件」を裁いた連邦最高裁判所が中絶を女性の権利だと認めた年、標準的な女性の収入は男性の57％だった。2016年、その比率は80％にまでなった。[6] それでもまだ極めて大きな格差だが、あらゆるデータは格差縮小の方向を指し示している。例えば大学では女性が男性に数で勝っている。高校卒業後にすぐ大学に進学する率は男性61％に対して女性は72％。[7] 英国の医学部の学生は55％が女性だ。[8] 米国では化学者や材料科学者のおよそ40％、環境科学者や地球科学者のおよそ30％が女性である。[9] まだ完全なる平等とは言えないものの、差は縮まりつつあるのだ。

おもしろくて給料も高い仕事をしている女性なら、妊娠しようと考える可能性は下がる。子供を持つことはキャリア上の大きな障害になり得るからだ。どれほど先進的な育児休業制度があろうとも、どれほど優れた幼児保育サービスが利用できたとしても、出産・育児のために一時仕事を離れることは、その女性のキャリアの足を引っ張りかねない。子供が嘔吐したと学校から連絡があったので今日は早退します、と言えば眉をひそめる人もいるだろう。子供を預けられなくなったので本日は自宅勤務にします、とメールをすれば、職場のみんなの知るところとなる。もちろん、父親がもっと多くを引き受けることもできるはずだし、そうすべきなのだが、そのような父親は多くない。複数の調査が示すところによれば、子供のいない女性の収入はほぼ男性と等しい。なにが男女の収入格差を生むのかといえば、子供を持つことなのだ。(10)

いい仕事に就くには長期間の教育を受ける必要がある。2つ目の学位や卒業証書が求められるケースも珍しくない。そうした教育には高額の費用がかかる。米国では学部卒業生10人のうち7人は借金を背負っており、その金額は平均で約2万9000ドルにもなる。(11)借金の額をある程度減らすまでは、子供を持つ余裕のある人などいないだろう。大学の学費上昇は、出生率低下という予期せぬ副作用をもたらしたのである。

第一子の出産年齢は上昇

さて、やっと借金を返し終えても、次は自分にふさわしい相手を見つけるという難題が待っている。人々はこの非常に大切な問題を、かつてよりいっそう真剣にとらえるようになってきた。ベビーブーム世代は若くして結婚するよう急かされた結果、多くが相手選びを間違えた。彼らの前の世代は愛の消えた家庭生活を我慢したが、1969年にカリフォルニア州が無過失離婚（相手の過失を証明せずに離婚できる）を認める最初の州となって以降、結婚生活を終わらせるのは簡単になった。

米国で離婚がまだ一種の醜聞だった１９６０年、年間の離婚件数は夫婦１０００組につき9件だった。それが１９８０年には23組まで増え、離婚率はピークをつける。その後離婚率は減り始め、現在では１０００組あたり年間に16件前後で落ち着いている。[12] 離婚は子供の心に傷を残す。親の離婚を経験したり身近で離婚を目撃した子供の多くは、自分の子には同じ思いをさせまいと固く心に決めるようだ。そのための方法のひとつが結婚しないことである。１９７０年と比べて結婚率は半分に減った。もうひとつの方法は、自分もパートナーも年を重ねて成熟し、経済的にも安定してから初めて子供を持つという道だ。標準的なアメリカ人女性の結婚年齢は１９６０年には20歳だった。今は26歳である。

要するに、昔よりも女性が最初の子を産む年齢が上がったということだ。前述の通り、今や多くの国で標準的な女性が最初の子を持つ年齢は30歳前後だ。20歳未満で初産を経験する女性よりも、40歳以上で初産を経験する女性のほうが多くなった。驚くべきことに、50歳代で出産する女性も少数ながら急速に増えつつある。その数は１９９７年には全米で１４４人だったのに対し、２０１４年には６４３人、２０１５年には７５４人と増加中だ。[13] 女性は30歳を過ぎると妊娠する確率が下がり始めるため、第一子の出産を先延ばしすればするほど、その女性が生涯に産むであろう子供の数は少なくなる。だが女性はそのことを知っている。彼女たちが第一子の出産年齢を遅くすると決めたのは、夫もしくはパートナーと一緒に決めた、もっと大きな決断の一部なのである。それは、ひとりかふたりしか子供を持たないという決断である。

不妊のカップルのなかには、解決策として養子縁組を行う人もいる。だが、養子縁組は不妊問題の解決手段としてまったく役に立たないケースが急速に増えている。その背景には、国内事情と国際関係上の理由の両方が絡んでいる。国内的には、10代の妊娠が劇的に減ったおかげで、養子となる赤ちゃんを見つけることがかつてないほど困難になっている。加えて価値観の変化もある。例えば、未婚の母はかつてのように〝赤子を養子に出せ〟という周囲からの圧力を受けなくなった(14)。

そうなると残されるのは外国の市場だ。アメリカ人が外国の子供と養子縁組する件数は、アメリカを除く全世界の合計よりも多い。そして比較的最近まで、養子縁組ビジネスは成長産業だった。冷戦の終結により、子供が欲しいカップルは新たに何千何万という見捨てられた赤ちゃんに接触できるようになったからだ。外国から養子として米国に来た赤ちゃんの数は、最も人数が多かった2004年で2万2989人もいた。その年の養子輸出国トップ5は、上から中国（7万0026人）、ロシア（4万6113人）、グアテマラ（2万9803人）、韓国（2万0058人）、エチオピア（1万5135人）だ(15)。その後、件数はひたすら減り続ける。2015年に米国が外国から迎えた養子はわずか5647人、10年前の4分の1にも満たない。激減の理由はいくつもある。

まず、西側との関係が悪化したロシアは2012年、ロシア人の子供を外国に養子に出すことを全面的に禁じた。さらにウクライナ東部の戦争により、その地域の子供を外に連れ出すことができなくなった。またその他の国々も、犯罪集団が赤ちゃんを買い（または誘拐し）、お人好しの西洋人に売りつけているという実態が明るみにでたことで、外国への養子輸出を禁じるようになった。だが圧倒的に一番大きな要因は中国だ。人々が豊かになり、一人っ子政策のもたらす不都合が知られるようになるにつれ、養子に出される赤ちゃんの数が減ってきた。今では中国で養子に出される赤ちゃんはほぼ全員、なんらかの障害を持つ子だと言っていい。

養子に関する統計データは入手が難しいこともある。ほとんどが（国家ではなく）州や県レベルで処理されるからだ。ここでは標準的だと思われるカナダのアルバータ州のデータを紹介しよう。２００８年から２０１５年にかけ、養子が欲しい人の数は増えているにもかかわらず、実際の養子縁組件数は25％減少した。希望してから養子を得られるまでの待ち時間は18カ月から3年へと倍増している。[16]

個人の選択が積もり積もって社会の姿を変える

これらすべてをつなぎ合わせると、こんな結果が見えてくる。10代で子供を産む女性は減った。避妊に関する知識が増え、頼りない男を相手に若くして子持ちとなる社会的・経済的コストもきちんと理解し、さらに緊急の避妊や中絶が利用しやすくなった結果である。また、20代前半で子供を持つのはやめようと考える女性も増えた。これは、多大な費用と長い時間をかけて良い教育を受けたからだ。そして20代後半でも子供を持つのを控える女性が増えている。これは、仕事を優先するためや、奨学金の返済負担、そして今の男がずっと自分と一緒にいる相手なのか確かめたいという強い要求に後押しされるためだ。こうして、子供を持ちたいと思えるすべての条件が満たされ、経済的にもそれが許されるようになったとき、現代女性は多くが30代になっている。人によっては40代の場合もある。彼女たちの作る家庭が少人数になるのも当然だろう。

この話はすべての読者にわかってもらえるのではないだろうか。あなたが何歳であろうと、女性であろうと男性であろうと、誰かの娘や息子という立場だろうが、父や母という立場だろうが、いずれであろうとこの話に共感してもらえると思う。あなたは人生のどこかでこうした選択を迫られ、決断してきたはずだ。もしくは今まさに直面し、悩んでいるはずだ。奨学金を返そうと苦労し、それなりの仕事に就くために努力し、最適な人生の伴侶を見つけようとあがき、いよいよ子供を持つべき時期なのかとあれこれ考え、ふたり目の子供を持つ経済的余裕が自分たちふたりにあるのか悩み、そうした選択を重ねてきた結果としての人生を生きている——おそらく、これはあなたの話でもあるだろう。そして、あなたの選択はあなた個人の人生だけではなく、すべての人に影響を与える。なぜなら、あなたの選択は他の何百万人という人たちの選択とともに増幅され、結果として社会の全員に影響を与えるからだ。

少人数の家庭はあらゆる面から見てすばらしい。両親はより多くの時間とお金を子供に注ぎ込むことができる。寵愛できると言ってもいいほどだ。子供はおそらく、働く父親と働く母親という前向きの手本を見て育つだろう。そのような家庭は、女性が家でも職場でも男性と平等であるか、少なくとも平等に近いような社会を反映している。働く女性は、少子化の結果生じた労働力不足を和らげるのにも役立つ。少人数の家庭は意識の高い先進的な社会と同義であると言っても過言ではない。

しかし、少人数の家庭は経済にとっては過酷である。商品の買い手である消費者が減る。社会政策を支える納税者が減る。イノベーションのアイデアにあふれた若い頭脳が減る。日本社会の高齢化が30年におよぶ日本経済停滞の一因だったのと同じように、高齢化した欧州大陸でこれほど多くの国がなかなか経済停滞から抜け出せないのも偶然ではないはずだ。一国経済に与える子供の影響――むしろ子供不在の影響――は甚大である。

手厚い育児休業制度や児童手当の増額など、政府の社会政策で人々に多くの子供を持つよう促すことはできる。だが、その効果は極めて限定的であり、しかもその種の政策には巨額の費用がかかるため、長期間続けることは難しい。いずれにせよ、少人数家族というのは自己実現のためであり、産めよ増やせよという社会的義務を脱ぎ捨てて自分独自のストーリー、すなわち個性的な人生を作り上げることを優先した結果なのだ（フェイスブックの投稿を見る限りは）。ひとたび「低出生率の罠」が起きれば、昔に戻ることは不可能である。

人口減少がもたらす社会や政治や環境への影響は他にもいろいろあり、次章以降でおいおい触れていくが、とりあえず現時点でこれだけは断言できる。経済的には赤ちゃん不足は極めて深刻な問題である、と。そしてこの問題の裏返しが、大変興味深くしかもほとんど報道されない現代特有の〝ブーメサンス〟（ベビーブーマー世代の復興）という現象なのだ。

〝ブーメサンス〟

骨と皮ばかりにこけた顔、不思議なことにまったく白いものがないボサボサの髪――73歳のミック・ジャガーはカリフォルニア州のエンパイア・ポロ・フィールドを埋め尽くす7万５０００人の大観衆を強烈な冗談で迎えた。「お上品な英国ミュージシャンのためのパームスプリングス老人ホームへようこそ！」。そしてストーンズの面々は大音量のロックで会場を盛り上げた――。

これはコーチェラ・フェスティバル（世界的に有名な音楽祭で、やはりエンパイア・ポロ・フィールドで開催される）の一場面ではない。〝オールドチェラ〟の別名で知られる別の音楽祭「デザート・トリップ」である。２０１６年10月の週末、２回にわたりローリング・ストーンズ、ザ・フー、ボブ・ディラン、ニール・ヤング、ポール・マッカートニー、そしてピンク・フロイドのロジャー・ウォーターズらがこの会場で演奏した。

なぜこんな話をするかといえば、こういうことだ。コーチェラ・フェスティバルはこれまで米国中の音楽フェスティバルで最大の売り上げを誇っていた。[17] ２０１６年も９４００万ドルもの売り上げだった。ところが〝オールドチェラ〟は、その２倍に近い１億６０００万ドルもの売り上げを記録したのである。

その理由は簡単だ。コーチェラの一番良い席が９００ドルなのに対し、オールドチェラの一番の席は１６００ドルもするからだ。その席を買った観客は、アートが展示され空調の効いたテントで、最高のワインとフルコースのディナーを給仕されたのである。１０００台用意された簡易トイレはすべて水洗式だった。[18] 観客にはベビーブーム世代だけでなくミレニアル世代もいたが、それでも〝会場でいちばん使われたドラッグはバイアグラだった〟とのジョークが飛び交った。ポール・マッカートニーの演奏中にサプライズ・ゲストとしてリアーナが飛び入りしたが、観客の半数はその女性がだれなのか知らず、残りの半数から教えてもらう必要があった、とも言われている。

米国の可処分所得の70％を握るベビーブーム世代

オールドチェラは〝ブーメサンス〟の代表事例だ。ブーメサンスとは、Ｘ世代やミレニアル世代よりも人数が多く裕福なベビーブーム世代（訳注：米国では１９４０年代後半から１９６０年代前半に生まれた世代）のニーズに応えよう、というマーケティング上の積極的攻勢を指す。「メディアは相変わらずミレニアル世代の歓心を買うことにお熱だが、米国の可処分所得の70％を握るのはベビーブーム世代である」と指摘するアナリストもいる。[19] これで足りなければ次の事実も指摘しよう。ベビーブーム世代は、他界しつつある彼らの親世代から総額で15兆ドル（およそ１６５０兆円）もの遺産を受け取っている最中なのだ。広告業界やマーケターたちは、どうすればこの巨額のサイフのひもが緩むのか、ソーシャルメディアの使い方をやさしく解説したり、ペンキ缶に使う文字サイズを大きくしたりと、あらゆる方法を研究中だ。[20]

今の若者は、いい仕事を得るためのたった一つの道として学費に多額の投資をし、卒業後は奨学金の返済負担が重くのしかかる。しかも今の仕事が安泰だという保証はどこにもないので、大きな買い物は先送りせざるを得ない。仮にあなたがレストランを開業するとしよう。おしゃれで新し物好きな若者を念頭に置くとどうなるか――レストランでの夕食代をなんなく払える唯一の客層にとって、店内の音楽は音量が大きすぎるし、テーブルと椅子の配置は狭すぎる。そもそも歩行補助器を置く場所がない。しかもメニューは話にならない（いったい〝キムチ〟ってなんだ？）。悪いことは言わないから、ＢＧＭの音量を下げ、椅子やテーブルの配置に余裕を持たせ、メニューには上等のステーキを用意したほうがいい。そうすればレストラン経営はうまくいく。実際、北米のそれなりの都市に住んでいれば、プレミアム・チケットを用意した映画館が街中に少なくともひとつはあるはずだ。ゆったりとした予約席に、親切なウエイターが食事と飲み物（ジュースではなく白ワイン）を運んでくる。これぞブーメサンスだ。

老人ふたりに現役ひとりの世界

高齢化社会のインパクトは、こうしたマーケティング上の策略をはるかに超えるほど大きい。子供と高齢者はどちらも現役世代に依存する「従属人口」に含まれ、アンバランスなほど多くの政府支出を占めている。とりわけ先進国ではその傾向が強い。そして彼らは別の面でも依存している。子供には保育施設や学校が必要であり、高齢者には年金と緩和ケアが必要だ。そして世界人口の中央年齢（年齢の中央値）が上がるにしたがい――現在は31歳、２０５０年には36歳、２１００年までに42歳になる――各国政府は最も人数が増えていく層のニーズを満たすことを優先していくだろう。すなわち学校を減らし、介護支援政策を増やすのだ。

こうした力関係の変化を端的に表す統計数値が〝老年（従属）人口指数〟である。これは、退職者ひとりにつき、それを支える現役世代（生産年齢人口）が何人いるかを示す。現在、世界全体では退職年齢に達した人ひとりにつき、６・３人の現役世代がいる（６・３対１の比率）。これは好ましい比率であり、この数字を維持できるなら世界は健全な姿を保てるだろう。だが、そうはならないことをすでに我々は知っている。

国連によれば、２０５０年までに世界全体でこの比率は３・４対１へと下がり、２１００年までには２・４対１へとさらに下がる。そう、今世紀末の世界では、現役世代ふたりと少々で退職者ひとり分の公的サービス費用を負担しなければならないのだ。しかもこれは、出生率の国連予想が正しいことを前提とした数字である。前述の通り、我々はその予想が当たるとは思っていない。すなわちこの〝老人２対現役１比率〟は多くの人が予期するよりもずっと早く実現するかもしれないのだ。すでに欧州では数カ国が2対1に近づいている。

これは国の経済に大きな問題をもたらしかねない。課税基盤が縮小するなかで政府は高齢者への医療サービス提供に苦慮し、消費者が減ることで経済の活力も弱まるからだ。また、一部の人は個人的にも深い痛みを感じるかもしれない。というのも、中国人の社会学者ワン・フェン（王豊）が言うように「中国では今後、老後に子供を頼れなくなる親がかつてなく増えるだろう。子供より長生きし、その結果独りで死を迎えるという大きな不幸に向き合わざるを得ない親は相当な数になる」からだ。[21]

中国の死亡秩序（訳注：ある地域で一定期間に死亡した人の統計データ）を見ると、80歳の母親が55歳の息子より結果的に長生きする確率は17％である。[22]そのような悲しみを味わわずにすんでも、次は子供に頼ることで罪悪感を感じるかもしれない。子供だって自分の結婚生活や子育てや仕事だけで手一杯なのに、その子供に恥を忍んで援助を求めざるを得なくなる親が、世界じゅうでどれだけでてくることか。

パートナー選びや家族をどうするかという選択――これから行う人も、すでに行った人も、今まさに最中の人もいるだろうが、その選択が我々の現在と未来を決める。その選択が今の社会の姿に影響を与え、将来の社会の姿にはさらに大きな影響を与える。その選択が社会政策や民間企業、研究技術の方向性を若者向けから高齢者向けへと方向転換させる（ただし、若者を死ぬまで自社製品のファンにすることには今でも莫大な価値があるので、全面的ではなく部分的な方向転換になる）。こうした変化は年ごとに増えていく。市議会では生徒のいなくなった小学校を老人ホームに変える案を話し合うだろう。成人した子供を亡くした親のためのセラピーサービスが生まれるだろう。3世代が同居する大家族の復活もあり得る。
これが人口の減少した未来の姿だ。いや、すでに現在の姿なのかもしれない。

THE AFRICA QUESTION

6章

アフリカの人口爆発は止まる

私たちはケニアにある世界最大のスラムを訪れた。
そこは、親族が支配する旧社会だ。
結婚には結婚持参金が必須。
しかし今やアプリで払うという。
現代の価値観とテクノロジーが入り込むなか、
現地の女性たちが明かしてくれた本心とは。

大陸ごとの中央年齢

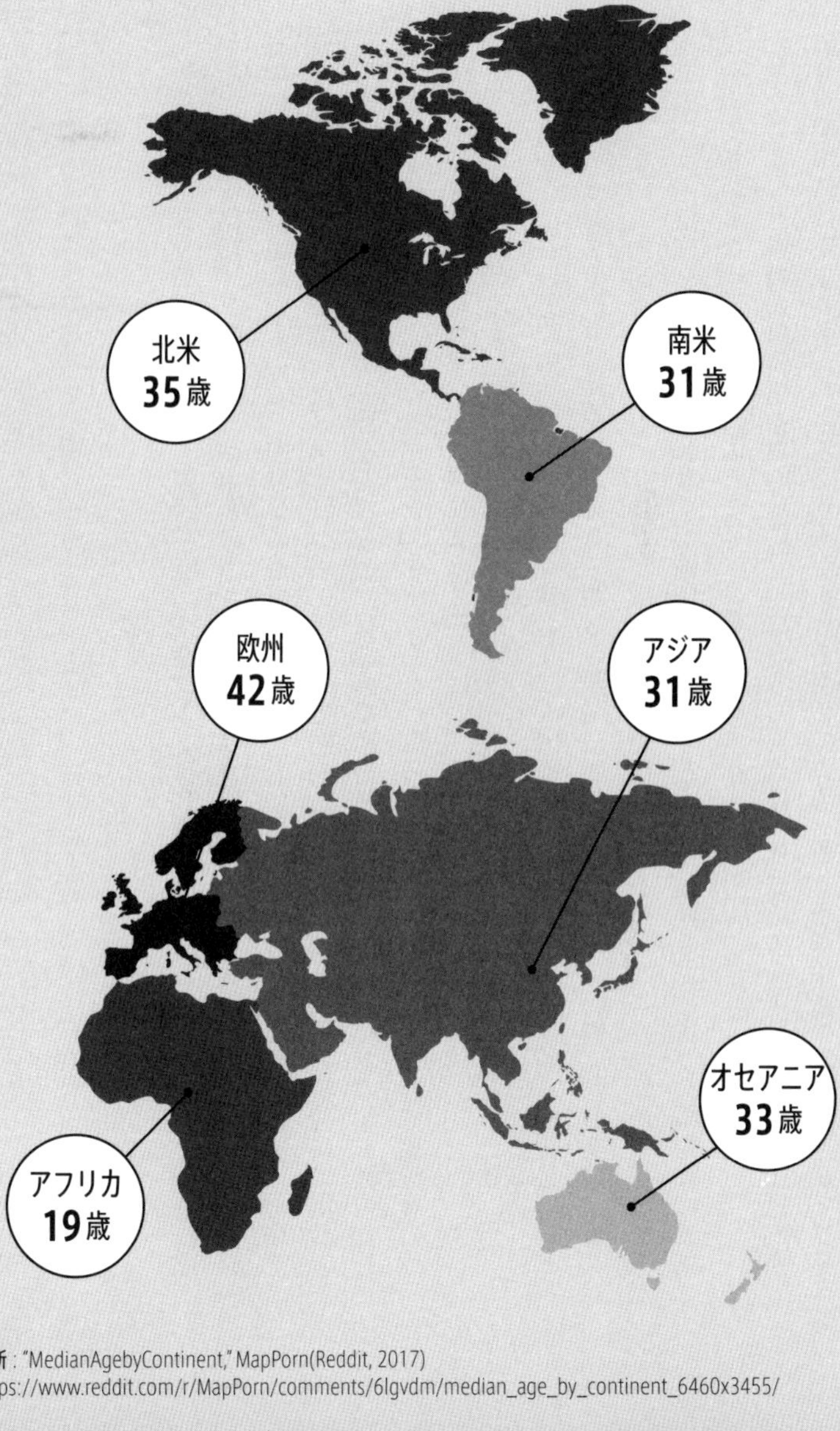

出所："MedianAgebyContinent," MapPorn(Reddit, 2017)
https://www.reddit.com/r/MapPorn/comments/6lgvdm/median_age_by_continent_6460x3455/

ナイロビのジョモ・ケニヤッタ国際空港（空港コードNBO）は以前とまったく別の空港になった。いい変化だ。この空港は利用客の多さではアフリカ最大級だが、5年前は入国審査の長い行列によく並ばされたものだ。当時は審査官のデスクに若い男の担当者がひとりだけで、退屈そうに携帯電話をいじっていた。早く気づいて欲しくて熱いまなざしを送る人々の視線には気づきもしない。時折携帯電話から目を上げると、目の前で辛抱強く待っている旅行者の顔を気乗りしない様子で確認する。入国審査用紙と50米ドルを受け取ると、古びた台帳に記入して旅行者のパスポートにスタンプを押す。ケニアにようこそ。はい、次の人――。

今、ケニアに行く人は入国の数週間前にオンラインで〝eビザ〟を購入する。現地に着くと、あの退屈そうな若い男の審査官はおらず、代わりに入国審査ブースがずらりと並んだ新しいレセプション・センターが旅行者を出迎える。明るい照明に現代風の外観は、西側諸国の空港となんら変わらない。入国審査官の前に立つと、細長い棒の先にボールをつけたような例のカメラで写真を撮られ、指紋をスキャンされる。米国に入国するのとそっくり同じだ。古い台帳もなければ現金の支払いもない。ケニアにようこそ。はい、次の人――。

私たちは、世界の人口問題の中心地に立っている。国連は、地球上の人類の数が今の70億人から今世紀末には110億人へとふくれあがると予測している。そう予測するのは、国連がアフリカに大きな期待をしていないからだ。この先何十年もアフリカの出生率、とりわけサハラ以南の出生率は高いままであり、来世紀になって人口が減り始める前に、最後の大規模なベビーブームを引き起こすだろうと国連は見ているのだ。この先の数十年は人類にとって過酷な時期となる。脆弱な地球環境にダメージを与えずに、全人類が食べていけるだけの食糧を手に入れようと苦闘することになるだろうと。

しかし、本当にアフリカにはこの先何十年も暗い時代が続くと決まっているのだろうか。社会は都市化せず、人々は教育を受けられず、女性は自由のない状態が続くのだろうか――。もしかすると、アフリカもまた都市化と教育と解放に向けた道を進んでいるのではないだろうか。この問いは、人類の直面する最も重要な問いかもしれない。豊かさか、それとも貧困か。戦争か、それとも平和か。地球温暖化が進むのか、緩和されるのか。そのいずれもが、この問いの答え次第で決まる。その答えはまだ明確にはわからない。だが、少なくとも手がかりを探すことはできる。いくつかの手がかりは、ここナイロビで見つかるだろう。

ケニア人の二重生活

2010年代のアフリカは、いろいろなことが起きるホットな場所である。2016年、世界で最も急速な経済成長を遂げた30カ国のうちほぼ半数の14カ国がアフリカだった。ケニアは20位に位置し、今後数年は年6％超のGDP成長率を見込む。大半の西側諸国の3倍となる成長率だ。(1)今後数十年間、アフリカ大陸が経済成長の中心地のひとつであり続けることを疑う人はほとんどいない。

成長の一因は、消費者市場としての存在感をますます高めつつあるアフリカ大陸が自ら生み出した。人口増加である。2050年までにアフリカの人口は2倍以上に増え、26億人に達すると予測される。現在アフリカで人口が最大の国は、1億8200万人のナイジェリアだ。同国は今世紀半ばに世界で4番目の人口大国になると見られている。その頃までにはケニアも人口が倍増している見込みだ。一方でヨーロッパ全体の人口は今世紀半ばまでに4%減少すると予測される。(2)もしあなたが投資家で、ヨーロッパかアフリカのどちらかに投資しなければならないとしたら、どちらを選ぶだろうか。

アフリカは我々みんなのふるさとであり〝人類のゆりかご〟とも言われるが、同時に若い地域でもある。ヨーロッパ人の中央年齢は42歳、北米が35歳なのに対し、アフリカはわずか19歳だ。(3)今から今世紀半ばまでの間、生産年齢人口が大幅に増える地域は世界中でアフリカだけだと見られている。この間、アフリカでは人口と経済の両方が成長するだろうことは誰もが認める。

新旧ライフを同時に送るケニア人

ケニアは、アフリカで事業機会を探る国際企業の地域拠点(ハブ)となることを目指し、他のアフリカの大国と競争中である。国際空港を近代化したのもまさにそのためだ。ケニアの有利な点は、熊に追われる二人の男のジョーク(熊より速く走る必要はない。なぜならもう一人より速ければいいから)と同じで、世界を相手に勝つ必要はなく、ただ地元の競争相手に勝つだけでいい点だ。ケニアはインド洋とウガンダ、タンザニアに囲まれ、地理的にも戦略的にも東アフリカの中心にある。また、エチオピア、南スーダン、ソマリアとも国境を接している。確かに近隣の雰囲気は荒っぽいが、その中でもケニアは比較的平穏な場所で、それが国際企業を引きつける魅力となっている。

そうは言っても、現代的でピカピカの国際空港はある程度〝ポチョムキン村〟（訳注：開発の遅れた国内の実情を隠すため外国人向けにうわべを飾った施設）である。ケニアの労働人口のおよそ75％は専業もしくは兼業の農家であり、農業は国内経済の3分の1を占める。[4] 民間企業か公的部門に雇用され給料を得ている人――つまり典型的な現代的労働者――は国民の25％程度に過ぎない。[5] ケニアの失業率は40％に達することさえある。[6]

食べていくのに十分な稼ぎがないと思っている人は全ケニア人の半数にのぼり、夜に空腹のまま寝ることもあるという人はおよそ3分の1もいる。[7] ケニア人10人のうち7人は月収が700米ドルに満たないと申告し、[8] 4人が貧困ラインを下回る暮らしをしている[9]――。ここは、国民のざっと半数が前近代的で食うにぎりぎりの生活を送る国なのだ。だが一方で、国民の75％は携帯電話の契約をしている。[10] そして田舎から都会への流れがゆっくりと進んでいる。都市部の人口は年率4％を超えるペースで増えており、主にナイロビ（人口400万人）とモンバサ（人口110万人）に集中している。[11] 1979年には全人口のうち15％が都市部に暮らしていたが、2014年には32％になり、この三十数年間でケニアの都市人口は2倍以上に増えた。[12] そして、ある国で都市化が進むとなにが起きるか、読者はもうご存じだろう。出生率が下がり始めるのだ。

多くのケニア人は、2種類の生活を同時に送っている。ひとつは太古の昔から続く、農業を基盤にした食うや食わずの暮らしで、当然ながら家父長制だ。だが同時に、そのケニア人女性のお尻のポケットには携帯電話が入っている。彼女はまだ両親には話していないが、都会に出て行く計画を練っている。

アフリカ最大級のスラム〝キベラ〟

植民地時代の名残がほとんど消えたナイロビに、夜明けが押し寄せている。ガラス張りの高層ビル、官公庁の建物、広告用の電子掲示板、今風のショッピング街、緑の多い中心街——。歩道は職場に向かう身なりの良い人々であふれる。車道も、そこを走る車やトラックも、現代的で補修も行き届いている（たまに恐ろしい大穴があいているが）。渋滞はひどいものの、ニューヨークやパリの絶望的状況よりはずっとマシだ。すべてがそれなりに落ち着き、秩序が守られているように見える。現代的なビジネスにうってつけの都市であるかのように。

だが、ナイロビの中心街からわずか数キロ——地元の人々が足代わりに利用するミニバス〝マタツ〟に乗り、乱暴な運転にわずかな時間耐えるだけで、もうそこはアフリカのみならず世界でも最大級のスラム、キベラである。ざっと25万人が住む巨大なスラム街だ(13)。中心部のビジネス街がナイロビの表の顔なら、キベラは裏の顔といえよう。

この場所は五感を激しく刺激する。最初に襲いかかってくるのはあふれんばかりの赤、赤、赤。見渡す限りに広がるトタン屋根を染める赤サビの色だ。乱立する掘っ立て小屋の合間をでたらめに走る車道や歩道も、デコボコだらけのぬかるんだ赤土だ。そしてこの臭い。甘やかされた西洋人にとっては忘れられない、なんとも説明できない臭いだ。キベラに公衆便所は存在しない。地面の見える場所はすべて、むき出しの下水道の通り道だ。そしてでたらめに散らばるゴミの山。そこでは大人と子供と動物が一緒になってモノを漁っている。

西洋人から見ると、キベラは絶望的に不潔なディストピアに映る。だがケニア人にはそうは見えていない。彼らにとってキベラは独特の文化と目的を持つひとつの共同体だ。ナイロビと同じく現代的なビジネス街なのだ。そして同時に昔ながらの非公式経済が働く場所でもある。屋台の食堂、小さな雑貨店、肉屋、古着の店、修理屋といった地元向けの商売がはびこっている。店舗や屋台を設営する人もいれば、ただ地面に布を広げて売り物を並べただけの人もいる。ここを訪れたケニア人女性は、週末に再訪する価値のある古着屋がどれかをチェックし、ケニア人男性は中古のハードウェアや自動車部品を買いに来る。探し物がなんであろうとキベラなら手に入る。しかもどの店よりも安い。

さらにキベラは、新参者の受け入れ場所にもなっている。地方出身者や別のコミュニティから移ってきた人々だ。100年前のマンハッタンにロウアー・イーストサイドがあったように、今のナイロビにはキベラがある。貧困、劣悪な衛生状態、社会病理（アル中や10代の妊娠など）、賄賂と犯罪がはびこる場所だが、だからといってナイロビの他の場所に住むケニア人が決して足を踏み入れない場所ではない。キベラは文化面でもビジネス面でも人々が集まる独自の社交場であり、欧州の主要都市にある昔ながらの民族居住地と同じ機能を果たしている。ラテン・クオーターやリトル・イタリー、中華街を思い浮かべてほしい。今の姿ではなく、何世代か前の昔の姿を――。キベラはいろいろなことが起きる忙しい場所なのだ。

親族が支配する社会

キベラに住んでいようが、緑の多い高級住宅地に住んでいようが、またはその中間地点に住んでいようが、ケニア人の個人のアイデンティティは部族と親族と家族に根ざしている。部族や親族への忠誠心は、ケニアという国家に対するあらゆる愛着に勝る。我々の知人は、同僚のケニア人に〝自分をケニア人と考えているか〟と質問したことがある。同僚はこう答えたそうだ。「もしあなたに侮辱されたら、私は自分をケニア人だと思う。もしケニア人に侮辱されたら、私は自分をルオ族だと思う」[14]。ケニア人にとってまずは部族なのだ。アフリカではだいたいどこの国でも事情は同じだ。

ケニアには3つの大きな民族集団がある。バンツー（人口の70％を占める最大のグループ）、ナイロート、そしてクシだ。それぞれの民族集団には独自の歴史・文化・生活様式・言語・宗教・食習慣がある。こうした民族集団はさらに細かくざっと42の部族に分かれ、それぞれはさらに小さな血族集団（クラン）から構成される。クランは要するに家系図と同じだと考えていい。同じクランに属するメンバーは共通の祖先を持つ。とはいえ、クランは民族集団や部族の枠を越えることもある。スコットランド高地地方（ハイランド）出身者なら、クランがなにを指すかよく知っている。

地球上のほとんどの地域は、親類や部族や共同体を中心にした仕組みができている。多くの国の政府や地方自治体には、多かれ少なかれ怠慢や無能、腐敗や高圧的態度が見られる。警察は金儲けに夢中だし、許認可を得るには賄賂が必要だ。誰を知っているかで何を得られるかが決まる。こうした社会では親族がすべてだ。親族こそ信頼できる。親族は裏切らない。自分が誰で、どのように振る舞うかは、家族や一族のなかで自分が占める位置によって決まる。

先進国では、現代的な福祉国家が人々の生活に対する最高の権威かつ最後のよりどころであり、かつてそれを担っていた部族や一族、家族からその機能をほとんど奪い去った。だがケニアでは違う。ケニア人にとって政府とはカネまみれの特権階級を意味し、内輪でつながった政治家と官僚が個人の財をなす場所だ。自分が苦しいときに助けを求めて駆け込む場所ではない。

家族の大切さを否定する人は世界中のどこにもいない。それでも合理的でまともな政府に国を任せ、政府内に一族や部族のコネクションが存在しない（あっても弱い）ほうが、国の運営は圧倒的にうまくいく。読者の中には自国政府の非効率さに批判的な人もいるだろうが、もしあなたが民主的な資本主義社会に住んでいるなら〝本当に非効率な政府〟とはどんなものか、おそらく想像もつかないだろう。あなたにとって両親と兄弟姉妹と子供はかけがえのない存在かもしれない。だが、あなたの名字、通った教会や出身小学校、アクセントや服装があなたに与える影響が、一部の社会と比べてどれほど小さいことか、きっと想像もつかないと思う。あなたの人生にとって本当に重要な物事をどれほどあなたが政府に頼っているか、じっくり考えたことはないかもしれない。だが、仮にすべての国を「政府が支配する社会」と「親族が支配する社会」との二つに分類するならば、その二分法はほぼ先進国と発展途上国の二分法に重なる。

部族が結婚・出産を後押しする

この二分法はそれほど厳密ではない。ギリシャやウクライナなど、調子の良いときは現代的な先進国のように振る舞うものの、調子が悪いときは腐敗したエセ国家のようになる国もあるからだ。そうは言っても、最悪の時期のギリシャのほうが最高の時期のケニアより政府としてはるかにまともに機能する。植民地から独立後のケニア政府は、支離滅裂で手がつけられず、時には暴力に訴えることもあり、誰からも信用されていない。ＮＰＯのトランスペアレンシー・インターナショナルが算出する腐敗認識指数によれば、ケニアは１６８カ国中１３９位である[15]。ヘリテージ財団によれば、経済の自由度は「概して自由がない」と評価され、１７８カ国中１３５位だ[16]。フリーダムハウスによれば、政治の自由度は「部分的に自由」と評価され、１００点中51点だ[17]。この評価はむしろケニアの健闘ぶりを示している。だが、まだ先は長い。だからこそ、個人のアイデンティティの面でも社会制度の面でも、いまだに部族への忠誠心がこれほど強いのだ。高い教育を受けて世界中を飛び回るようなケニア人でも、皮膚の一枚裏には部族への一体感を隠し持っており、礼儀正しくそこをつつけば本人も決して隠そうとはしない。あるケニア人はこう表現した。「政府とは要するにヤムイモとナイフ（カネと力）であり、部族とは要するに信頼だ[18]」。そして前述したように、親族の絆が強ければ強いほど出生率は高くなる。〝結婚して子供を持て〟という周囲の圧力が強いからだ。親族の占めていたポジションを仲間や同僚が占めるようになると、この圧力は弱まり、出生率は低下する。

ケニア人の若者が新たに学校に通い始めたり、知らない土地で働き始めたりしても、一人で放っておかれることはまずない。その若者の家族が血縁者に連絡をするからだ。血縁者がいなければ一族かクランの関係者を紹介してもらう。若者は、そうして紹介された相手と一緒に暮らすこともあるし、そうしないまでも、困ったらいつでも相手を頼っていいと知っている。ケニア人なら誰でもそうしたコネクションを頼りにできるし、逆に頼られたら誰かを助けるのも当然だとみなされる。だからケニアで孤独死する人はいない。部族やクランや村の人たちが最後の面倒を見てくれる。多くの共同体や伝統的社会集団には〝葬式互助会〟の仕組みが存在する。これは、共同体のすべての人が、本人の経済状況に関係なく、最後はきちんとした葬式で送ってもらえるための自助グループだ。共同体の全員が葬式互助会に寄付し、全員が互助会を利用できる。

人口統計モデルが見落としているアフリカの変化

このように社会組織を共同体的に運営するやり方は、現代資本主義の中心地にさえ入り込んでいる。グローバル企業のナイロビ支社を見ればそれがわかる。あるベルギー人は、自社のケニア事業の統括責任者に任命されてケニアに赴任し、すぐに気づいた。その職場では一緒に働く誰かのためにいつも募金活動が行われていたのだ。結婚式、子供の誕生、退職[19]——。ケニア人はこれを〝ハランベー〟と呼ぶ。スワヒリ語で「みんなで協力する」の意味だ。その職場で一番偉い人が寄付金の相場を決める役割を担う。トップが個人としてどれほどの協力をするのか、職場のみんなはその金額を見て人物を判断する。これは、お誕生日カードにお祝いの言葉を書いたり、ケーキ代を一部負担したりといった形式的な協力とはまったく意味が違う。かなり重要な意味をもつ援助であり、職場の人々はトップがいくら寄付するかを見て、自分のランクに応じたふさわしい寄付金額を決める。先ほどのベルギー人トップは、ケニアの事務所に来てすぐにその点を学んだ。職場の女性が数人、彼を廊下に連れ出し、トップとしてどう振る舞うべきかを親切ながら断固たる口調で教えてくれたからだ。

このように、現代的なビジネスに必要なものと伝統的文化が要求するものとが独自に混ざり合っている様子を見ると、将来の人口動態モデルを予測しようとしている人口統計学者はヒステリーを起こしそうになる。国連人口部（ＵＮＰＯＰ）は、ケニアの出生率が1世代と少々で半減した（1975年には8程度だったのが現在は4程度）ことを知っていながら、同国の出生率は今後ゆっくりと減っていくとして、2075年ごろまで人口置換水準の2・1には到達しないと予測している。国連は他のアフリカの国々についても、今世紀中の出生率の減少ペースは前世紀後半（1950～2000年）よりもゆるやかになると予測している。だが、もし今後の減少ペースが現在とそれほど変わらないなら、ケニアの出生率は2050年より前に人口置換水準に到達する。今からたった1世代ということだ[20]。

ケニアの社会、すなわち親族を基盤とした農業中心の社会、教育水準は低く汚職の多い社会、平均寿命が延びて出生率が高いままなので人口が急速に増加する社会は、果たして国連の予測するようにゆっくりと変わっていくのだろうか？　それともケニア社会の都市化と近代化が急速に進み、国家としての一体感が強まって部族の影響力は弱まり、女性が子供の数を自ら決められるようになり、ひいては出生率が急減していくのだろうか？

我々は後者のシナリオになると確信している。ケニアを含めたアフリカの多くの国で、資本主義的価値観と伝統的価値観の混合により、多数の人口統計学者が予測する「急激な人口増加」が抑制される可能性が極めて高いと信じている。なぜかといえば、世界の多くの国がそうだったからだ。アフリカは、都市化・女性の教育の向上・出生率低下という世界的な変化と同じ道を進んでいる。とりわけケニアはそうだ。

ケニアの大学生の40％が女性

ケニア政府は2003年、公立の初等教育の学費を無料化した。2008年には中等教育も無償化した。信頼に基づく無認可の〝私塾〟で学ぶ生徒はざっと200万人もおり、こうした私塾はおうおうにして非常に質が高い。ケニア人の子供の17％は今でもまともな教育を受けていないが、1世代前と比べるとはるかに低い数字だ。[21] 最近ケニア政府は中等教育以降の教育にも巨額の投資を始めている。ケニアの大学数は2005年には10だったが、その後10年で22に増え、さらに22の大学新設が計画されている。2012年から2年間で大学入学者数は倍増し、2014年には大学生の数は44万5000人になった。[22] ケニアで高等教育を求める少女にとって、男性優位の文化的偏見はいまでも大きな障害になっており、特に地方ではその傾向が強い。だが、家父長制の壁は崩れつつある。ケニアの初等教育と中等教育の教室では男女比率はほぼ等しく、[23] アファーマティブ・アクション（差別是正措置）のおかげで、今や大学でも少なくとも40％の学生は女性である。[24]

こうした教育環境の改善はケニア人女性の地位向上をもたらし、ひいては子供の数を減らそうという判断を後押ししているのだろうか――。ケニア統計局によると、同国の2003年の出生率は4・9だったが、2008～2009年には4・6、そして2014年には3・9へと減少している。ケニアは「過去10年で子供ひとり分が減少し、記録を取り始めてから最低の合計特殊出生率（TFR）[25]」を経験したのである。さらに、ケニア統計局の次の指摘にも注目すべきだろう。「避妊普及率（CPR）は2008～2009年の46％から2014年には58％へと、顕著な上昇がみられる[26]」。わずか5年間で避妊の利用率が一足飛びに進んだのである。この段階からあと数歩進めば、出生率は急速に低下し始めるだろう――。

これは、ケニアの力強い人口増加が中期的に持続しない、という意味ではない。ケニアのように国民の中央年齢が若いと、何十年にもわたって大幅な人口増加が続く。理由は簡単で、若い女性が大勢いるからだ。しかも幼児の死亡率は減り続けている。今のケニア人女性が生む子供の数は母親世代より減ってはいるが、それでも生まれた子供はかつてより多くが死なずに成人を迎える。ただし、多くの研究が示すように、発展途上国における幼児死亡率の低下は出生率もまた低下させる。なぜなら、生まれた子供が死なずに成人できると信じられるようになった親は、子供の数を減らすからだ[27]。ケニアでは、死ななくなった子供の数より、生まれなくなった子供の数のほうが多いのである。

急速に進むケニアの都市化とケニア人女性の教育水準の向上、爆発的可能性を秘めたオンライン・テクノロジーの影響、国際ビジネスの舞台がアフリカに移りつつあることの劇的な影響、妊産婦の健康や知識を高めるNGOによる各種プログラム（性教育も含む）の質の向上――今後のアフリカの出生率が不変もしくは微減とする人口統計モデルでは、こうした要因がすべて無視されているか、十分に考慮されていない[28]。だが実際の状況は統計モデルの前提よりもはるかにダイナミックで流動的なのだ。

こうした無数の経済的社会的要因――都市化、教育、近代化、社会の変化――のすべてが絡み合う実例がある。ある古式ゆかしい習慣がどのように変わりつつあるかを見れば、一目瞭然でわかるのだ。それは「ダウリー（新郎側の結婚持参金）」である（訳注：インドのダウリーは新婦側が新郎側に払うが、アフリカは逆）。ケニアではこの習慣がまだ普通に見られる。なんと、そのためのアプリまであるのだ。

ケニアの結婚は企業合併に近く、ダウリー（持参金）はアプリで払う

西洋の文化では、結婚を決めたカップルは新しい家族を築くと見なされる。新しい家庭は、それぞれの両親とつながりはあるものの、別の家庭として扱われる。北米や欧州では通常、結婚するかしないかの判断や、結婚が成功したかどうかの判断において、親戚関係は最重要ではない。

一方、ケニアでは事情が異なる。彼の地では、結婚とはむしろ企業合併に近い。2つの家族が一緒になることで、お互いに社会的セーフティネットを強化するのだ。お見合い結婚とは違うものの、息子や娘にぴったりの相手を見つけて吟味するうえで、両家の果たす役割は極めて大きい。というのも、両家の〝合併〟が経済面でも健康面でもお互いの将来にプラスに働くと両家ともに思える必要があるからだ。大半のアフリカ人はオンラインデーティング（ネット上での恋人探しサービス）を異様でしかも無責任だと考えている。あるケニア人女性は「相手の家族が素晴らしいかどうか、知りようがないじゃない？」と説明する。[29]

ケニアでは、（結婚前提の）男女交際や結婚とは、家族のネットワークを強化することである。このためケニア人は、息子や娘と自分たち家族にふさわしい、セーフティネットの強化につながる相手を選ぶため、複雑な手順を作り上げてきた。彼らが部外者と話すとき、〝叔母ちゃんたち〟（親戚の女性や近所の仲良しの女性、年配のクラン・メンバーの場合もある）が果たす役割についてよく話題になる。あるケニア人女性によれば「私の〝叔母ちゃんたち〟にかかれば、知り合いの知り合いの誰かは必ず、相手となる男の家族について知っている」というほどだ。[30]

ダウリーの支払いも、男女交際や結婚で重要な役割を担う。それはケニアだけでなくアフリカの多くの国で同じである。ダウリーは複雑だ。要するに、その家族の一員であるひとりの女性と

結婚する権利を得るために、新郎は何頭の牛やヤギを渡すのがふさわしいのかという交渉である。コミュニティによって牛やヤギの数で決めることもあるし、それ以外の家畜やハチミツが単位になることもある。ふさわしい相手だと新婦側の家族に見なされても、新郎がダウリーの全額を一度に払えないときもある。その場合は分割払いのスケジュールを相談する。

ダウリーは、花嫁となるべき女性の知覚価値に基づいて決まる。そこにはさまざまな価格決定要因が働いている。ある女性は、ケニア人家庭に子供の卒業写真が飾られた本式の応接室があるのはそのためだと指摘する。興味津々の求婚者の家族に対し、息子や娘のこれまでの実績を示し、結婚後にしっかり稼ぐ能力を持っているという目に見える証拠を示すためなのだ。[31]

ハリウッド映画が描く理想の恋愛や、インターネット上にあふれるお手軽なセックスを見て育った若い世代のケニア人、とりわけ女性は、自分たちの愛情を金銭に換算するようなダウリーの習慣に強く反発するのでは――そう思う人もいるだろう。ところが、ケニア人の男女と話した限りでは、年齢や性別、既婚か独身かに限らず、みなダウリーの習慣を強く支持している。高い教育を受け、あらゆる面で徹底的に今風のキャリアを積んできた企業幹部クラスのケニア人女性でもそうなのだ。

ダウリーは昔ながらの風習だが、いまや現代的な思考とテクノロジーも、そこに入り込んでいる。ナイロビのような都会では、牛やヤギを群れで飼えるような家族はあまりいない。そこで彼らはダウリーを現金で支払うようになった。あなたのダウリーとしてふさわしい金額はいくらなのか、履歴書に基づいて計算してくれるウェブサイトやアプリまである。[32]とはいえ、家畜によるダウリーが消滅したわけではない。ある若いケニア人女性は、こんな話をしてくれた。彼女はナイロビから車で数時間の小さな村落出身で、自分を〝古風なタイプ〟だという。彼女も家族も、夫となるべき人はダウリーを家畜で払うべきだというこだわりがあった。彼女が結婚するとき、結婚式の最初に登場したのは牛を積んだトラックだった。そのトラックが結婚式場となった彼女の家の農場に到着すると、一同は家畜小屋に行って牛の品質を確かめた。花嫁の家族がこの支払いに納得すると、当事者や参列者は農場内の式場に戻り、そこから楽しいパーティーが始まったという。(33)

ダウリー（持参金）が出生率を下げる仕組み

ケニアにおける結婚の習慣は、コミュニティ同士のつながりを強化するために何世紀もかけて進化してきた。その進化は今も続いている。だが、都市化と商取引のグローバル化のせいで、今やその習慣はケニアの高い出生率を引き下げる方向にしか働かないように変化してしまった。その理由を説明しよう。

都会で給料のよい仕事に就きたいと思うケニア人女性は、優れた教育を受ける必要がある。そのような学歴と職歴を持つことで、その女性が結婚相手に求める水準も上がることになる。大学卒業資格や企業幹部の肩書きを持つと、対価となる牛やヤギの頭数も増えるのだ。これは、結婚する時期と子供を持つ時期が遅くなることも意味する。彼女の夫となるべき人は、ダウリー資金を貯めるため長期間働かなければならない。そして、妻となるべき女性は待たされることをいとわない。「私たちは結婚の時期が遅くなっています」と、あるケニア人女性は言う。「ちゃんとした教育を受けたいし、しっかりと仕事も確保したい。子供を持つ前に快適な家も手に入れたい。

学校に通う期間がとても長くなったので、今や私たちが結婚するのは30歳になってからです。その後、母や叔母から早く子供を産めというプレッシャーが始まるのですが、なかなか難しい。仕事で成功したいので、たくさん働くからです。もちろん、多くの子供はもてません。仮に大勢欲しくても無理です(34)」

こうして、伝統的なダウリーという制度が現代的な教育熱・仕事熱と結びつき、結果的に婚期と子供を持つ時期を遅らせている。すでにその影響はケニアの出生率に表れており、この先もさらに出生率を引き下げるであろう。これは、国連によるケニアの将来人口予測が的外れだと考えるもうひとつの理由である。もっと人口が減るだろうとするヴィトゲンシュタイン・センター、ウィーン人口統計研究所、および国際応用システム分析研究所（IIASA）の共同研究による予測――ケニアの出生率は2060年までに人口置換水準まで下がる――のほうが当たっている可能性が高い。

ケニアはもはやアフリカではない。アフリカ大陸には今でも、人生のほとんどを農村地帯で過ごし、女性にほぼなんの権利もなく、公的な教育の機会もほとんど皆無という地域がある。そうした場所では今でも出生率が驚くほど高い。カナダ人ジャーナリストのジェフリー・ヨークは、援助機関による避妊教育の取り組みを長年にわたり詳細に記録している。西アフリカの貧しい国、ベナン共和国の村々を〝避妊ボート〟で訪問し、女性たちに性と出産に関する健康情報を伝えようとする取り組みだ。ヨークが話を聞いた女性たちは、大勢の子供を次々に産むと自分の健康が損なわれることを十分に理解していたという。

「私は赤ちゃんを産み過ぎました」と話すのは、10人の子を産み、うちふたりを亡くしたという村の女性、クリスチャン・ジェング。「以前より体調が悪く、身体が弱くなったと感じます。高血圧など持病も増えました。頭痛やめまい、極端な疲労感もあります」と話す。だが彼女に他の選択肢はなかった。「自分は大家族を望んでいないなどと夫に言おうものなら、夫はすぐに家を出て他の女性と結婚するでしょう。プレッシャーはとても大きいのです。ここでは男たちは結婚して夫になると、子供を愛し、大家族を欲しがります」――。地元の聖職者も避妊は良くないと説き、こうした男たちを後押しする。仕立屋のブラスマ・ココソウは自分の妻について「彼女は私と同じことしか言いませんよ」と説明する。「妻は私に服従しています。私がいいと言わなければ妻は何もできません。動くことさえできません」(35)

アフリカにおける女性の権利

少なくともケニアは前に進み始めた。もしアフリカ全体がケニアと同じように前進するなら、国連の予測は外れる。何百万人もの赤ちゃんが貧しいアフリカに生まれ続けることはなくなる。だが、アフリカ大陸には別の未来が待っているかもしれない。貧困と負の遺産と大家族の未来である。今後、アフリカでは多くの国が、おぼつかない足取りながらもケニアのように前へ進もうとするのだろうか。それとも深刻な貧困に足を取られ、病気と暴力のリスクにさらされた状態にとどまるのか――。その答えを知るひとつの方法は、アフリカ全体で女性の権利がどうなっているかを見てみることだ。ある社会の進歩状況を計る手段として、女性の権利ほど優れたモノサシはないからだ。

アフリカ連合の2017年の報告書によれば、アフリカの一部の国は、立法府における女性比率が西側諸国より高い。例えばルワンダの国会議員は64％が女性で、女性比率は世界一である。

一方で残念なデータもある。例えば、アフリカ人女性の3人にひとりは暴力または性的暴行の被害にあっている。アフリカでは多くの国が無条件に中絶を禁止しており、たとえ母体に生命の危険があっても中絶は認められない。このため、今でも世界中で行われている（医師の関わらない）危険な中絶のほぼ3分の1はアフリカだ。現存する女性で「女性器切除」（訳注：女子割礼を人権侵害とみなす呼び方）をされた1億3000万人は、ほとんどがアフリカに住んでいる。さらに、18歳未満で結婚したアフリカ人女性は、存命中の人だけでも1億2500万人にのぼる。[36]

前述の報告書は次のようにまとめている。

「教育を受け、スキルを高め、仕事に就くといったことを含め、女性が自分の権利を行使し、その恩恵を受けることを可能にさせるような環境がある限り、そこがどんな社会であろうとも必ず急速な発展と健康状態の向上、そして自由と幸福の拡大が、女性だけでなくその社会全体に見られる」

それにもかかわらず、こうした権利を女性に与えようとしない社会がまだアフリカにはたくさんある。その理由とされるのは、地域社会が不安定になるとか、宗教上の懸念とか、またはアフリカ連合の報告書の如才ない言い方を借りれば「普遍的人権とアフリカ的価値観との間に常に存在する論争」などだ。[37]

若い女性への教育がカギ

その社会で女性の権利がどれほど前進したかを計る最適なモノサシは、女性の教育の普及度合いである。なぜなら、その他のすべては教育から派生するからだ。

医療福祉のフィランソロピー活動家、ヴァレリー・エイモス（英国国会議員でバロネスの爵位を持つ）とトイン・サラキ（ウエルビーイング・アフリカ財団の創業者）の持論によれば「若い女性への教育は、低所得国に発展をもたらす圧倒的に最大の決定要因となり得る」のである。[38]ユニセフ（国際連合児童基金）は以前、若い女性への教育を「ほとんどすべての問題に対する解決策」と評したこともある。[39]教育を受けた女性は、自ら働いて個人の自立性を高める力が養成されるだけでなく、栄養失調や病気、子供時代の結婚を避けられる確率が高くなる。もしアフリカに貧困の罠から抜け出す気があるならば、女性の教育は最も確実な道である。

そして、この点に関する統計数値はいい意味で興奮をもたらしてくれる。オックスファムの2000年の調査によれば、アフリカのほぼすべての国において、本来なら学校に通うべき年齢にある少女の少なくとも30％は学校に通っていなかった。例外的にこの数字が低い国は、アルジェリア（11％）、南アフリカ（5％）、ガボン（9％）など数えるほどだった。

ところが2016年までに、自国の少女を教育しない不幸な国は、西のマリから東のスーダンに至る一帯の国々だけへと減少したのである。この一帯より南側に位置するほぼすべての国で、就学年齢に達した少女の最低でも80％が学校に通っている。ベナンでは就学年齢にある少女が小学校に通う率が88％に達したという。[40]そのベナンでは、出生率が下がり始めている。1985年には7・0、現在は5・2だ。国連はベナンの出生率低下がゆっくりと進行すると予測し、今世紀末までに2・1に至ることはないとしている。だが、今やベナンでは多くの少女が学校に通っている。そして〝避妊ボート〟が村々を訪れ、ベナンの女性たちはその話に耳を傾けているのである。

エリート女性たちとの晩餐会

ナイロビのムサイガ・カントリー・クラブが華々しくオープンしたのは1世紀以上前となる1913年の大晦日のことだが、今も当時の雰囲気を色濃く残している。植民地としてケニアを支配したイギリス人は、荒々しいアフリカの大自然の中に〝英国紳士の社交場〟としてこの施設を建て、快適な衣食住を求めた。当時の建物を今もそのまま維持しており、白とピンクの列柱を始め、さまざまな装飾と伝統が残されている。剝製にされた狩りの戦利品、ふかふかの革製のイス、見事な図書室、素晴らしい木製パネルを用いたバー――。ジムやプール、軽装用レストランといった施設は現代風だが、夕食時には今でも紳士方はタイとジャケットで正装しなければならない。なんといってもここはムサイガ・クラブなのだから。

この晩餐会に招待してくれたのは、某現地企業のトップだ。その会社は、アフリカに事業機会を求める多国籍企業に最近買収されたばかりである。晩餐会にはその現地企業のナイロビ事務所から15人が参加した。ホスト役とひとりの旅行者を除き、あとはすべてアフリカ人の女性だった。

天候も気温も快適な夕刻、美しく飾られたクラブの中庭で飲み物を楽しむところから晩餐会は始まった。空気中には花々の香りが漂う。笑いに満ちた会話が盛り上がったところでいったん中断し、我々は建物の中へ移動した。壁の色から「イエロー・ルーム」と名付けられた豪華な部屋だ。制服に白い手袋のケニア人の給仕たちが、プライム・リブの蒸し焼きを切り分け、それぞれの皿に取り分けてくれる。リブの後、重そうな銀製の用具を使ってヨークシャー・プディングを盛り付けてくれた。晩餐会の最後はポートワインとコニャックだ。かつて英国人はこのようなやり方で彼らの帝国を治めた。今でもケニア社会の上層部は喜んでその伝統を続けている。

我々はこの席で、部族のアイデンティティについて率直な議論を行った。政治的な正しさ《ポリティカリー・コレクトネス》に配慮することに慣れている西側社会の人から見れば、居心地が悪くなるほどに率直な会話だったかもしれない。だがケニア人にすれば、それぞれの部族の間には一目瞭然のヒエラルキーが明確に存在しており、その序列は文化史や性質、肌の色、身長、髪の質、育った地域などによって決まる。彼らの話を聞くのは、イギリス出身者が祖国の階級制度について話すのを聞くのと似ている。相手のアクセントからわかること、学校名によって仲間扱いされたり仲間はずれになること、誰が〝身内〟で誰がそうでないかの線引き――イギリス出身者は、なんの後ろめたさもなくこうした話をする。あらゆる階級制度がそうであるように、微妙な差異こそがすべてを決めるのだ。部外者なら気づきもしないようなわずかな違いが、地元出身者にとってはあらゆる意味を持つのである。

晩餐会の話題は「部族」から「家族のサイズ」に移った。晩餐会に出席した女性たちの母親はみな多産だ。参加者に兄弟姉妹の人数を聞いたところ、一番多い女性は11人の兄弟姉妹がいるという。平均は6人だった。1980年のケニアの出生率は8なので、夕食の席にいた女性たちの年齢を考えればそれほど偏った数字ではなかろう。平均6人に出席者数の15人をかければ、合わせて90人。出席者の子供時代には、合わせてそれだけの子供がいたのだ。だが、出席者の立場が「子供」から「親」になったとたん、話は急にケチくさくなる。

出席者に、何人の子供が欲しいかと聞いたところ、3人欲しいという女性もいれば、ひとりもいらないという女性もいた。平均すると欲しい子供の数は1・5人。合計では23（15×1.5＝22.5）人ほどの子供が欲しい（もしくはすでにいる）というわけだ。すでに子供のいる女性はみな、生みたいだけの子供はもう生んだという。この場の数字を見る限り、たった1世代で子供の数は3分の2以上減ったことになる。

晩餐会の席にいた女性はみなエリートだ。多くのケニア人は彼女たちのような生活を知らないだろう。席にいたアフリカ人は全員が学士の資格を最低でもひとつは持ち、大都会の国際企業で高給の仕事をしてる。つまり、彼女たちは「こうなりたい」というケニア社会のあこがれを体現し、トレンドを作り出している人々なのだ。ケニア国内の平和が今後も続くという前提に立てば――植民地支配から独立したアフリカ諸国の大半は、部族間の対立や恣意的に引かれた国境線のせいで内乱に苦しんでいる――この先も地方から都市へ人々の流入は続き、より多くの女性が高い教育を受け、生まれる子供の数は減り続けるだろう。

〝人類のゆりかご〟で人口が増加しない未来

もちろん、出生率低下がケニアの将来人口の抑制要因となる一方で、平均寿命の延びは人口増加要因になる。今世紀を迎えた2001年にはケニアの平均寿命は51歳だったのに、今は61歳まで延びている。[41] いま存命中のケニア人が亡くなるまでの期間は、かなり延びるだろうと考えていい。ただし、ケニア人の寿命に関してはひとつの大きな不確定要因がある。HIV感染者およびエイズ患者の広がりだ。ケニア人の5・3％はHIV感染者もしくはエイズ患者だと推計されており（感染率の高さは世界で13番目）、毎年3万3000人がエイズで亡くなっていると見られる（世界で9番目の多さ）。今後もしＨＩＶ感染がさらに広がったり、エイズによる死亡者数がさらに増えたりするようなら、ケニアの平均寿命は下がる可能性もある。[42] エボラなど他の深刻な感染症が流行した場合も同じことがいえる。とはいえ、手ごろな価格の抗レトロウイルス薬が普及したことで（２０００年代初頭に米ブッシュ政権が注力したことも一因）、アフリカのＨＩＶ／エイズ禍は長期的には抑え込めるとの希望も持てる。いずれにせよ、長生きする高齢者が増えたところで、生まれてくる子供の数にはなんの影響も与えない。高齢者が長生きすればその間のケニアの人口は高く維持されるが、効果は一時的だ。次世代は前の世代より少なく、さらに子供の数も少ないということが繰り返される。

もし今のケニアがアフリカの将来像を示しているのであれば、アフリカ人だけが他の地域ではありえないほど多くの子供を生み続けると予測するのは非現実的だ。ケニアではすでに子供の数が減っているし、おそらく今後はさらに減るだろう。文化、資本主義、都市化、テクノロジー、女性の教育――これらの複雑な相互作用によって、各地で局地的な〝変化の竜巻〟が生まれている。その竜巻が将来の人類の姿を決める。今よりも数が少なく、高齢化した人類。そして、人口増加国が信じられないほど少なくなった人類――。

もちろん、そのような趨勢に逆行する国もあるだろう。だが、我々はアフリカの未来が国連予想よりも明るいものになってほしいと願っているし、そうなると信じている。ベナン型よりケニア型の暮らしのほうがアフリカで優勢になるだろうと。そして、ベナンの未来も懐疑論者の予想より明るいものになるかもしれないと考えている。アフリカ大陸のほぼすべての国で、教育を受ける少女の数は毎年前年を上回り続けているのだ。それがなにをもたらすか、すでに我々は知っている。〝人類のゆりかご〞が世界人口増加に貢献しなくなる日は、意外と早く訪れるかもしれない。

SHUTTING DOWN THE FACTORY IN BRAZIL

7章

ブラジル、出生率急減の謎

1・8という出生率の急激な減少。
その謎を解くためにサンパウロにやってきた。
先進的エリート女性たちが抱く出産への迷い。
女子教育、マチスモ、カソリックとの関連は。
そして国民的テレビドラマが、
貧しい女性の出生率を下げた。

ブラジルの年齢構成：急激な人口増加と高齢化

	人口（千人）	うち15歳未満（%）	うち65歳以上（%）	中央年齢（歳）
1950	53975	41.6	3.0	19.2
1960	72494	43.4	3.1	18.5
1970	95982	42.5	3.4	18.5
1980	122200	38.4	3.7	20.2
1990	150393	35.4	4.0	22.4
2000	175786	29.7	5.1	25.2
2010	198614	25.4	6.7	29.1
2020	215997	20.8	9.4	33.4
2030	228663	18.3	13.5	37.4
2040	236015	16.3	17.7	41.2
2050	238270	15.0	22.8	44.8

注：将来人口は国連の中位推計

ブラジルの出生率[注]

期間	出生数
1975~80	32.9
1980~85	30.9
1985~90	26.4
1990~95	22.7
1995~2000	21.6
2000~05	19.8
2005~10	16.4
2010~15	15.1
2020~25	12.9
2030~35	11.2

注：ここでの「出生率」は、人口1000人に対する出生数の5年間の年平均

出所：世界の統計 2017（総務省統計局）
https://www.stat.go.jp/data/sekai/pdf/2017al.pdf

我々は、あるミステリーの答えを求めてサンパウロにやってきた。

そのミステリーとは「1・8」という数字である。1・8——すなわちブラジルの出生率だ。貧しく、混沌とし、汚職だらけの政府と自滅を繰り返す政治。世界で5番目の人口大国ブラジルは、爆発的な人口増加の渦中にあってもおかしくない。ところが実際は違う。1960年代のブラジルの出生率は、発展途上国として標準的な6程度だった。しかし2000年を過ぎる頃には人口置換水準にまで激減し、その後も減り続けて現在の1・8に至っている。国連の人口予測は、今世紀中にブラジルの出生率は横ばいになり、その後は微増さえするとしているが、それも奇妙な話だ。これほど短期間にこれほど激しく減少した出生率が、国連の人口統計学者の予測通り、この先横ばいになり、さらには再び上向きになると考えるのは筋が通らない。だからここに謎がある。なぜ、ブラジルの女性たちは子供をたくさん産むのをやめてしまったのか。しかもこれほど短期間に。そして、ブラジルの人口増加、もしくは人口減少はこの先どうなっていくのだろうか——。

これはたんにブラジルだけの問題ではない。西半球の発展途上国では出生率が急激に減っている。1960年、南米およびカリブ諸国の出生率は平均で5・9だった。現在は2・1、すなわち人口置換水準だ。同地域38カ国のうち、今では17カ国が人口置換水準かそれを下回る出生率にある。地域内で最も人口が多いのはブラジル（2億500万人）、次いでメキシコ（1億2500万人）だ。メキシコはブラジルの後をかけ足で追いかけており、出生率は現在2・3でなおも減少中だ。仮にラテンアメリカの出生率が2・1で安定するなら、それはそれでいい。地域の人口は予想される通りに微増を続け、増減のバランスがとれた第4ステージにとどまるだろう。だが実際はそうではない。中南米各国の出生率は下がり続けているのである。地域内で人口の多い上位14カ国では、2000年から現在までの間に赤ちゃん0・5人分の出生率低下が起きている。これは緩慢でなめらかな減り方ではない。壊滅的減少である。いったい、なにが起きたというのか——。

負の遺産に苦しむブラジル

「ブラジルは未来の国だ……この先もずっとそうであり続けるだろう」と皮肉ったのはシャルル・ド・ゴールだが、同じことがラテンアメリカ全体についても言えそうだ。天然資源に恵まれ、何世紀も人々を縛り付けてきた足かせから今にも解放されそうにいつも見えるのだが、足かせがはずれたことは一度もない。うまくいかない理由はいくつもある。

かつての宗主国スペインとポルトガルはひどい支配者で、金と砂糖を持ち去った代償としてカソリック以外ほぼ何も残さなかった。そして、一度でも奴隷制に汚染された社会はいずこもそう簡単には元に戻らない。ブラジル人はいまだに〝パラ《para》・イングレス《Inglês》・ヴェール《ver》〟——「イギリス人に見せるため」という言い方をする。この定形句の由来は19世紀、国内国外を問わず奴隷貿易を禁止したイギリスに見せるため、奴隷貿易をしていないかのように表面を取り繕った港を指した。今でも、部外者に良い印象を持たせるために悲惨な現実を隠すものはすべて〝イギリス人に見せるため〟と言う。また、人種と出身家庭に基づく階級社会が生んだオリガルヒ（政府と癒着した新興財閥）は、自分たちのビジネスを守るのが政府の仕事だと考えている。たまに大衆の反乱が起きて軍事政権が打ち倒されるが、リーダーに祭り上げられる人気ある実力者は例外なく前の軍事政権より腐った政治をするようだ。汚職が蔓延し、警察や裁判所を含む政府機関への信頼は皆無だ（きわめて当然である）。

今のところ南米で最も民主主義的で経済発展の進んでいるチリは、すでに前へ進む道を見つけている。また、何十年も悪政に苦しんだアルゼンチンもついに立ち直れるかもしれない。ブラジルも一時は貧困と腐敗の泥沼から抜け出せそうに見えた。２００１年には当時ゴールドマン・サックスのチーフ・エコノミストだったジム・オニールが〝ＢＲＩＣ〟という言葉を考え出した。経済成長著しいブラジル、ロシア、インド、中国の4カ国を指し、２０４１年までに今の先進国を追い抜くだろうと予測した。２００３年から２０１１年までブラジルを率いた大人気の大統領ルイス・イナシオ・ルラ・ダシルバは、２０１４年のサッカー・ワールドカップと２０１６年のオリンピックをブラジルに誘致する一方で、国民の生活水準を引き上げる革新的な改革案を進めた。ところがその後、一次産品価格の下落によってブラジル経済が悪化し、お定まりの汚職スキャンダルが浮上。ルラの後継者だったジルマ・ルセフ大統領は弾劾され、職を追われた。ルラ自身も２０１７年7月に汚職とマネーロンダリングで有罪判決を受けるという汚名を残し、２０１8年4月から12年間の服役中だ。彼は一貫して無実を主張している。公平を期すために言うが、彼は革新的な改革を実行するために代々伝わる仕組みを利用したに過ぎない。ブラジル人が一部の政治家を指してよく言うように、〝ホウバ・マス・ファス《Rouba mas faz》〟――「盗んだが、物事を成し遂げた」のである。後に自身を捕らえることになる法執行機関を浄化したのはルラの功績だ。そう指摘するのは一人ではない[1]。一部では、ブラジルで台頭中のミレニアル世代が、昔ながらのブラジルの汚職政治についに終止符を打つだろうとの見方もある。

いずれにせよ、今はブラジルにとって厳しい時代だ。深刻な景気後退は終わり、経済成長は回復したものの、ＯＥＣＤはブラジル経済の今後に慎重な見方を変えていない。その一因は自国経済の開放に後ろ向きな姿勢にある[2]。ブラジルはまたしても、永遠なる〝未来の国〟になってしまったようだ。

ブラジルのエリート女学生の悩みとは

サンパウロ大学のキャンパスは広大で魅力的だが、建物は少々ボロくて乱雑に広がっている。外は真夏の酷暑だが、哲学・文学・人間科学部の建物ではクーラーが動いている様子がない。助成金が減額されたため、壊れた設備が大学のあちこちに放置されているそうだ。

サンパウロ大学を訪れた目的は、韓国の大学院生やブリュッセルの夕食会のメンバー、ナイロビの若き専門職女性たちと同じカテゴリーに属するブラジル人、すなわち高等教育を受け、プロフェッショナルな仕事を目指し、野心を抱く上昇志向の人たちと話すためである。彼らの考え方やこれまでの経験はどんなものなのだろう？　それは韓国やベルギーやケニアなど、他国の人たちとどう違うのか、あるいは似ているのか――。実際に話してみて、我々は驚くことになる。

同大学の政治学科に属するロレーナ・バーベリア教授が、大学院生向け夏期講座の生徒12人を集めてくれた。頭脳明晰でやる気にあふれ、キャリア志向の若き女性たちだ。年齢は20代半ばから30代半ば。みな流暢な英語を話し、勉強でも仕事でも自分の潜在能力をとことん発揮する気でいる。12人のうち既婚はひとりで、彼女は子供がひとりいる。交際中の男性がいる人が数人。残りの女性は決まった相手がいないものの、大半はいずれ結婚してひとりかふたりの子供が欲しいと思っている。3人以上欲しいという女性もひとりいたが、彼女は家賃の高いサンパウロで仕事と大家族を両立できるか悩ましいと考えている。話を聞いてわかったのは、彼女たちは自分の人生における子供の役割を長期間にわたり真剣に考えてきたということだ。我々との質疑応答になるはずだったこの会合は、いつの間にか一種のグループ・セラピーの様相を帯びていた。

男性優位（マチスモ）への抵抗力を身に付けたい女学生

ここにいる12人のブラジル人女性は、あらゆる国の若く高学歴な女性と同じ悩みを味わっている。学業上の目標に向けて努力しつつ、同時に自分の理想の家庭を築くために、どのようにして両者のバランスをとればいいのかという難問だ。博士号と理想的伴侶の両方を手に入れるにはどうすればいいのか——。彼女たちは出会い系アプリを軽蔑しており、昔ながらの方法で理想の相手と出会いたいと思っている。友達の友達とか、イベントやスポーツを通した出会いなどだ。しかし、年齢を重ねるにつれ、そうした出会いのチャンスは減っていく。将来のために卵子の凍結保存を検討中、という人も数人いた。

「みんな、すでに決まった相手がいるみたいで」

「私たち女性は、昔より相手に求める水準が上がっています」

「こんなに忙しくては、誰かと出会うなんてほとんど無理――」

議論は客観的な総論から次第に個人的な悩みへと移っていき、感情が高まってきた。ひとりの女性が、早く結婚して子供を持てという両親のプレッシャーがどれほど大きいかを苦しみながら伝えようとする。他の参加者は大きくうなずく。ひとりの女性は静かに泣き出した。周囲の参加者が次々に彼女をなぐさめ、優しく抱きしめる――。

女子学生にとって身近で暖かいロールモデルでもあるバーベリア教授は、彼女たちの将来に強い懸念を抱いている。女子学生が高学歴を求めるのは、今でもブラジル人男性の間に蔓延する「マチスモ」（雄々しさを誇示する男性優位主義）に対する抵抗力を自らに植え付けたいからなのだ。教授はそう解説する。「ブラジルはいまも極めて女性差別が根強い社会です」。博士号があれば、家庭でも職場でも平等な立場に立つ一助となるだろう――彼女たちはそう期待している。教授は首を左右に振ってこう話した。「みんなが望みを叶えられるかどうか、私には自信がありません」。国家予算で教育費が削られたため、大学で終身在職権を得られるキャリアパスは狭き門となった。彼女たちが高い学位を安定した職に変えようと苦闘している最中に、その仕事上の野心を理解して尊重してくれる夫を見つけるなど、ほとんど実現不可能な難題に感じられる。バーベリア教授にとっても、仕事と家庭の両立で成功を目指す苦労は他人事ではない。「私自身この問題でずっと苦労してきましたから」。現在の彼女には夫と3人の子供がいる。

中産階級で専門職に就くブラジル人女性は、世界中の似たような女性と同じく、仕事と家庭の両立という課題に直面しているが、おそらく一部のブラジル人男性の古めかしい考え方のせいで、そのハードルはいっそう高くなっている。彼女たちが生む子供の数が親世代より少なくなるのは確実だ。少なくともブラジルの中産階級に関しては、今後も出生率が下がり続けるのは間違いない。

だが、ほとんどのブラジル人は、我々が話をした大学院生やその教授ほど裕福でもないし、高い教育も受けていない。彼らの多くは貧困状態にある。ブラジル全体の出生率が低いとすれば、それはそうした貧しい人々の出生率が低いということに違いない。たしか一般的には、貧しく教育のない女性は中産階級の女性より多くの子供を生むはずである。いったいブラジルでは何があったのだろう?

信仰心と出生率の関係

都市化の進行は、子供を資産から負債に変え、女性の自主性と自己決定権を高め、結果として出生率を下げることを我々はすでに知っている。ラテンアメリカで最大の人口を持つブラジルは、全国民の80%が都市に住み、世界でもトップレベルに都市化が進んだ国だ。すでに1950年には、2000年のアジアやアフリカと同じ程度にまで都市化が進んでいた。その理由は複雑で多数あるが、要するにこういうことだ。旧宗主国のポルトガルは、自国民のブラジル移住もブラジルの農業化も推進しなかった。ただ植民地から富を搾り取り、本国に送ることだけでよしとした。20世紀になるとブラジル政府は輸入代替政策(高い関税で競争相手を閉め出し、国内産業を育成する政策)で自国の工業化を進めた。このため地方在住者が仕事を求めて工場のある都市へと移住するようになった。(3)

都市化がブラジルの出生率低下に一定の役割を果たしたのは間違いない。だがそれだけでなく、都市化は出生率を下げる別の要因の後押しもしていると思われる。その要因とは、ラテンアメリカ諸国の多くで見られる「宗教の影響力低下」である。

ピュー・リサーチ・センターの調査によれば、イスラム教が主流の社会では出生率が3・1なのに対し、キリスト教の社会では2・7、ヒンドゥー教の社会では2・4、仏教の社会では1・6となっている。(4) ここで重要なのは、どの宗教かという点だけでなく、その社会の信心深さである。なんであれその社会において宗教が強い影響力を持つことを人々がどれだけ遵守しているか、という問題だ。(5) ヨーロッパとサハラ以南のアフリカは圧倒的にキリスト教が強い社会だが、概してヨーロッパ人はアフリカ人ほどの信心深さはなく、同時に出生率もずっと低い。また、イスラム社会は概してキリスト教社会ほど世俗的ではない。

ラテンアメリカは世界のカソリック人口の40％を占めるが、ここ数十年は信仰心の危機が進行中だ。1960年代にはラテンアメリカの人々の90％が自分をカソリック教徒だと考えていた。今ではその割合は69％だ。この一因として、同じ期間にプロテスタント福音派に属する人がラテンアメリカ人口の9％から19％へと倍増したこと、またどの宗派にも属さない人――要するに不可知論者や無神論者――が4％から8％へと増えたことがあげられる。福音派はカソリックとまったく変わらない強さで、中絶や婚外セックス、完全な男女平等に反対しているが、避妊は認めている（賛成しているわけではない）。過去のデータを見ると、プロテスタントの出生率はカソリックより低い（ただし、経済発展の進んだ国ではこの差は見られない）。(6) しかし、おそらくはカソリックからプロテスタントへという変化よりも重要な変化は、ラテンアメリカ（の一部地域）で信仰心が薄れてきたことだろう。その変化を知るに手段は、カソリックの指導者とプロテスタント福音派の指導者の両者ともが強く非難する同性婚について、人々の意見を詳しく見ればよい。

同性婚を支持する国ほど出生率が低い

ピュー・リサーチ・センターの調査によれば、以下の国々では国民の過半数または半数近くが、同性カップルの結婚の権利に賛成している。ブラジル（国民の46％が賛成）、チリ（46％）、メキシコ（49％）、アルゼンチン（52％）、ウルグアイ（62％）――。どういうことかおわかりだろうか？ ここにあげた国々は、同時にラテンアメリカで出生率が最低レベルの国々でもあるのだ（チリは1・8、ウルグアイは2・0、アルゼンチンは2・4）。さらに上記の国々はメキシコを除き、無信仰者の割合がラテンアメリカの平均より多い。逆に、同性婚に向けた動きがほとんど見られず、無信仰者が珍しい国々では、やはり出生率がラテンアメリカで最高レベルなのだ。例えばパラグアイ（出生率2・6）、ホンジュラス（2・7）、グアテマラ（3・2）といった国々である。[7]

結論すると、多少のばらつきはあるものの、出生率が高い国ほど同性婚への支持は低く、信仰心は強い。別の研究では「男女平等がもっとも進んだ国々では（中略）、総体としてレズビアンやゲイ男性に対する意識がもっとも肯定的である」と示されている。[8] つまり信仰心が低下すると、LGBT市民への許容度が高まり、男女平等が進み、出生率が下がる結果になる。現在ラテンアメリカで出生率が下がっているのは、信仰心もまた低下しているからなのだ。

しかし、ブラジルの出生率に関してはまだ解決していない謎がある。ブラジルは所得格差がきわめて大きい。全人口の上位10％が国富の半分を所有する一方で、[9] 全人口の少なくとも25％は貧困ラインを下回る暮らしをしている。[10] 間違いなく、貧困層のブラジル人は中産階級のブラジル人より多くの子供を生んでいるはずだ。であれば、なぜブラジルの出生率はこれほど低いのか——。この謎はなんとしても解かねばならない。

その謎を解いたとき、我々が無条件に信じ込んでいた紋切り型で独善的な前提条件がひっくり返されたのである。

都市人口の20％を占めるスラム街〝ファベーラ〟

ブラジルはどこでもそうだが、サンパウロも矛盾のかたまりである。中心街には輝くばかりのオフィスビルや高級分譲マンションが建ち並び、派手派手しいばかりの豊かさを見せつけている。だが、仮に米国のフェニックスにあっても場違いではなさそうな現代風の魅力的な家屋が建ち並ぶ中流・上流層の住宅地は、ゲートで囲まれたアメリカ人居住地よりもさらに警戒が厳重な〝要塞〟である。入念な防護壁、鉄製の門、鉄条網に監視カメラ——。ブラジルの犯罪は凶悪だ。2015年、暴力によるブラジルの死者数は、内戦のさなかにあるシリアより多かった。[11] 街並みは恐怖によって形作られている。中産階級は自分たち以外の社会に対し、文字通り〝壁〟を築いている。

中流・上流層の人々が自分の命と財産を守るために苦労している一方で、それより何百万人も多くの人々は、なんとかその日一日を食べていくためだけに苦労している。彼らが暮らすバラック小屋を、ブラジルの都市問題の専門家エドゥアルド・マルケスは〝転落直前の居住空間〟と呼ぶ[12]。その集合体であるスラム街は〝ファベーラ〟として有名だ。ファベーラが生まれたのは1950年代、ブラジルの急速な工業化による就労機会を求めて、人々が北部の田舎から南部の都市へと移住したことがきっかけだ。

ファベーラの住民は無断で住み着いた不法占拠者だ。元々の住人も、後から移住してきた人も、ただ今住んでいる場所を勝手に占拠しているに過ぎない。元来は所有者のいた民間の土地もあれば、公有地だった土地もある。だがブラジル政府から各種自治体に至るまで、行政側はこうした土地を没収せずに黙認している。それどころか、電気や公道などの行政サービスを提供する自治体さえある。これは政治的支援を期待して、という側面もある。一部のファベーラに対しては、政府公認の住まいとして正式な住所を割り当てるケースさえある。サンパウロでは自分の住所を持つことは極めて重要だ。個人の住所はサンパウロ市民であることの証拠であり、身分証明書を発行してもらえるし、公式な経済活動にも参加でき、貧弱ながらきちんと存在する行政サービスの恩恵も受けられる[13]。

ブラジル政府は、ペルーの経済学者エルナンド・デ・ソトの助言に従い、いまやブラジルの都市人口の20％程度を占めるファベーラの住民に対し、一部の不動産の所有権を認めている。だが、これは〝ジェントリフィケーション（スラム街の高級化。貧困層が住居を失うという副作用がある）〟を生むだけだという批判もある。開発業者が不動産を購入して再開発し、貧困層は都市のさらに周辺部へと追いやられ、通勤や行政サービスを受けるのが難しくなるからだ[14]。

ファベーラについてブラジル人がなんの抵抗もなく口にすることのひとつは、そこが危険であるという点だ。ある地元民は「サンパウロで運転するならカーナビに気をつけろ。ファベーラを通過するルートを案内することがあるからだ。それは命取りになりかねない」と注意してくれた[15]。ファベーラの危険性を倍増させたのが、麻薬取引の活発化とギャングの台頭である。いまでは研究目的でファベーラを訪問する場合でさえ、地元の麻薬ギャングの許可が必要である。

テレビドラマが出生率を下げた

サンパウロ最古のファベーラ、ヴィラ・プルデンテ——。公式な数字は存在しないが、推定10万人が住むと見られている。我々がサンパウロの地元住人たちから聞いた限りでは、〝ホット〟（麻薬の密売が盛んな場所）ではないので安全なファベーラだという。それでも現地調査の手配をしてくれた仕事仲間たちは、決して手抜きせずに正しい振る舞い方を細かく教えてくれた。いわく、人の顔を見てはいけない。単独行動をするな。いつも時間に気をつけろ。出勤時や帰宅時など人々が移動する時間帯が最も危険だ。

　当日、運転手はヴィラ・プルデンテの少し手前で我々一行を降ろし、我々は歩いてこのファベーラの内と外を区切る壁を越えた。それはまるで異世界への門をくぐり抜けるような感覚だった。周囲の地区は落ち着いた場所なのに、一歩内部に入るとここはもうはるか別世界なのだ。

　ヴィラ・プルデンテの家屋は、ナイロビのキベラ・スラムと比べると頑丈で、より長く住むことを前提にしている。山積みになったゴミやレンガの破片、アスファルトの残骸といった人々の生活の痕跡はキベラと共通で、腐ったゴミの刺激臭も同じだ。豪雨に見舞われるたびに道はほとんど茶色になり、ゼラチン状の泥土が、ひしめくあばら屋の迷路を縫うように走る。あばら屋のなかには食料品やバッテリー、軽食を売る店もあるが、大半は住宅だ。屋内の様子はほとんど外から見えるため、店か住宅かは簡単に見分けがつく。

私たちはここで「アルカ・ド・サベル（Arca do Saber）」というNPOのチームと合流した。彼らはこのスラムに住む13歳未満の子供向けにドロップイン・センター（食事や教育を提供する立ち寄り施設）を運営している。このセンターの運営資金の半分はサンパウロ市が拠出し、さらにフランス大使館とイギリス大使館、および複数の民間企業からも資金援助を受けている。[16] アルカ・ド・サベルは一日当たり約120人のファベーラの子供たちを支援している。同NGOの会長を務めるエブリンと彼女の同僚フレデリックが、センター周辺や散策しても危険のなさそうなエリアを案内してくれた。ただし、住人に話しかけることは禁止された。地元のギャングの怒りを買う恐れがあるからだ。エブリンもフレデリックもフランス国籍である。彼らと一緒にふたりの若い女性がいた。フランスの大学を卒業後、理想に燃え、世界を良くしたいと決意してここに来たのだ。

アルカ・ド・サベルの目的は、ヴィラ・プルデンテの若者が人生でよりよい選択をする手伝いをすることにある。例えば教育を受ける、麻薬と暴力に手を出さない、10代での妊娠を避けるといったことだ。スタッフはドロップイン・センターに立ち寄る子供やその家族に、こうしたメッセージを広めている。彼らが一番心配するのは男の子、とりわけ頭の良い男子だ。女子は学校に通い続けるのが比較的簡単だが、男子は仕事を見つけるよう家族からプレッシャーを受ける。頭の良い男子は麻薬ギャングに誘われることが多いのだ。

10代の妊娠はここヴィラ・プルデンテでも問題である。15歳から16歳くらいで妊娠する少女がとても多い。ブラジルでは一人目の出産時の平均年齢が22歳と非常に若く、本来ならこれは出生率を押し上げる効果があるはずである。[17]だが、統計数値には表れない現実がある。今やファベーラだけでなくブラジル中の女性が、親世代より若い年齢でそれ以上の子供を生まなくなっているのだ。貧しいブラジル人女性は、裕福なブラジル人女性よりも若く子供を生み始めるが、前の世代より若くして子供を生むのを止めてしまうのである。

貧しいブラジル人女性がそうするようになった一因は、教育の普及と識字率の向上という、都市化に付随する世界的な現象に求められる。[18]だが別の要因もある。そのひとつはブラジルで圧倒的大人気となったテレビドラマ「テレノヴェラ」だ。登場するのはみな核家族、女性は自立して進歩的、あふれんばかりの物欲、そして複雑な恋愛関係や家族関係――。ドラマ制作の中核的存在だったグローボTVネットワークが受信可能地域を拡大するにつれて、「テレノヴェラ」を視聴できる地域では人気の登場人物と同じ名前の赤ちゃんが急増し、同時に出生率が低下するようになった。[19]国内の電力網を整備し、またテレビなど消費財を買いやすくしたブラジル政府の政策も、この動きを助ける結果になった。

ファベーラの女性には今や新しいロールモデルがいるのだ。その生き方にあこがれて、自分もそうなりたいと願う人生を示してくれるモデルである。ブラジルの人口統計学者ジョージ・マルティンはこう述べている。「(ドラマに描かれる)家族像は、少人数家族で平等主義、消費好きというのが典型的な姿である。さらにそこに、婚外セックスや家族の不安定さ、女性の権利向上、非伝統的な家族構成といった新しいテーマが次々と描き加えられ、結果としてこうしたテーマが日常会話にも普通に登場するようになった」[20]。こうした家族像を見慣れた女性にとって、子供を生む意味は、家族や教会や国家に対する義務の遂行というよりも、個人の自己充足のためなのだ。

子供はひとりかふたりにしてそれ以上生まないほうが、より自己が充足する。

帝王切開と出生率低下の意外な関係

もうひとつ、出生率低下に貢献した要因がある。意図せざる、思いがけない要因だ。それは〝ア・ファブリカ・エスタ・フェシャーダ《a fábrica está fechada》〟——「工場を閉鎖する」と呼ばれる行為である。[21] ブラジルでは出産時に帝王切開となる率が極めて高い。そして、女性が不妊手術を受ける率も並外れて高い。実はこのふたつは関連しているのだ。

帝王切開の費用は公的な医療保険でカバーされる。一方で主治医にとって、帝王切開は自然分娩より儲けが大きい。そして、不妊治療は医療保険でカバーされないが、帝王切開の時に主治医に〝特別料金〟を払えば、ついでに不妊治療もしてもらえる。ジョージ・マルティンがそこらへんの事情を説明してくれた。

「よくある手はこうです。まず医者は、自分の患者を〝妊娠合併症の危険性が高い〟と診断します。それを理由に帝王切開の手配をします。そして、患者から保険外で卵管結紮《けっさつ》（卵管を縛る不妊手術）の費用を受け取り、帝王切開と同時にこの手術も行うのです。公的医療保険でカバーされる手術だと、医者はおうおうにして十分な謝礼をもらえないためです。この金銭的メリットこそ、ブラジルで帝王切開と不妊治療の率が異常なほどに高い理由の大きな一因である、と見ることができます」[22]。さらに、ブラジルでは中絶が違法であることも卵管結紮を決意させる一因となっている。

卵管結紮で「工場を閉鎖する」人は中産階級にも多く見られる（ちなみに「工場を閉鎖する」

という言葉は、卵管結紮に限らずあらゆるタイプの産児制限を指す）。都市人類学者のテレサ・カルデイラは次のような所見を述べている。

「この20年間、私はジャルジム・ダス・カメリアス（サンパウロの下位中産階級が住むエリア）で〝これまでのような大家族は欲しくない〟と話す女性を数え切れないほど見てきた。経済面だけの理由ではない。中産階級の女性がみなそうであるように、彼女たちも育児以外のことがしたい、自宅の女中でいるよりもマシな仕事をしたいのである。日常生活の奴隷になりたくないからこそ、多くの女性はふたり目か3人目を生んだ後で不妊手術を受けようと決意する。不妊こそ真の解放につながると考えるのだ。自分自身の性と妊娠をコントロールできれば巨大な自由が手に入ると、自然の摂理が押しつける重荷だけでなく、男性支配からも自由になれると彼女たちは知ったのだ。これに関しては、テレビが描く上流階級の女性の言動や家族構成から学んだ部分が極めて大きい[23]」

先進国では女性たちが結婚を先延ばしすると決め、結果として生まれる子供の数が減る。ブラジルなど一部の発展途上国では女性たちにそのような選択肢はなく、若くして結婚するしかないが、不妊手術によって家族のサイズを制限するのである。

欧州で200年かかった変化が、ブラジルでは二世代で起きた

すでに見てきたように、子供を持つことについて女性がどう考えるか、どう判断するかというのは、国ごとの独自の事情に影響される。韓国ならキャリア上のプレッシャー、アフリカなら花嫁の値段、ブラジルなら大人気テレビドラマといった具合だ。だが、ほぼ例外なくすべての国で、

女性は選択の余地がある限り、子供の数を減らしている。そして、少人数の家族を望む気持ちは世界的現象になりつつある。

マーケティング・リサーチ会社のイプソスが26カ国で1万8519人から回答を得たアンケート調査によれば、「一家庭に何人の子供が理想的だと思うか」という質問への答えは、ほぼすべての国で2前後だった。全体の平均値は2・2で、ブラジルの平均値も同じだった。この質問への回答は、性別、年齢、収入や学歴といった人口統計学上の主要なグループによってほとんど差が見られない。つまり、子供はふたり前後がいいという考え方をするのは、裕福で高学歴な若い世代だけではないことを示している。ほぼ世界中で、すべてに近い人々の新しい基準になったのだ。


理想とする子供の数の平均値が世界全体で2・2――これは今の世界人口を維持するには十分だが、今世紀末までに112億人という国連推計を実現するには不十分だ。なにしろ、中国とインドという人口が世界第1位と第2位の両国で、小さな家族が当たり前という考え方がこれほどしっかりと根付いてしまったのだから（このテーマについては後の章で扱う）。

いずれにせよ、世界的な要因とブラジル独自の要因とがいくつも合わさって、ブラジルはもはや国民人口を維持できなくなっている。しかもその変化は驚くべきスピードで起きた。ヨーロッパやその他の先進国の場合、1家庭に6人以上の子供という「第1ステージ」の出生率から、人口置換水準を下回る「第6ステージ」の出生率へと変化するのに200年近くかかった。だが、ブラジルおよびラテンアメリカ諸国の多くは、この変化をわずか2世代で成し遂げた。まだ人口置換水準を下回っていないラテンアメリカの国々も、似たように急速な落ち込みを見せている。ラテンアメリカは世界人口抑制の新しいお手本となりつつある。

PUSH AND PULL MIGRATION

8章

移民を奪い合う日

波打ち際で溺死した、シリア難民少年のクルディ君。
世界中に難民があふれているのか。
だがじつは、先進国は〝移民の不足〟に
直面しようとしている。
経済を拡大し、税収を増やし、
人口減少を食い止める彼らを、排斥すべきか。

移民受け入れトップ20国ランキング

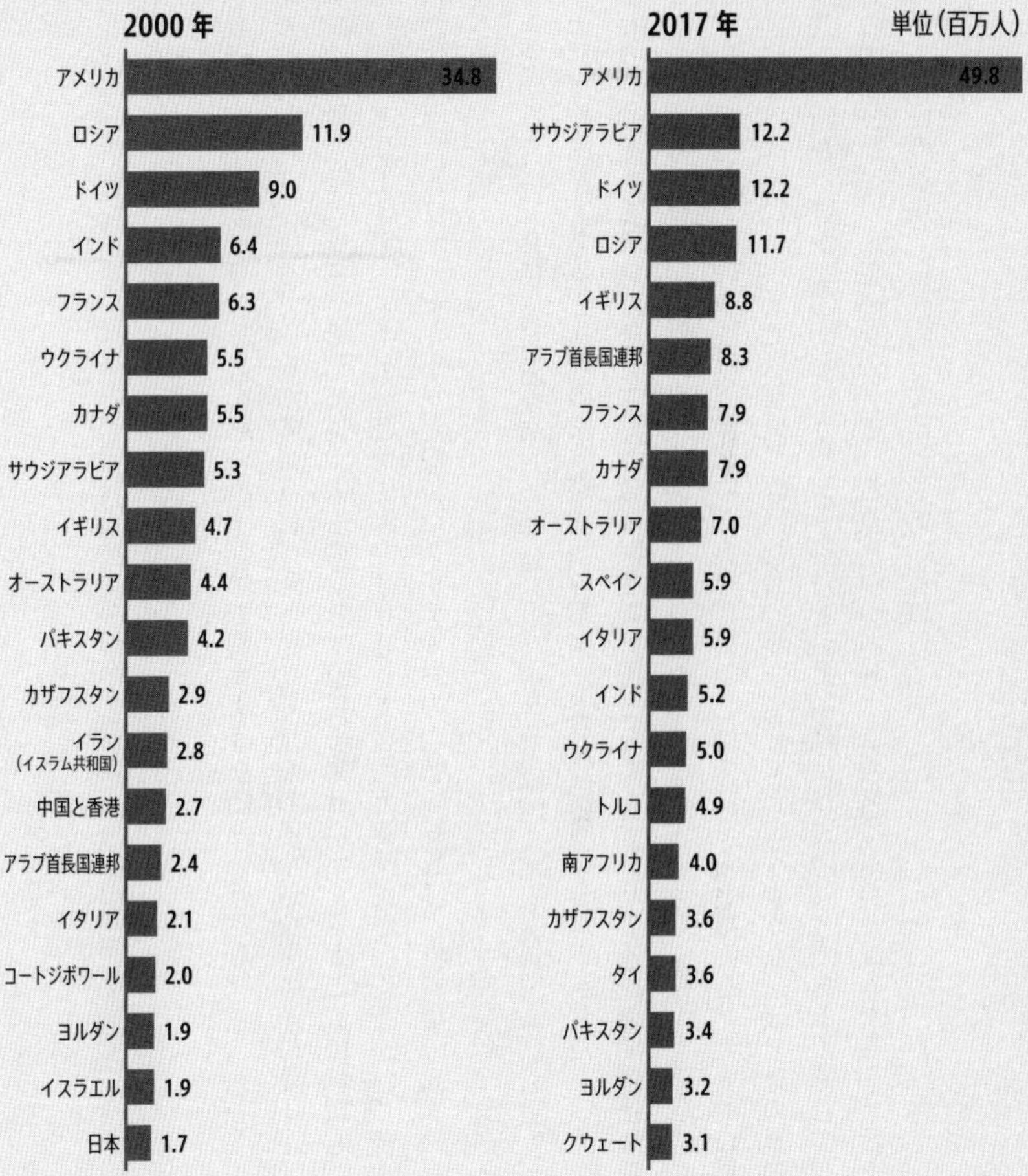

出所：United Nations（2017a）

何年も経った今でも、その写真を思い出すだけで刺すような痛みを感じる。海岸の波打ち際で、眠っているかのように、うつぶせで横たわる小さな男の子の姿――。アラン・クルディ君とその家族、そして何十人ものシリア難民を乗せたボートがここで転覆し、少年は溺死した。2015年、エーゲ海と地中海で3000人を超える難民が亡くなった。多くはまだ子供だった。ニルファ・デミールが撮ったクルディ君の亡骸の写真は、世界中の人々の良心に突き刺さった。大量の寄付金が集まり、欧州の政治家たちは〝もっと多くの難民を受け入れよう〟と声をかけ合い、移民反対派を激しく非難した。カナダは国政選挙の最中だったが、(トルコのカナダ大使館で)クルディ君の家族が書類の不備により難民申請を却下されたというニュースが伝わり、おそらくこれが与党の保守政権敗北の一因となった。シリア難民の問題は地球上で最重要のニュースとなり、世界は難民危機に支配された。

だが、少年の悲劇とその余波は、一部の真実を覆い隠し見えにくくしている。大局的に見れば、本当に重要なのは難民の移動ではない。経済社会の姿を変えてしまうような地殻変動の真の原動力は、貧しい国から豊かな国へという、何十年にもおよぶ経済移民の動きである。そして、この労働力の国際移動は増えていない。むしろ減りつつある。この先はもっと減るだろう。我々は、恐るべき〝移民の不足〟に直面しようとしているのだ。

不幸なことに、先進国内には（とりわけイスラム圏からの）移民や難民に対して懐疑的な目を向け、新規受け入れに反対する人も多い。人気取りで移民排斥主義を訴える政治家がこうした感情をあおっている。だが反移民政策は自滅行為である。なぜなら、出生率が人口置換水準を下回る国々（先進国のほとんど）にとって、人口減少の影響を緩和するには経済移民が不可欠だからだ。しかも、途上国では賃金が上がり、出生率は下がるため、今後は移民に来てもらうのが難しくなる。国の将来を真剣に考える本物の政治家なら、こうした現実を真正面から受け止め、それを選挙民に説明しているはずだ。だが実際には、国民の高齢化が進み、人口減少が始まっているというのに、大衆の偏見に迎合して移民の受け入れに反対する政治家が多い。何百万人もいる移民希望者を受け入れさえすれば、人口減少の流れを逆転できるかもしれないのに。

「海の向こうにはもっといい土地、仕事があるはずだ」

人間は生まれつき移動する生き物だ。600万年から700万年ほど前の東アフリカで、人類の祖先は樹上生活をやめて地上に降り立ち、直立歩行の実験を始めた。二本足で歩くというこの独自の適応こそが、他の類人猿とは違うヒト科の祖先を生み出した(1)。直立歩行が脳の発達を促進したからだ。人類はひとたび移動するようになると、その後決して動き回るのを止めようとしなかった。この移動能力は、遠くにある食物や動き回る獲物を手に入れるのに役立ち、また居住地の気候や環境の変化にも対応できた。食べ物がなくなれば、ただ移動すればいい。およそ1万2000年前に農耕を始めると、人類はある程度は腰を落ち着けるようになった(2)。とはいえ、子供が増えて常に土地は足りなかったし、いつでも遠くには地平線が見えた。だから我々は移動を止めなかった。獲物を探すためではなく、征服すべき新世界を求め、耕すべき土地を求め、虐げたり改宗させる人々を探し、あるいは栄誉を求めて、我々は移動を続けた。

「押し出す力」と「引き寄せる力」

およそ5万年前、人類はアフリカを出て地上の他の場所へと移住を始めた。[3] それにともない車輪や船など画期的な発明が起き、広大な大陸や海を渡る手段を得た。人類は移動能力にたいへん優れていたので、20世紀初頭までには地球上で住める場所のほとんどに誰かしらが定住した。それでもなお、我々は移動を止めていない。その理由は人類誕生時から続く太古のものもあれば、最新ニュースの見出しになるような新しいものもある。さまざまな要因が私たちを国境の外側へと押し出し、国境の内側へと引き寄せる。「押し出す力」の要因となるのは、戦争、食料難、国内動乱、民族迫害や宗教的迫害、大災害などだ。その地に暮らし続けるのがあまりに危険になると、人々は命がけで逃げ出す。逆に人々を「引き寄せる力」もある。あの丘の向こう側には、この海の向こう側には、もっと豊かな土地が、もっといい仕事がある、という思いだ。もっと豊かな新しい生活が待っているかもしれない。自分は無理でも、せめてこの子たちには――。

この引き寄せられる動きは、ゆっくりと進むが決して止められないという傾向を持つ。ホモ・サピエンスは土地と獲物を求めてアフリカを離れ、何百万人ものヨーロッパ人はより良い暮らしを求めて新大陸に渡り、フィリピン人は仕事を求めて湾岸諸国へ移動する。一方で押し出される動きは、前触れもなく突然始まり、大混乱を引き起こす。恐怖にかられた行動なのだ。何百万人もの人々が、レイプと死を恐れて軍隊が迫る土地から逃げ出し、餓死を避けるために凶作が繰り返される土地から逃げだし、洪水や噴火や地震から逃げ出す。こうした「押し出す」動きよりも「引き寄せる」動きのほうがはるかに強いのに、なかなか気づかない。押し出す動きのようにトップニュースになることもなく、何十年も何世代もかけてゆっくりと進むからだ。

現存する人々の記憶にある「押し出す」動きとしては、野蛮な統一政策から逃げ出したベトナムのボートピープル、ソマリアとスーダンの内乱、2010年のハイチ地震、シリア内戦、ISの台頭などがあろう。一方、「引き寄せる」動きはそれらより昔から発生し、より大きく社会を変えてきた。アンデス山脈に眠る金・銀の鉱脈やその他の財宝、アメリカ大陸中西部の大平原では牛や小麦が大量に育つという噂、シカゴもしくはトロントには仕事があるぞと伝え、さえないシチリア島の暮らしを捨てるよう促す兄からの手紙――。もちろん、人々は今でも引き寄せられている。地元の内戦が終わって平和になったので、故郷に帰って昔の生活を取り戻そうとする人。仕事を求め、グアテマラの寒村から収穫期のカリフォルニアの農場に出稼ぎに来る人。自分の専門知識が自国では役に立たないので、それを活かすため北米やヨーロッパに移り住む人――。引き寄せられる動きには共通する特徴がある。ある土地では余っている――したがって貧しい――人々に、別の土地ではチャンスがあるという点だ。

人々は以前ほど移動しなくなっている

ただし、人は生まれつき移動するようできているとはいえ、ほとんどの場合は現在の居場所を変えたくはない。家族や友人のいる場所から動きたくはないのだ。産業革命以前、人の移動は歩く速度で行われた。軍隊に召集された場合を除き、隣村より遠くに移動する人はほとんどいなかった。今日でも、外国旅行をしたことのないアメリカ人は大勢いる。[4]「押し出される」または「引き寄せられる」ことがない限り、我が家こそ心安まる場所なのだ。

そのうえ、実は我々は以前ほど移動しなくなっている。「旧世界から新世界へ」というかつての大移動はすでに終わっている。「発展途上国から先進国へ」という今日の大移動は、横ばいかおそらくは下火になりつつある。1990年から1995年にかけて世界人口のおよそ0・75%が国外に移住したが、2005年から2010年にかけてその比率は0・61%に減っている。[5]中東の難民危機で一時的にこの数値は増えたが、「押し出す動き」の多くがそうであるように、事態が沈静化すれば人の流出は減るし、戻ってくる動きさえ生じる。中東の難民を受け入れた欧州諸国は、シリアやイラクのゴタゴタがうわべだけでも落ち着けば、難民たちも国に帰るだろうと見込んで受け入れたのである。

人が移動しなくなっている、というのは不思議な話である。今ほど移動が楽な時代はない。国際線での移動が大衆化したことで、外国への移動もずいぶん楽になった（空の旅が苦行ではなく愉悦だったころを懐かしむ人は、当時のチケット代がいくらしたかを忘れているのだ）。昔はこうではなかった。旅に生命の危険があったのはそれほど遠い過去の話ではない。一例をあげよう。アイルランドの〝ジャガイモ飢饉〟の時代に命がけで欧州から北米に逃げてきた人を知っているという人の話を聞いたことがある人は、今でも生きている。

ジャガイモ飢饉でアイルランドを脱した男の孫がＪＦＫに

1845年から6年間、アイルランドでは胴枯れ病によりジャガイモの収穫が壊滅的に落ち込んだ。100万人が餓死し、100万人が新生活を求めてアメリカとカナダに移住した[6]。そのような移住者のひとり、20代の青年だったトーマス・フィッツジェラルドは、飢饉の起きたリメリック州のブラフ村から逃げだし、1852年にアメリカに到着した。彼は不衛生なぼろ船、通称〝棺桶船〟にギュウギュウに詰め込まれ（定員の2倍まで乗せるのが普通だった）、大変な時間をかけて（船員の手腕と天候次第で5週間から3ヵ月かかった）大西洋を渡ってきた。船内ではシラミと発疹に悩まされ、水と食料はわずかしかもらえなかった。彼らは汚物と病気にまみれて横たわり、死ぬか生きるか綱渡りの船旅だった。ひどい棺桶船になると乗客の死亡率は30～40％に達することも珍しくなく、平均でも乗客の5人にひとりは死亡した[7]。だがフィッツジェラルドは生き延びた。同じように、ウェックスフォード州のダンガンズタウンの桶屋だったパトリック・ケネディも、なんとか死なずに棺桶船で大西洋を渡った[8]。アイルランドから来たふたりの男はボストンに住み、ビーコンヒルの上流社会からの激しい敵意にも負けずに、肉体労働や食料品店の経営でなんとか生活基盤を築いていく。ふたりはそれぞれ結婚し、子供を持ち、死んでいった。今日、ダブリン空港から8時間もかからずにニューヨークのJFK空港に着く。ふたりの男たちのひ孫、ジョン・フィッツジェラルド・ケネディの名前を残す空港だ。

極貧が解消されれば、人々は移動しなくなる

人々が以前ほど移動しなくなっている理由のひとつは、飢饉や疫病がめったに起きなくなり、起きたとしても、発生源の現地政府や外国からの支援で抑え込めるようになったからだ。もうひとつの理由は、この世界が昔よりもはるかに豊かになり、「食うに困る余剰人口」という現象が

起きなくなったからだ。1900年から1915年の15年間だけで、300万人のイタリア人がアメリカに移住した。その大半はイタリア南部およびシチリア島の出身だ。彼らの出身地は田舎で貧しかったため、ニューヨークなどの工業都市にある搾取工場で働くために移住したのだ。[9]今日、ニューヨークの搾取工場で働くために家を離れるシチリア人はいない。ニューヨークに搾取工場はないし、今もシチリアは貧しいかもしれないが（一人当たりGDPが1万8000米ドルとイタリア全土のほぼ半分）、なんとか食べてはいける。

貧しい国から豊かな国への移住は今でもある。だが、前述したように、最貧国でも1世代前と比べてずっと豊かになっている。1990年には極貧状態（1日2米ドル未満）で暮らす人が18億人以上いたのに、2015年には8億人未満まで減った。[10]今世紀中に極貧状態を皆無にできる可能性は、たんに「ある」のではなく「高い」。そして、貧困状態にない人はあまり移動しない。要するに、近年の中東からの難民は、我々の祖先とまったく変わらぬ危険と困難に耐えているとはいえ、より大きな真実を見えにくくしている。実は、難民をめぐる状況は見かけよりも落ち着いているのだ。

第二次大戦直後は、今より悲惨だった

国連の警告メッセージは率直だった。いわく、2015年末までに世界の難民人口は1990万人に達し、第二次世界大戦直後さえ上回る。[11]世界各地の紛争や動乱で何千万人もが家を追われ、多くが難民キャンプで不自由な暮らしを余儀なくされている。多くの支援が必要だ。援助する気がある人は手をあげてほしい――。

ただし、国連は数字を大げさに見せていた。2015年の難民数が1945年より多かったのは事実だが、その間に世界人口は3倍に増えている。現在のイスラム難民の状況が危険で絶望的だというのであれば、かつてソビエト侵攻により東プロイセンから逃げ出したり、土地を求めるポーランド人やチェコ人やハンガリー人に追い出された数百万人のドイツ人は、もっとひどい暮らしを余儀なくされた。その後、ロシアがその地を奪うと逆に数百万人ものポーランド人が家を追われた。当時のバルカン半島の混乱ぶりは今の難民の状況と同じだ。ピーク時には1日1万4000人もの人々が、ソビエト占領地域と西側占領地域との境を越えた（強制的に追い出された人もいた）。定員超過の貨物船が転覆し、何千人もバルト海で溺死した。ソビエト占領地域から逃げられなかった人や自発的に動かなかった人のなかには、後に人肉を食べるまで追い詰められたケースもあった。最後は強制労働収容所に送られた人も大勢いた。西側諸国は同じ時期におよそ200万人のソビエト市民（多くは戦時中の捕虜）を祖国に送り返している。また、ホロコーストを生き延びた数十万人のユダヤ人は、パレスチナにあるユダヤ人の故郷になんとか辿り着こうとした。ヨーロッパにあるユダヤ人難民キャンプがすべて閉鎖されるまでには15年もかかっている。[12]結局、第二次世界大戦が終わるまでに合計で1400万人ものドイツ人が故郷を追われ、その結果およそ50万人が命を落とした。[13]

一方、世界の反対側の中国では、1947年に1300万人の中国人が難民化、もしくはホームレス化したとの試算もある。[14]この数字には、第二次世界大戦の前後を通じて続いた国共内戦による難民1000万人は含まれていない。[15]死者数も不明だが、恐ろしい数であろうことは間違いない。

〝移民危機〟など本当は存在しない

——要するに、第二次世界大戦直後の世界は、2015年の世界とは比較にならないほどメチャクチャだった。確かにアフガニスタンとソマリアはずっと不安定な状態が続き、リビアも状況が悪化してるが、もしもそこにシリアとイラクの混迷が加わっていなかったら、世界の難民の発生状況は比較的落ち着いたものになっていただろう。国連開発計画によれば、2015年の「国際移民」（出生国に住んでいない人々）の数は全世界で2億4400万人だった。[16]これは世界で4番目の人口大国インドネシアに匹敵する人数で、ものすごい人数に思えるかもしれない。[17]だが、世界の総人口のわずか3・3％である。「国際移民」は1990年には世界人口の2・9％だったので、少し増えてはいるが、大局的にみれば大した増加ではない。

では、中東の難民危機のせいで「世界全体で見れば難民の発生状況は落ち着いている」というトレンドはどれほど見えにくくなっているのだろうか。以下の点を考えてほしい。

2015年、世界の難民の半数以上（54％）はわずか3カ国から発生した。シリア（490万人）、アフガニスタン（270万人）、ソマリア（110万人）だ。[18]また、一部のヨーロッパ人は欧州大陸が難民であふれていると主張するが、世界の難民の86％は先進国でなく発展途上国の難民キャンプで暮らしている。中東と北アフリカが40％、サハラ以南のアフリカが30％だ。難民受け入れ国のトップ3はトルコ（250万人）、パキスタン（160万人）、レバノン（110万人）である。[19]そして、西側諸国の支援を受けたイラク軍やクルド軍が次々とISISを撃退し、シリア内戦の暴力も沈静化しつつあるため、難民たちは少しずつ帰国を始めている。2017年前半だけで50万人が帰国した[20]。ドイツのアンゲラ・メルケル首相は、いずれ中東が平和に近い状態に戻れば、ドイツにいる難民は全員が帰国すると期待していると述べた。

難民を除く国際移民を見ると、全体の4分の3は「押し出される」のではなく「引き寄せられる」動きをしている。中所得の国からより豊かな国へと引き寄せられているのだ[21]。そうした移動をする人々の約40％はアジアの国の出身だ[22]。今日最大の「ディアスポラ」――出生国を離れて外国に住む人々――はインド人で、1600万人が国外に住む。2番目以降はメキシコ人（1200万人）、ロシア人（1100万人）、中国人（1000万人）という順番だ[23]。今日の移民とは、人道的危機にさらされた人々というよりも、自分と家族のために国外にある経済面のチャンスを求めて奮闘努力する人々、と見るほうが実態に近い。彼らのざっと5分の1は、永遠なる〝チャンスの国〟アメリカにやってくる。他の主な移動先としては、ドイツ、ロシア（周辺の貧しい国々から人々を引き寄せている）、サウジアラビア（出稼ぎ労働者のメッカ）などがある。

これらの事実に後記の表も加味してまとめると、国境を越えて移動する人々とは、自国から「押し出され」、どこであろうと受け入れてくれる国に落ち着く人々と、より良い生活を求めて中所得の国から高所得の国へ「引き寄せられる」人々の2種類であると言える[24]。

〈国際移民の移住先トップ10（2010〜2015年）〉（カッコ内は千人単位）

1位　米国（1002）
2位　トルコ（400）
3位　レバノン（250）

4位　ドイツ（250）
5位　オマーン（242）
6位　カナダ（235）
7位　ロシア（224）
8位　オーストラリア（205）
9位　イギリス（180）
10位　南スーダン（173）

〈国際移民の出身国トップ10（2010〜2015年）〉

1位　シリア（806）
2位　インド（520）
3位　バングラデシュ（445）
4位　中国（360）
5位　パキスタン（216）
6位　スーダン（160）
7位　インドネシア（140）
8位　フィリピン（140）
9位　スペイン（119）
10位　メキシコ（105）

（出所：*International Migration Report 2015*）

全体として、局地紛争を除くと、ここ数十年の移民をめぐる状況はかなり落ち着いていたと言える。その局地紛争は、現地の人々を危険にさらすだけでなく、〝移民危機〟が起きていると信じ込まされた先進国の人々にも危機感を与えている。だが、そんなものは存在しないのだ。存在しない〝移民危機〟を存在すると思い込むことは、移民たちにとっても、彼らが移住を望む国の人々にとっても、マイナスにしかならない。

米国からラテンアメリカへ帰国する人が増えている

欧州では中東やアフリカからの移民をめぐり激しい政治的議論が起きているが、過去25年間に欧州諸国に流入した国際移民2700万人のうち、ほぼ半数（45％）は欧州生まれの人々だ。欧州人が欧州圏内で国境を越えて移動しているに過ぎない。米国の場合、1990年から2015年の間に米国にやってきた国際移民のほぼ半数がラテンアメリカおよびカリブ諸国の出身者だ(25)。

どうやら世界的に移民というのは近隣エリアに移動するらしい。北アフリカや中東から欧州へ。ラテンアメリカから米国へ。地球規模の移動が容易になった今日でも、たいていの移民は出身地に近い国に移動したいのである。この傾向は中東の難民危機にも見られる。欧州に逃れた中東難民の大半は、いずれ現地の状況が落ち着けば中東に帰ると考えられている。カナダと米国だけが、定住を前提に中東難民を受け入れている（シリアから難民キャンプへ引っ越し、そこからさらにバンクーバーへ引っ越すというのは一時的な避難ではない）。アジアからの移民も、近隣のアジア諸国を移住先に選ぶ人が一番多い。アジア圏内には、別のアジアの国から来た国際移民が５９００万人超いる。アジア圏は世界最大の〝移民ハブ〟なのだ[26]。

これは大事な点なので覚えておく必要がある。大多数の人は自分が今いる場所から動きたくないのだ。そして、移住を望んだり強制されたりした場合は、せめて言葉や文化になじみがありそうな近くの場所に移住したいと考える。いつかまた出身国に帰ってくるかもしれないし、移住先が近ければ家族に会うのも簡単だろう――。余剰人口が無人の土地を求めて大陸をまたぐような大規模移住の時代は終わった。もはや無人の土地はないし、発展途上国が豊かになるにつれて口減らしの必要もなくなる。米国では２００８年の経済危機以降、メキシコやラテンアメリカに帰国する人のほうが、そこから北上して米国入りする人よりも多くなった。その現象を調べた研究者によれば、米国経済の弱体化、メキシコでの仕事の増加、ラテンアメリカ諸国の出生率低下などが原因だという[27]。

今後、家族と同胞と食べ慣れた食事のある故郷に帰りたいと思う移民が増えるにつれ、〝リミグレーション（移民が出身国へ戻ること）〟という現象が増えるだろう。人口維持に移民が必要な先進国は、彼らに残ってもらうため、あらゆる手を講じなくてはならないはずだ。ところが実際には、先進国の人々はますます移民に敵対的になっている。きわめて自滅的な態度と言わざるを得ない。

移民排斥を掲げて当選したトランプ

キース・エリソンは事前に警告していた。

2015年7月、ミネソタ州選出のエリソン議員（当時）は日曜朝のABCの人気トーク番組『ディス・ウィーク（ウィズ・ジョージ・ステファノプロス）』に出演し、こう訴えた。「民主党側に立ち、トランプ大統領誕生の可能性を恐れる人なら誰であれ、投票し、行動し、関わったほうがいい。この男にはかなりの勢いがある」――この発言に他の出演者たちは大笑いし、司会のステファノプロスも「まさか本気で言ってませんよね」と笑顔を見せた[28]。

その一ヵ月前、ドナルド・トランプは共和党の大統領候補に向けた選挙キャンペーンを開始し、その場で次のようにメキシコ移民を攻撃した。「彼らは多くの問題を抱えており、その問題を私たちの国に持ち込んでくる。麻薬を持ち込んでくるし、犯罪を持ち込んでくる。彼らは強姦魔だ。まあ、なかにはいい人もいると思うけどね[29]」。そしてメキシコ人を閉め出す壁を築くつもりだと訴えた。半年後、カリフォルニア州サンバーナーディーノ銃乱射事件の発生を受け、トランプは「（捜査当局が）いったいなにが起きているのか解明」できるまで、イスラム教徒はいっさい米国に入国させないと宣言した[30]。

トランプ大統領がこうした宣言を実行したかどうかは問題ではない。問題は、こうした発言が彼の当選にいかに役立ったのかという点にある。本書では、リベラルなエリート選挙民と怒れる移民排斥主義者の分断に踏み込むつもりはない。ここで言いたいのは、移民排斥主義者の怒りが本物であるということだ。アメリカだけではない。ヨーロッパでは移民排斥を掲げる極右政党が勢いを増している。イギリスがEU離脱を決めた一因は、多くの選挙民が〝野放図な移民の流入〟と感じる現状に怒りを覚えたからだ。

「移民は仕事を奪う」は本当か

2016年7月、マーケティング・リサーチ会社のイプソスは22カ国でアンケート調査を行い、移民についての意見を聞いた。「自分の国には移民が多すぎると思うか」という質問に回答者の半数が「はい」と答えている。そう答えた人の割合は、人口が減っている国や減少に転ずる直前の国のほうが高かった。例えばイタリア（回答者の65％が「はい」と答えた）やロシア（64％）などだ。2060年までに人口の20％を失うと予想されるハンガリーでは、移民に賛成する人の割合は6％しかいなかった。こうした反移民感情の一部は、自国の文化や宗教、人種構成が変わることへの恐れが原因と見て間違いない。だが、もうひとつは経済面の理由である。アンケート調査の結果を見ると、移民が自国の経済にプラスになると考える人はおよそ4分の1しかいない。回答者の半数は、移民が社会福祉サービスの足かせになっていると考えている。また4分の3は、移民は仕事を取り合う競争相手だと考えている。

こうした認識は完全に間違っている。その証拠の一例として、全米アカデミーズが2016年に行った極めて包括的な調査を紹介しよう。調査によれば、米国への合法な移民（その過半は高卒より上の学歴を持つ）は、熟練労働者の不足を埋めており、起業家精神を発揮して雇用を創出しており、そのうえ移民先の住民と働き口をめぐってライバル関係になることはめったにないという。結論として「移民は経済規模を拡大させ、しかも元からの住民の暮らしも平均すればわずかに向上する。だが最大の受益者は移民自身である。出身国では得られなかったチャンスを利用できるからだ」と述べている[31]。移民はさらに、消費を牽引する主体となり、すでに引退した人々を支える納税者にもなる。移民の受け入れは、移民自身と元からの住民との双方にメリットがあるウィン＝ウィンの関係であり、ゼロサムゲームの対極にあるのだ。

もし移民を受け入れてなければ、ほとんどの先進国では人口増加がすでにストップしていただろう――これが厳しい現実である。とりわけ欧州ではそうだ。仮に移民がいなければ、2015年の欧州全体の人口は2000年より減っていたはずだ。[32]欧州を除く先進諸国、主に米国とカナダについても、2020年代のどこかの時点から移民だけが唯一の人口増加要因となるだろう。[33]

本来であれば今こそ政治家は、〝経済を守るために移民の受け入れが極めて重要である〟と選挙民を啓蒙すべきなのだ。言葉と職業スキルに問題がなく、仕事を見つけられそうな移民希望者を積極的に受け入れる政策を進めるべきなのだ。そして政治家は、新たにやってきた移民が必要とする支援体制を整え、短期間にすばやく自国に溶け込む手助けをすべきなのだ。ところが実際には、イプソスのアンケート調査が示したような人々の恐怖心をあおり立てる政治家が大勢いる。仕事が奪われ、命が危険にさらされると脅かして――。確かに、中東の難民危機をきっかけとして、難民のふりをした過激派が一部でテロを起こしたことは状況を悪化させた。だが、シリア内戦やＩＳＩＳ台頭のはるか以前から、外国人が自分たちの社会にじわじわと入り込んできていると感じて不快感を募らせる国民は増えていたのだ。ＩＳＩＳがアメリカにトランプ大統領を誕生させたのではない。フランスのマリーヌ・ル・ペンも、ハンガリーのオルバーン・ヴィクトルも、ＩＳＩＳが生み出したわけではない。種は以前からまかれていたのだ。

左派エリートの姿勢も問題

とはいえ、この残念な状況を生んだ責任を、大衆迎合型で反移民主義の右派だけに押しつけることはできない。移民を擁護する左派にも責任の一端がある。移民受け入れの是非を、個人の同情心や忍耐力の問題として扱うからだ。彼らは移民に反対する人を利己的だとし、最悪の場合は人種差別主義者と見る。誰だって侮辱されれば良い気はしない。移民反対派は自分を非難する側を〝世間知らずのエリート〟とこき下ろし、自分を守ってくれそうな政治家に投票することになる。右派か左派かを問わず、分別のある政治家なら、移民問題は同情心や忍耐力の問題ではないと人々に説明する必要がある。移民受け入れはビジネスに役立ち、経済を拡大させ、税収を増やすのである。人は他人のために我慢するよりも、自己の利益になるときのほうが、はるかに容易に動けるものだ。いまアメリカにやってくるラテン系やアジア系の移民は、ニューイングランドにやってきた国教反対者から始まり、その後もアイルランド系、ドイツ系、スラブ系など次々に続いた移民たち、ドナルド・トランプの登場よりはるか以前から「アメリカを偉大に」してきた移民たちの最新版なのだ。

移民は人口減少や高齢化の根本的解決にはならない。一つの理由として、移民はそれほど若くないという点がある。国連によれば、移民の中央年齢は39歳だ[34]。その年齢だと多くの人は、もう新たに子供をつくらないだろう。したがって、移民人口が出生率を上げてくれる可能性は実はとても低い。また、別の理由として、移民は移住先の国の出生パターンにすぐ適応するという点もある。エコノミスト誌は次のように述べている。「移民の出生率が下がる大きな理由は、彼らが移住先社会の生活様式に適応する傾向があるからだ。適応に要する時間は短く、女の子が13歳未

満で移住した場合、元からその国で生まれ育った住人とそっくりに行動するという研究結果もある」(35)

そもそも、もうすぐ移民はほとんど来なくなるかもしれないのだ。どこでも出生率は下がっており、最貧国ですら下がっている。しかも、かつては極めて貧しかった国でも賃金は上昇傾向にあり、移民になる動機は減っている。中国はかつてカナダへの移民を一番多く送り出していたが、今では1位と2位に大きな差をつけられて3位に後退した。データが示すように、ほとんどの人は「押し出される」か「引き寄せられる」かいずれかの力を受けない限り、出生国から動きたいとは思わない。しかもここでいう〝力〟とは、そっと押すような優しい力ではなく、激しく突き飛ばすような力を指す。今までの生活を根こそぎ捨て、外国で新生活に挑戦するよう促すには、それほど大きな力が必要となる。

それでも、人口減少が目前に迫った国にとって、減少を食い止める当面の最適な方法は移民の受け入れを増やすことである。移民の申請を受ける国にとって、その移民が押し出されたのか引き寄せられたのかは最終的にはどちらでもいい。移民がその国を必要とするのと同じだけ、その国も移民を必要としているのだから。

世界一のメガシティ、東京も人口減少するだろう

先ほど、「局地紛争を除くと、ここ数十年の移民をめぐる状況はかなり落ち着いていた」と述べたが、それは完全な真実ではない。極めて重要な一つの動きが過去60年にわたって続いている。田舎から都会へ、という人々の動きだ。この動きが世界を変えつつある。

1950年には、都市に住む人は世界人口の30％しかいなかった（ただし先進国に限るとこの比率はずっと大きい）。だが発展途上国が先進国に追いつくにつれて、田舎から都会に移住する人が増える。都市には仕事があるからだ。2007年、人類の歴史上初めて、世界全体で都市人口（"population urban"）の比率が地方人口の比率を上回った。[36] 現在の都市人口の比率は55％だ。2050年までには全人類の3分の2が都市に住むようになり、100年間で都市／地方の人口比率は正反対に逆転するだろう。世界全体の地方人口はすでにピークを過ぎており、近いうちに純減に転ずるだろう。これは人類の生息環境の巨大な変化であり、しかもわずか100年の間に起きたのである。

多くの都市はせいぜい人口100万人程度だが、都市化の花形となるのは人口1000万人を超えるメガシティだ。以下、人口順に世界のメガシティのトップ10を示す（単位は100万人）

1位　東京（日本）：38・1（訳注：東京を中心とする東京圏の人口。以下同）
2位　デリー（インド）：26・5
3位　上海（中国）：24・5
4位　ムンバイ（インド）：21・4
5位　サンパウロ（ブラジル）：21・3
6位　北京（中国）：21・2
7位　メキシコシティ（メキシコ）：21・2
8位　大阪（日本）：20・3

9位　カイロ（エジプト）：19・1
10位　ニューヨーク〜ニューアーク（アメリカ）：18・6
（出所：*World Urbanization Prospects: The 2014 Revision, Highlights*）[37]

上記のメガシティのうち先進国の都市は3つしかなく、うち2つは日本だ。そして日本の人口は減少している。これは偶然ではない。都市化は人口減少を引き起こすのだ。日本は人口の93％という驚くべき割合が都市部に住んでいる。世界でもトップレベルに都市化の進んだ国であり、同時に人口減少率もトップレベルの状態にある。

次に、時計の針を進めて2030年のメガシティ・トップ10を見てみよう（単位は100万人）。

1位　東京（日本）：37・2
2位　デリー（インド）：36・1
3位　上海（中国）：30・8
4位　ムンバイ（インド）：27・8
5位　北京（中国）：27・7
6位　ダッカ（バングラデシュ）：27・4
7位　カラチ（パキスタン）：24・8
8位　カイロ（エジプト）：24・5
9位　ラゴス（ナイジェリア）：24・2

10位　メキシコシティ（メキシコ）：23・9

（出所：同上）[38]

大阪はトップ10から姿を消し、東京も100万人を失っている。日本で人口減少が加速した結果だ。一方でラゴスなどの新顔が登場している。これは大きなニュースだ。

ラゴスはじめアフリカの都市化が出生率を下げる未来

ナイジェリアの連邦政府は救いようもなく腐敗しており、国内を引き裂く部族間・宗教間の対立にまったく手が打てないでいる。だが同国最大の都市ラゴスは事情が異なる。有能な地域政府が何代も続き、中国からは大規模な投資資金が流れ込み、安価な労働力と台頭する中産階級が企業の関心を引きつけた結果、ラゴスおよび周辺エリアは大きく変貌しつつある。新しい深水港が建造中で、オフィス街と住宅街も新規開発が進む。交通網も整備中で、サハラ以南では南アフリカに次いで二つ目となる地下鉄や、10車線の高速自動車道が完成すれば、ラゴスはガーナのアクラやコートジボワールのアビジャンと結ばれる。経済学者や人口統計学者は、この「西アフリカ湾岸地帯横断高速道」（Trans-West African Coastal Highway：ラゴスを起点に12カ国を結ぶ高速道路プロジェクト）に沿って2050年までに5500万人が住むと予測する。ボストン、ニューヨーク、ワシントンを結び、その3市を中核とする連接都市《コナベーション》〈ボスウォッシュ（＝ＢｏｓＮＹＷａｓｈ）〉の背骨となったＩ95（インターステート95号線）の拡大版である。ジャーナリストで著述家のハワード・フレンチはこの状況を次のように述べている。

「アフリカ大陸でも最大級の大都市たちが巨大な都市回廊を生み出しつつある。この都市回廊は国境を軽々と乗り越え、活気ある新しい経済圏を形成している。スピードでも能力でも劣る各国中央政府がこの新しい経済圏を仕切ったり影響力を行使しようとしても、太刀打ちできない[39]」

そして、ここからが本題なのだが、ナイジェリア、ガーナ、コートジボワールの出生率はいずれも4から5の間にある。いずれこの西アフリカの都市回廊が〈ラガクアビッド（＝ＬａｇＡｃＡｂｉｄ）〉と呼ばれるかどうかはわからないが、この地域の出生率がどうなるかはわかっている。人口置換水準あたりまで下がるのである。人々が都市に移り住むと、常にそうなるからだ。それなのになぜ、国連はアフリカの将来の出生率があれほど高いという予測を変えずにいるのだろう？

都市化は世界中のあらゆる地域で日々進んでいる。南北アメリカ大陸とカリブ諸国は80％が都市化し、ヨーロッパは70％、アジアは50％だ。アフリカはまだ40％だが、急速な都市化が進行中だ。我々が向かっている「都市化した世界」は、平均年齢が高く、あまり子供を持たない人々が、一部の場所に集中して住む世界になるだろう。そうした変化がもっとも急速に起きるのは、これまで移民となる余剰人口を生み出してきた地域であり、そうした地域では貧困も減りつつあることから、遠からず移民に自国に来てもらうのは難しくなるかもしれない。だからこそ、少子化に悩む先進国は急いで移民に門戸を開放すべきである。だが実際には扉を閉ざそうとしている。なんと愚かな話だろう。

THE ELEPHANT RISES; THE DRAGON DECLINES

9章

象（インド）は台頭し、ドラゴン（中国）は凋落する

今やなんと人類の3分の1超が、
中国かインドに住んでいる計算だ。
中国は一人っ子政策の後遺症に苦しみ、
インドが間もなく台頭する。
だが、デリーのスラム女性は
サリーにスマホを携えこう語る。
「完璧な家族のためには、子どもは二人」。

高齢化と人口減少の起きる中国、まだ若くて元気なインド

▶中国の年齢構成の推移

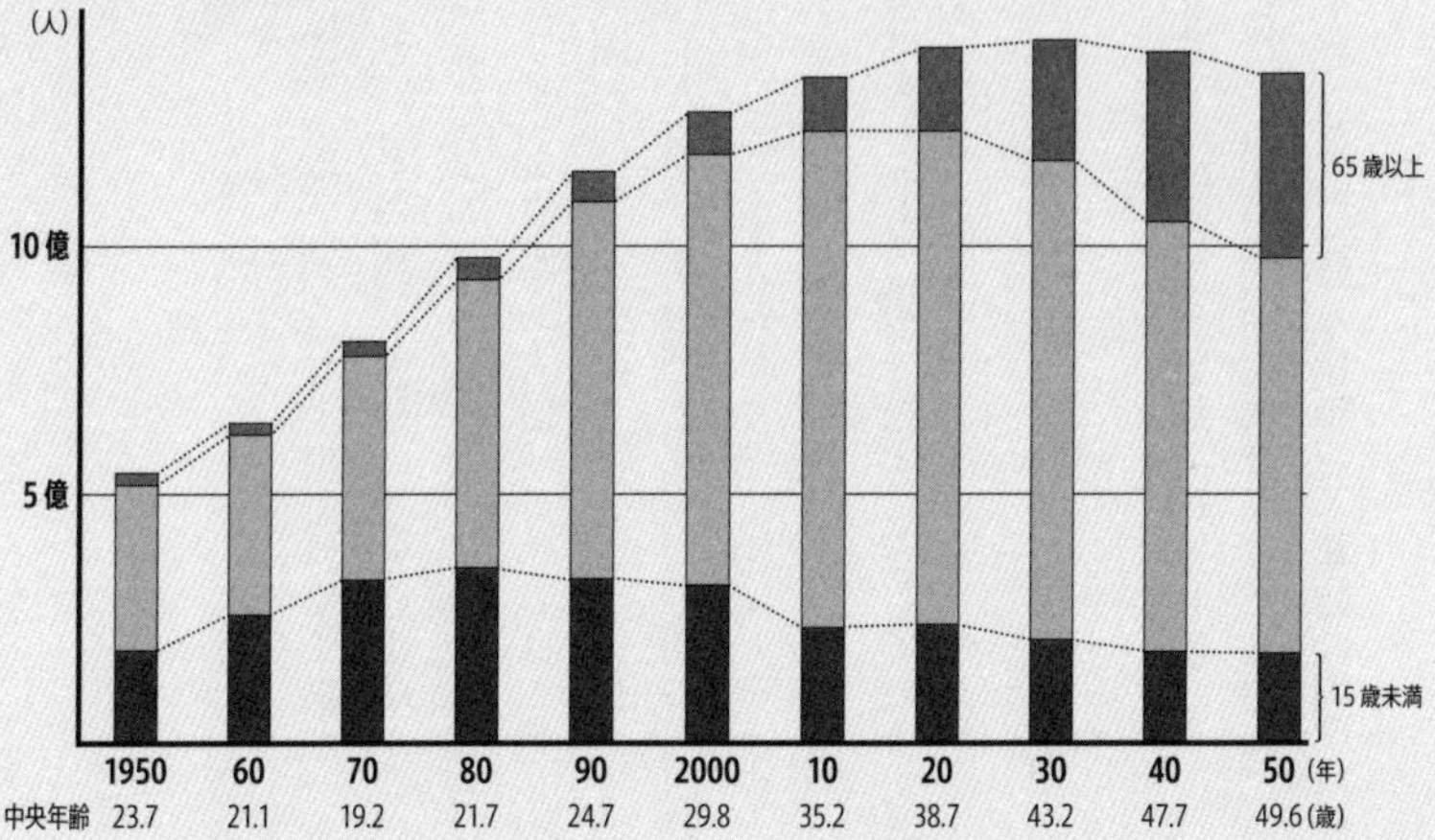

▶インドの年齢構成の推移

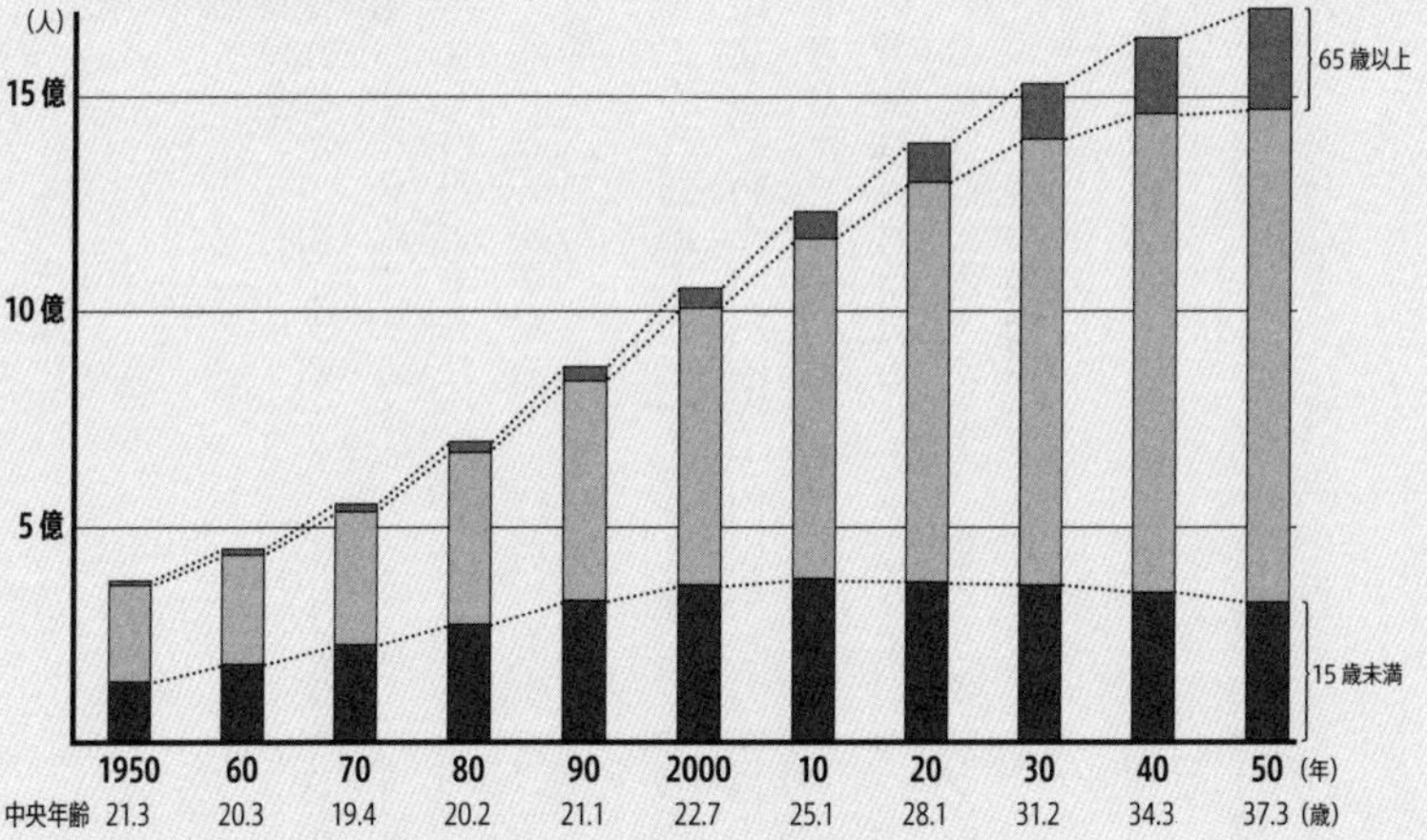

注：将来人口は国連の中位推計
出所：世界の統計 2017（総務省統計局）
https://www.stat.go.jp/data/sekai/pdf/2017al.pdf

いま、中国とインドで生まれる子供が、もしくは生まれなかった子供が、人類の未来像を決めることになる。我々人類の3分の1超がこの2国のどちらかに住んでいるからだ。両国で今年何人生まれるか、来年は何人か、その子たちは何歳まで生きるのか――それが将来の世界人口のベースラインになる。人口統計学者はこの2国を正しく理解する必要がある。地球環境も世界経済も大国の興亡も、すべてはこの2国にかかっている。

国連人口部の予測によれば、中国の人口は2030年ごろに14億人台でピークに達し、その後は減少して2100年までに10億人を多少上回る程度になるという。劇的な人口喪失としか言いようがない。一方でインドの人口予測については、2060年までに17億人あたりまで増え、その後は緩やかな減少に転ずるとしている[1]。おそらくこの予測は外れるだろうと私は見ている。中国の人口は「減少」では済まない。ほぼ「崩壊」に近いことになる恐れがある。また、インドの人口は決して17億人に達することはないだろう。以下で、そう考える根拠を説明する。

北京、中国国家統計局での違和感

北京にある中国国家統計局は、くすんだ灰色で背が低い建物に入っている。建築関係の賞は取れそうもない無粋な建物だ。建物の内部は強迫観念にとりつかれたように清潔で、ちょうど我々が入館したときも、清掃係の制服を着た年配女性の一団が掃除中だった。中国版の掃除用ワイパーを手にし、目に見えない汚れを落とすかのように、ぴかぴかの大理石の床をこすっていた。ロビーに行くと、全員がまったく同じ格好をした女性たちがいて（丸首に膝丈のドレス、色は鮮やかな空色で半袖、髪はお団子にしてきつく結んである）、空港の手荷物検査の係官のように緊張した面持ちで直立していた。

我々は、国家統計局の人口統計学者に招かれてここに来た。社会研究や世論調査の手法について議論したい、ということだった。その学者の一団がロビーまで出迎えにくると、空色のドレスを着た女性たちの何人かが、案内のために一緒についてきた。廊下に沿っても同じような女性たちが配置されており、我々に向けて正しい道順を案内する。あたかも国家統計局の人口統計学者は、自分の職場でも迷子になると思っているかのようだ。

案内された部屋は窓がなく、どこにでもあるような冴えない会議室だった。コンピュータやプロジェクターなどの設備類はしっかり用意されていた。着席すると、女性たちが席の背後に立つ。緑茶を一口すすれば、背後の女性がすぐに注ぎ足す。温かいおしぼりを使うと、すぐさま新しいおしぼりに取り替えてくれる。おしぼりと一緒に、一冊のノートと完璧に削られた鉛筆が置かれているが、もしその鉛筆を使おうものならいったい何が起きるのか、神のみぞ知るだ。後から中国人の仕事仲間が解説してくれたところによると、中国政府は完全雇用を政策として掲げており、少なくとも政府としてはできうる限り人を雇う方針だそうだ。先ほどの女性たちは、道案内やお茶を注ぐ仕事をするために、地方で採用されて北京に連れてこられたのだ。どんな仕事でも、たとえ無意味な仕事であれ、遊んでいるよりは働いているほうがいい、というわけだ。

世界最大の人口を持つ中国は、安価で巨大な労働力を好きなだけ使える。その労働力があまりに安く、あまりに大量なため、多くの西側企業は工場と仕事を中国に移し、結果として〝中国の安価な労働力がアメリカの製造業をダメにした〟という批判を引き起こした。以前はその批判も妥当だったが、今はそうでもない。確かに中国の一人当たりGDPはアメリカの3分の1しかないが、生活水準は劇的に向上し、経済成長率はいまだにすべての先進国を上回る。(2)経済学者のブランコ・ミラノヴィッチに従えば、今や本当の賃金格差は中国と米国の間ではなく、両国の高額所得者と低額所得者との間にこそ存在するのだ。(3)さらに、ほとんどの中国人が子供をあきらめてしまったせいで、中国の労働市場はもうすぐ縮小を始める。世界最大の人口大国は出生率が極めて低いのだ。中国はこれまで何十年も低出生率が続き、移民も受け入れてこなかったので、冷酷無情な計算式の結果として急速な高齢化と人口減少が起き、労働人口も減り、従属人口の多い社会になりつつある。中国は日本化しているのだ。(4)ただし日本は年を取る前に金持ちになった。そこが両国の唯一の違いだ。中国は日本ほど幸運ではなさそうだ。

赤ちゃん不足

私は先日、深圳（香港と中国本土を結ぶ1200万人の都市）から北京まで空の旅をして、赤ちゃんを見かけないことに驚いた。普通、空港では子供連れの家族を目にするものだ。手荷物検査の行列では必ずベビーカーが渋滞を引き起こす（「俺は20分以内で折りたためたベビーカーを見たことがない」と言ったのは、映画『マイレージ、マイライフ』でジョージ・クルーニーが演じたキャラクターだ）。ところが深圳でも北京でも、空港で見かけたベビーカーの台数は片手で十分に足りるほどだった。どちらの空港でも空港内のあらゆる場所をうろついたというのに——。

赤ちゃん不足に驚愕した中国政府は、おぞましい「一人っ子政策」を2016年にやっと廃止した。(5) これは、イデオロギーと官僚主義が正気を失った結果として生まれた政策だった。今の中華人民共和国を生んだ国共内戦が終わると、毛沢東は軍事面と経済面の理想を実現するため、子供をたくさんつくるよう国民を促す。だが、良いことでも度を超すと問題を生じる。人口が増えすぎたことが一因となり、1950年代末の大飢饉では数千万人が餓死した。(6) 大飢饉の後、中国政府は180度の方針転換を行い、計画出産委員会を設立する。1971年に始まった第4次五カ年計画で、政府は「晩婚、晩生、少生」と呼ぶ運動に着手する。結婚をなるべく遅らせ、産む子供をなるべく減らし、次の子を産むまでの出産間隔をなるべく長くするよう、国民に勧告したのだ。(7)

この勧告は、出生率を人口置換水準まで引き下げるのに十分な効果があった。1960年には6・2だった中国の出生率は、1979年の時点ですでに2・5まで落ちていた。政府の勧告と都市化のせいだ（1960年には都市部に住む中国人は全人口の16％しかいなかった。現在、その比率は54％まで増え、2050年までに76％になると予測されている）。(8) それでも政治家は計画を作りたいものだ。この年、鄧小平は勧告ではなく〝守るべき義務〟として国民に一人っ子政策を押しつけた。この政策にはいくつもの例外規定があったものの（少数民族は対象外だし、第一子が女児だと多くの場合は第二子が許可される）、それでも2016年に廃止されるまでの間にざっと4億人の出生を抑止したと中国政府は推定する。

一人っ子政策は悪くすれば専制主義だ。教育や産児制限の自由化といったインセンティブで産まないよう誘導するのではなく、国家が強制力に訴えるやり方である。二人目や三人目の子育てを楽しみにしていた両親は悲嘆に暮れ、一人息子や一人娘は寂しい思いをする。そして、国家による強制はおおむねそうだが、一人っ子政策もやはり望ましくない結果を招き、出生率は人口置換水準を下回ってしまう。しかも、同じ時期に経済成長と医療制度の改善で死亡率も下がり、今では中国人の平均寿命は76歳となった。2010年と比べてなんと18ヵ月も延びたのである[9]。この結果、従属人口である中国人の高齢者は今世紀中ずっと増え続け、子供を産む年齢層は今世紀中ずっと減り続けることになる。2040年、世界人口に占める高齢者の比率は14%と予測されるが、中国に限れば25%ほどになる。

「160」のジレンマ

ここで強調したいのは、巨大な国民を抱える人口大国が必ずしも多産とは限らないという点だ。国民の平均年齢が高めならなおさらだ。中国国民の中央年齢は1960年には21歳と若かったが、今では38歳である。2050年には50歳になる見込みだ[10]。その頃になると、覇権国家としての競争相手であるアメリカの中央年齢(42歳)よりもはるかに日本のそれ(53歳)に近くなっている[11]。

人口統計学者のワン・フェンは、中国の抱える人口問題のジレンマを「160」という数字で見事にまとめた。「第一に、中国には160ミリオン(1億6000万人)の国内移民がおり、彼らがより良い暮らしを求めたことで、爆発的な経済成長を支える豊富な労働力が入手できた。第二に、160ミリオン(1億6000万人)を超える中国人が60歳以上である。第三に、30年におよぶ一人っ子政策の結果として、160ミリオン（1億6000万戸）を超える家庭が一人っ子家庭である」

そしてワン・フェンは、人口減少と高齢化社会がセットになると、政治的正当性の危機さえ引き起こしかねないと鋭い指摘を投げかける。「過去30年間、中国の政治的正当性は急速な経済発展を中心に築かれてきた。その経済発展を支えたのは安価で意欲的な労働力だった。だが、労働力が高齢化すればこの経済モデルは変化を余儀なくされ、下手をすると政治的支配がより困難になることも考えられる[12]」

消された女児

一人っ子政策は、もうひとつ悲劇的な結果をもたらした。女児だったら中絶するという親が多く、中国の総人口から膨大な数の女性が消されたのである。男の子の跡継ぎを大事にするという中国の伝統と一人っ子政策が結びつき、この歪みが生じた。本来であれば男児105人に対して女児100人という男女比で生まれるのが自然だ[13]。ところが中国では男児120人に対して女児が100人という比率なのだ[14]。この男女不均衡は、地方ではさらに激しいところもある。中国全体では3000万人から6000万人の女性が〝足りていない〟ことになる。ただし、その一部は、生まれてはいるが出生届けが出されなかっただけだろう[15]。

もし本当に3000万人の女性が〝足りない〟とすれば、3000万人の中国人男性が妻を得られないことになる[16]。しかも、中国では女性は結婚するものとされているが、今は多くの中国人女性がキャリアを貫く権利のために戦っている。このため、仮に結婚するとしても、学歴や仕事を優先して婚期は遅くなる。[17] 近い将来、中国は孤独で性的欲求不満を抱えた男性を何百万人も抱えることになりかねない。どう考えても社会の安定にはマイナス要因だ。

中国の当局者は、一人っ子政策を止めさえすればベビーブームが起きるだろうと考えていた。だが、今のところベビーブームは起きていない。他の国と同様に、ひとたび小さな家族が当たり前になると、その常識は世代を超えて引き継がれる。〝低出生率の罠〟によって将来人口が制限されるのだ。中国では特にその傾向が強い。何十年にもわたり、小さな家族の素晴らしさを布教してきたからだ。加えて中国では不妊手術による避妊が一般的だ。出産年齢にある中国人女性のまるまる半数は、自分もしくはパートナーが不妊手術ずみだという。[18] いまさら「二人目をどうぞ」と言われても、肉体的に不可能な男女が多いのである。

中国の人口は今世紀中に半減？

イプソスが行った「理想的な子供の人数」の調査にもこの点がはっきりと示された。中国人回答者の全員に近い93％が、「2人かそれ未満」とする答えだった。1人もしくはゼロと答えた人も20％いた。また、小さな家族をよしとする社会規範がどれほど根深く中国の文化に染みついているかを示す話だが、中国人女性はたとえ中国を離れてもこの社会規範を守るのだ。カナダにおける主要な移民グループのなかで、中国人女性は一番出生率が低い。出生率が十分に下がっているカナダ人女性よりもさらに低いのである。[19]

このように、中国の出生率が今後も低いままであるという証拠が山ほどあるにもかかわらず、国連は中国の出生率が上昇すると予測している。2020年には1・59、2050年には1・

75、そして2100年には1・85というのがその予測だ。その通りなら、今世紀末の中国の人口は10億人ほどを維持できよう。だが、中国では今後も小さな家族が続くであろうことを示す多数の証拠を考慮すれば、ウィーン大学のヴォルフガング・ルッツ教授らの予測のほうが当たる確率が高そうだ。彼らは、高い教育を受ける中国人女性が増えたことも計算に入れ、今世紀中は出生率が1・4から1・5にとどまるだろうと予測する。もしそれが正しければ、2100年の中国の人口は7億5400万人程度になる。国連の中位推計より2・5億人も少なく、なんと現在の人口より6・3億人も減るということになる。今世紀中に中国の人口はほぼ半減する可能性があるのだ。しかも、これは最低位のシナリオではない。仮にルッツの「急展開モデル」か国連の「低位推計シナリオ」が正しかった場合、今世紀末の中国の人口は6億1200万〜6億4300万人へと激減する。7億人の人々が地球上から消えかねない。

このような低位推計が実現する可能性は本当にあるのか——。可能性があるどころか、これでも保守的な見方かもしれない。中国国家統計局は出生率がずっと1・2のままだと想定している。[20] 出生届が出されなかった無戸籍者のことも考えれば、この数値はあまりにも低すぎるとして、人口統計学者からは軽視されてきた。[21] だが、本当に低すぎるのだろうか？　一部の人口統計学者は、2016年の中国国家統計局の調査データをもとに、中国の出生率は1・05であるとしている。[22] 他の研究でも、中国の出生届は過去10年近くその水準にあり、今後も少なくとも2035年まではその水準だろうとしている。[23] 出生率1・05というのは一見信じがたい水準に思えるが、実はそうでもない。なにしろ香港とシンガポールは、出生率が1・0かそれ以下まで落ち込んだと発表している。北京や上海などの大都市では出生率が1・0を下回ったとの報道もある。しかも、出生率の高い農村地方から何百万人もの人々が都市部へと流れ込み続けている。[24] 今後もその流れが変わらないとすれば、今世紀末の中国の人口はわずか5億6000万人になるだろう。そうなれば米国との人口差は圧倒的ではなくなる。いずれにせよ中国は、制御されてゆっくりと進む巨大な人口崩壊の縁に立っているように見える。人類の歴史上、そのようなことは一度も起きたことがない。それが中国の経済や地政学にどのような影響を与えるのか、後の章でじっくりと検討するが、その影響はいずれも中国の未来にとって明るいものではない。

世界人口が「2100年までに110億人」という国連予測に近づく方法があるとすれば、ひとつはインドの人口が20世紀と同じレベルの急成長を続けることだ。インドの人口は1950年にはわずか3億7600万人だったのに、50年後の2000年には3倍以上に増えて12億を超えた。今から数年後には中国を追い抜き世界一の人口大国になる見込みだ。国連予測によれば、インドの人口は2060年までに17億人という驚くべき数字に達し、その後はゆっくりと減少するという。この予測がどの程度あてになるのか検討してみよう。

動物と人工物が共存するニューデリー

インドと中国の両方を訪れると少し驚くかもしれない。北京は2100万人もが住むというのに際だって整然としている。大気汚染はひどいかもしれないが、中心街の多くは今世紀に建造されている。北京では最も貧しい人々が住むエリアでさえ政府の管理が行き届き、犯罪率は低い。真冬は酷寒になるので、ファベーラのようなスラム街も存在しない。

一方、ニューデリーはあたかも不調和の対照実験を行っているかのようだ。大通りの片側に現代的なオフィスビルが建ち並ぶかと思うと、もう片側には広大な空き地が広がり、野生化した巨大な黒豚が子豚を引き連れてのどかに散歩を楽しんでいる。町中で突然、抗議デモや宗教的儀式に出くわす。猿は屋根によじ登り、牛やヤギが自由に歩き回っている。そして犬だ。数え切れないほどの野良犬たち。屋台の前で寝そべり、歩道をぶらつき、オフィスビルのロビーや大学の中央ホールでくつろぐ——。誰もが野良犬を好き勝手にさせている。ヒンドゥー社会であるインドでは、犬を間引くなどもってのほかなのだ。

道はあらゆる乗り物であふれかえっている。ポンコツやピカピカの乗用車、トラック、バス、緑と黄色のリキシャ、オートバイ、さまざまな動物に引かせた荷車——。過積載の荷車をなんとか引っ張ろうとふんばるロバに、最新のメルセデスがしぶしぶ道を譲る。ニューヨークのクラクションの騒音がうるさいと思う方には、ぜひニューデリーの交差点の不協和音を体験してほしい。三輪バイクに乗客用キャビンを取り付けたリキシャはあらゆる場所で見かける。一台のリキシャの後部には、ヒンディー語と英語で「責任感あふれる当リキシャは、女性を敬い、大切にします」と書かれたステッカーが貼ってある。この国で女性として生きるのがどんなものか、多くを物語っているようだ。

家庭内にも及ぶ男性支配

インドはいまでも徹底的な家長制社会である。先ほどのステッカーが意味を持つのは、「デリーはインドにおけるレイプの首都」（私は複数の女性から直接そう聞いた）であるからだ（訳注：ニューデリーはデリーの一部）。この問題はタクシーやリキシャの運転手にも及ぶ。このためデリーの運輸当局は運転手向けの「ジェンダー・センシティビティ（男女差別に敏感になるための）講座」を開催している。リキシャの運転手として一年間有効な免許を得るには一時間の受講が義務づけられている。[25]

だが、インド人女性にとって最も緊張する相手は見知らぬ他人ではない。それは夫や父親、叔父、兄弟、成人した息子なのだ。義理の兄弟や親戚の男性さえ含まれる場合もある。こうした男性は、家族内の女性の人生について、学校から勤め先、結婚相手、家族計画に至るまでほぼすべてを決める。あるインド人女性が私に語ったところによれば、男性支配は家族内の女性が旅行していいかどうかを決めるところまで及ぶという。[26] こうした男性支配は多かれ少なかれインド全体に見られるものの、都市部より地方のほうがいっそう強い。

インドではほぼすべての人が結婚する。そして結婚相手は男女双方の家族によってお膳立てされる。[27] この習慣を支えるのは宗教（ヒンドゥー教とイスラム教のいずれも）だけでなく、インド社会を貫くクランおよびカースト制もまた一因である。恋愛結婚もないわけではないが、珍しい。家族が認めない男性と駆け落ちして結婚する場合、インド人女性は自らの生命をかけることになる。家族の許可なく結婚するという〝恥〟を一家にもたらした女性は、いわゆる〝名誉殺人〟の犠牲になる可能性があり、実際にそうした殺人が起きているのだ。捜査当局により名誉殺人と分類された殺人事件は、２０１５年にインド全体で２５１件にのぼる。[28] 当局の捜査対象とならなかった事件も多数あるだろう。この名誉殺人もまた、都市部より地方のほうが多く見られる。

今日、多くの国では女性が独身のままでいることを選択してもなんの問題もない。だが、インドではそれは過激な行為だ。インドの人口統計学者Ｋ・スリニバサンとＫ・Ｓ・ジェームスは次のように解説する。

「インド政府や自治体、NGO、一部の政党がさまざまな取り組みを行っているにもかかわらず、西欧が実現したレベルでの男女平等は当面インドでは実現できないだろう。インド社会は女性の価値を、家庭内で彼女が果たす役割によって判断する傾向がある。妻として、義理の娘として、母親としての役割だ。こうした役割の範囲外にいる女性、例えば未亡人や独身女性などは、差別され、多くの場合財産も失う。女性は結婚して初めて一人前と見なされるため、未婚の成人女性や未亡人、離婚した女性は、社会的不名誉として扱われる[29]」

私の仕事仲間である30代後半のインド人女性は、独身を貫いたことで彼女が堪えねばならなかった家族関係について語ってくれた[30]。彼女は、周囲がお膳立てした見知らぬ結婚相手に自分の人生の支配権を捧げるのはイヤだと考え、独身を選んだという。彼女はそのような結婚システムを〝インドのアドベンチャー・スポーツ（ハイリスクの娯楽）〟と呼ぶ。彼女の夢は結婚ではなく、高い教育を受け、良い仕事に就き、自立できる収入を得ることだった。その夢を叶える対価として、彼女は両親と同居しなければならなかった。そこでは家長である父親が支配権を握り、直接的な手段や社会的圧力を利用して、彼女の人生の多くの部分を決定したのだ[31]。

このような社会や家族からのプレッシャーを考えれば、10代後半から20代前半で結婚するインド人女性が多いのも驚くに当たらないだろう。新郎は新婦より5歳ほど年上というのが一般的だ[32]。その理由のひとつとして、新婦の家族から新郎の家族へダウリーを払うというインドの文化がある（ケニアの伝統とは逆）。インドの結婚市場で高価なダウリーを得るため、いずれ花婿となる男性には時間が必要となる。花嫁候補の家族から〝良い投資〟だと思われるような学歴と職歴を手に入れるためだ。一番望ましい花婿は、大学卒で政府職員の男性である。

〝一人っ子政策〟でインドの出生率は2・4に

インドでは男性も女性も誰もが若くして結婚するため、みんなが子だくさんだと思われるかもしれない。出生率が5・9もあった1950年は確かにその通りだった。だが現在では60％も低下し、インドの公式な出生率はわずか2・4である。人口置換水準よりは高いし、今の中国の出生率をはるかに上回るものの、すでにインドも小家族が当たり前になりつつある。いったいなぜなのか、その理由を考えたい。

インドでは、女性が第一子を出産するときの中央年齢は20歳と今でも極めて若い。そして女性は周囲との人間関係において発言力は極めて小さい。そのうえ、インドでは人口の3分の2が地方在住だ。こうしたことから、本来であればインド人女性は国や本人が必要とするよりもずっと多くの子供を生んでいてもおかしくないはずだ。ところが実際には別の要因も絡んでいる。それは政府の政策と、文化的慣行の変化である。

インドでは何十年も前から、中央政府だけでなくとりわけ各地の州政府が、小さな家族を〝完璧な家族〟と呼んで推奨してきた。子供はふたりで、少なくともひとりは男の子、というのが彼らの言う完璧な家族である。「我々ふたり、私たちのふたり（We Two, Our Two）」をスローガンに、二人目ができたらもうそこで止めましょうと訴えてきた[33]。

このスローガンにはさまざまなバージョンがあるが、要するにインド版の〝一人っ子政策〟である。中国政府と同じく、インド政府も人口過剰を心配したのである。ただしインド政府の行った人口抑制政策を見たら、中国の政策立案者でさえその積極性に腰が引けてしまうかもしれない。無料のコンドーム配布や産児制限教育など国民の自由意志に任せる政策手法も使いつつ、一部では強制的もしくは半強制的な不妊手術を実施してきた歴史もあるからだ。これは男女双方に対して行われるが、主眼は女性を対象とするものだ。今日でも一部の州政府は「不妊キャンプ」を運営している。そこでは地方の女性を中心とする大量のインド人女性が、おカネにつられて不妊手術を受けている[34]。インドでもっとも普及している産児制限の方法は、圧倒的に女性の不妊手術なのだ。経口避妊薬を使うインド人女性はわずか4％。男性にコンドームを使わせることができるインド人女性は6％である。私が人口統計学者のK・S・ジェームスから聞いたところによると、一般にインド人女性はふたり目を産んだ直後（だいたい25歳前後）に不妊手術を受けるそうだ[35]。

最近では多くの州政府が、不妊手術よりもっと手軽な家族計画の手法を推奨しているが、それでもやはり不妊手術を選ぶインド人女性は大勢いる。その背後には、ノルマ達成に追われる役人の事情や、妻に不妊手術を受けさせて１４００ルピー（20米ドル）というかなりの現金（インド人の年間所得の中央値は６１６ドル）を手に入れたい夫の影が見え隠れする——そんなうわさ話を耳にすることもある。だが、私が実際に話を聞いた複数のインド人女性は、自らの自由意志で不妊手術を受けていた。そのわけを聞いてみると、前にブラジル人女性から聞いたのと非常によく似た理由なのだ。

都市型スラム〝スリニワスプーリ〟

スリニワスプーリはデリー南部に広がる都市型スラムだ。近くにはオフィス街があり高速道路も走る。このスラムの人口ははっきりわからない。デリーではかなりの人数が非公式の集落に分散して住み着いているからだ[36]。スリニワスプーリの住人の大半は、近隣の州から流れてきた移民であり、日々転入と転出を繰り返している。見た感じではかなり大勢の人が住んでいる、とだけ言っておこう。スリニワスプーリのような集落こそ、インドにおける出生率の変化の最新トレンドがわかる場所だ。地方から流れ込んできた人々は、この都市型スラムで初めて子供が負債になると知る。地方の農場にいたときのように、労働力として家族の役に立つことができないからだ。多くの女性は人生で初めて、教育や雇用、最新テクノロジーといったものとふれ合う機会を得る。世界中で出生率を引き下げてきたこうした要因は、ここスリニワスプーリで人々にどのような影響を与えているのだろうか――。

ごちゃごちゃと建ち並ぶ当座しのぎの家々は、欠けたレンガや廃材で組み立てられている。なんであれ間に合わせのものを巧みに組み合わせて壁を造り、一間だけのあばら家をこしらえている。スラム内をうねうねと走る壊れたコンクリート製の歩道が、自分の家を見分ける唯一の手がかりだ。大半の家にはドアがなく、出入り口はカーテンになっている。どの家も内部は一部屋だけで、むき出しの地面かコンクリートの上に広いカーペットが敷いてある。食事の支度から睡眠まで、日々の暮らしのすべてがこの一部屋で行われる。調理器具や日用雑貨はすべて、床の上に重ねてあるか壁にぶら下げてある。

歩道を歩くと、あちらこちらではしごが目に入る。はしごは家の屋根へと続いており、そこは作業場になっている。どの作業場も色とりどりの洗濯物が干してある。電気は通っているようだが、でたらめに張り巡らされた電線はどう見ても安全基準を満たしていない。歩道の両側には幅

30センチほどの浅い溝が走っている。むき出しの下水溝だ。トイレと呼べそうな施設は見当たらない。空気中の臭いから判断すると、あったとしてもごく原始的なものだろう。

〝子どもふたり〟が完璧な家族

気持ちのいい3月の朝10時、スリニワスプーリは活気にあふれている。歩道には大勢の老若男女。女性たちは鮮やかな色のサリーに身を包み、長い黒髪はスカーフで巻くかひっつめにしている。男たちの服装は西洋風だ。ロゴ入りTシャツに短パンもしくはズボン。男女とも足元はサンダル。家に上がるときはそのサンダルを脱ぐのが礼儀だ。どんな道を歩いてきたか考えれば、理にかなった作法に思える。

私たちは、スラムの入り口から歩いて13分の場所にある幼稚園に向かった。現地の協力者がスラムに住む女性たちを集めてくれたのだ。グループ・インタビューのために集まってくれたのは全部で15人。既婚者もいれば独身もいる。最年長は35歳、最年少は17歳。4人がイスラム教徒で残りはヒンドゥー教徒だ。インタビューは既婚者グループと未婚者グループに分けて別々に行った。議論はヒンディー語で行われ、司会役の協力者が英語に同時通訳してくれた。

一間の小さな幼稚園は、他の家と同じく、むき出しの地面に1枚の大きなカーペットが敷かれている。壁にはぼろぼろのポスターが何枚も貼ってあり、文字や図形、色や動物などが説明されている。英語のポスターもある。私たちは履き物を脱いで部屋に入った。みなカーペットに直接座る。出入り口には閉じるべきドアやカーテンなどない。ただセメントが一段盛り上がり、それをまたいで入ってくるだけ。室内はそのまま表通りとつながっているのだ。

ひとりの女性はショールで覆って赤子に授乳している。女性たちは全員が明るい色のサリーを着て、その色に合わせたアクセサリーを身につけていた。腕輪や指輪、足の指を飾るトーリング、鼻に着ける装飾品。爪にマニキュアを塗っている人や、染料で描くヘナ・タトゥーをしている人もいる。みなかなり念入りにおしゃれをしてきたようだ。

だが、彼女たちは議論になると引っ込み思案になる。テーマもまた、大勢の前で話すには微妙な内容である。お互いの自己紹介を兼ねた軽いおしゃべりの後、司会者は本題に踏み込んだ。「みなさんは何人ほどのお子さんを持つ予定ですか?」——独身女性や子供がひとりだけの女性は、「ふたり」という世界共通のありふれた答えだった。だが司会者がその理由を聞くと、話はがぜん興味深くなってきた。若い女性たちは、自分の母親と違う人生を歩みたいからと言う。母親を反面教師として見ているのだ。なぜ自分の母ほどたくさんの子供を持ちたくないのか。それは、高い教育を受けることで稼げる能力と自立性を手に入れたいと強く思っているからだ。自分なりの収入源を持っていれば、自分の人生の大事な選択をする際に、未来の夫を含めた男性たちに対して発言力を持てる——彼女たちはそう信じている。

子供はふたりがいいと思うもう一つの理由は、〝完璧な家族〟を持ちたいからだ。どうやら「我々ふたり、私たちのふたり」のスローガンはインド人の急所を突いたらしい。複数の女性が、一人っ子は望まないと話す。インドでは家族としての義務(特に、年老いた両親の世話)がかなり重く、一人っ子ではその負担が重すぎる。とはいえ、3人以上になると経済的に無理だろうという(ただし、ひとりの女性は5人の子供がいてなんとか暮らしていると話した)。ある女性は「子育ての費用と教育費を考えると、ふたりを育てるのが精一杯に思えます」と発言した。

議論に参加した女性たちの話を聞いているとわかるが、みな〝完璧な家族〟を望んでいると、同時にそれを決めるのは彼女たちではないという点もすぐにわかる。「子供の数を決めるのは夫です。妻ではありません」とひとりの女性が言えば、別の女性は「男の子かどうかが大事なのです。私はすでに娘を3人生んでいますが、男子が生まれるまで生み続けなければなりません」と説明する。5人の子供がいる女性は、娘ばかり生まれたせいでそうなったと話した。

テーマが避妊になると、女性たちの口は重くなった。ただし、確度の高い避妊法（つまり不妊手術）のほうが有り難いと考えていることは明確にわかった。すでに子供がふたりいる女性は特にその気持ちが強い。夫やパートナーはコンドームを使おうとしないし、彼らが自ら不妊手術を受ける気もないからだ。ただし、イスラム教徒の女性は宗教上の理由から不妊手術は論外だ。

結婚は、ボリウッド映画では〝夢〟だが、現実では〝義務〟

ロマンチックな恋愛話はほとんど出てこなかった。独身女性は誰一人として、理想の男性像やおとぎ話のような結婚へのあこがれを語らなかった。人気のボリウッド映画では夢のような恋愛ストーリーが主流であることを考えると、なんとも皮肉である。議論に参加した女性たちは、自分の夫に尊敬の気持ちを抱いていなかった。彼らは稼ぎ手として当てにならず、一緒に暮らすのに苦労が絶えない。大半は気が向いたときだけ働く日雇い労働者で、稼いだカネも多くは酒とギャンブルに消える。酒が結婚生活の大きな問題になっているという話は何度も出てきた。

その場にいる女性全員にとって、結婚と子育ては〝夢〟ではなく〝義務〟なのだ。とはいえ、彼女たちは妻になり、母になりたいとは思っている。だが同時に、できるだけ自分の思うように生きたいという夢も持っているのだ。話を聞いていて、私の頭にはこんな考えが浮かんだ。この若い女性たちが「自立の夢」を自分の娘に託すころには、インド人女性の要求する自主性は今よりもっと範囲が広まっていることだろう。その要求はゆっくりと着実に、世代を経るごとに強く、大きく育っていく――。デリーのスラム街における家族計画とは、経済的必要性であり、宗教と家父長制という伝統との戦いであり、自分の人生をコントロールしたいという女性たちの夢でもある。その行く先はひとつしかない。自主性の向上、そして子供の数の減少である。女性の権利を求める闘争は、いつでもどこでも同じ方向を目指すのだ。

その闘争の行き着く先を、スリニワスプーリの女性たちと議論している最中にちらりと垣間見ることができた。彼女たちは時折サリーの中に手を伸ばし、バックライトの点灯する画面を見ていたのだ。デリーのスラム街でも、女性はスマートフォンを持っている。キャリアプランにも人々のネットワークにもアクセスできるということだ。デリーのスラム街でも、女性は人類の英知の集合体をその手の中に持っているのだ。

インドの人口は、国連が予測するように、2060年に17億人というピークを迎えるのだろうか――。少なくともこの点に関しては、ヴォルフガング・ルッツと国際応用システム分析研究所（IIASA）にいる彼の研究仲間は国連予測が正しいと考えている。だが、私はデリー滞在中に、現地の人口統計学者や研究職にある政府関係者から小さな声で何度も聞かされた。〝実は出生率はすでに2・1を切っているのではないかと疑っています〟と――。もしそれが事実なら、インドは国連やウィーン学派の予想の10年先を行っていることになる。もし出生率がすでに2・

1以下になっているなら、インドの人口は最大時でも15億人を大きく超えることはなく、2100年には12億人程度にまで減るだろう。「低位推計シナリオ」に従えばそうなる。

もし国連予測が正しければ、中国とインドの人口増加により人類は110億人に近づくことができよう。だが、中国もインドも、「国連予測は数字が大きすぎる」という強いシグナルを発している。両国ともに、多くの人が予想するより早く人口のピークを迎え、その後は他の国々と同じように人口減少に転じるという強い徴候が読み取れるのだ。

もちろん、私が間違っている可能性もある。だが私はそうは思わない。私はデリーのスラムにある幼稚園で話し合った女性たちのことをずっと考えている。サリーの下でスマートフォンをいじっていた女性たちの姿を。

THE SECOND AMERICAN CENTURY

10章

アメリカの世界一は、今も昔も移民のおかげだ

衰退したと言われつつも、
軍事、経済、文化において、いまだ覇権を握るアメリカ。
その〝隠れた武器〟は今も昔も移民である。
メキシコに壁を作るとトランプがわめこうが、
アメリカは持ち前の軌道修正力を発揮し、
繁栄を続けるかもしれない。

国際移民の受け入れ国トップ10（2017年）

アメリカ	4980万人
サウジアラビア	1220万人
ドイツ	1220万人
ロシア	1170万人
イギリス	880万人
アラブ首長国連邦	830万人
フランス	790万人
カナダ	790万人
オーストラリア	700万人
スペイン	590万人

出所：国連 International Migration Report 2017

アメリカに流れ込む不法移民の出身国（推定値）

出身国	2015年	2009年	増減
ラテンアメリカ	842.5万人	907.5万人	▲65.0万人
（うちメキシコ）	555.0万人	635.0万人	▲80.0万人
アジア	150.0万人	130.0万人	20.0万人
欧州とカナダ	55.0万人	55.0万人	ー
中東	13.0万人	11.0万人	2.0万人
アフリカ	25.0万人	20.0万人	5.0万人

出所：ピューリサーチセンター
https://www.pewresearch.org/fact-tank/2017/04/25/as-mexican-share-declined-u-s-unauthorized-immigrant-population-fell-in-2015-below-recession-level/

正午になると彼らは作業を中断して30分の昼休みに入った。簡易バーベキュー台をひろげて牛肉を焼き、パリッとしたトルティーヤで巻いてサルサで食べる。作業員はざっと12人。全員がメキシコからの移民だ。一番若手は20代、最年長は50代。彼らはここ、カリフォルニア州パームスプリングスに建つミッドセンチュリー風の豪華な木造平屋の改装工事をしている。みなお互いをよく知る様子で、冗談を言い合ったり、からかったりしている。ほとんどが家族か友達だ。彼らを雇った改装工事の受注業者の男性も、みなと一緒に食事をしている。彼はメキシコ人しか雇わない。勤勉で腕もいいからだ。作業員には合法な移民もいれば、不法入国でこっそり働いている人もいる。

全員がサン・ミゲルという同じ町の出身。移民労働者にはよくあるケースだ。何年も前にまずひとりの移民がやって来る。新しい土地で労働市場をよく調べ、いい仕事を見つけると、故郷の家族や友人にメッセージを送る。それを見てアメリカに来た男たちは、多くがここで妻となる女性を見つけ、子供もこっちで生まれる。

さまざまな面で彼らはアメリカ人と同じように暮らしている。子供は現地の学校に通っている。アメリカで仕事をし、アメリカに税金を納めている。とはいえ、不安は常について回る。作業員の一人によると、彼の義理の兄は何十年もアメリカに住み、アメリカ生まれの子供もいるのに、ある日交通違反で警察に車を停められ、不法入国者であるとバレてしまった。メキシコに強制送還され、ふたたび家族に会うまで5年かかったそうだ。

不法入国したメキシコ人労働者が祖国を懐かしむ気持ちは強い。だが簡単に祖国に帰ることはできない。「密入国ブローカーに1万5000ドル払わなければ、親の葬式に出ることもできない」と、ある不法移民は話す。

経済、文化、軍事でアメリカはまだまだ大国

「アメリカはもはや世界の大国じゃない。落ち目の大国だ。アメリカのことなど気にしなくていい」――パキスタンの外交官は2016年のある国際会議でそう述べた。おそらく自分の発言が録音されていると知らなかったのだろう。[1] 彼の意見はぜんぜん少数派ではない。2008年の金融危機、中国経済の台頭、ウラジミール・プーチン率いるロシアの復権、イラク・アフガニスタン・リビアの泥沼――すべてが大国アメリカの衰えを示している。国内を見れば、大都市では人種間の対立が深まり、アフリカ系アメリカ人と警察との間に戦争でも起きているかのようだ。インフラは老朽化し、学力テストの国際比較を行えばアメリカ人の学生は恥をかく。大統領選挙では驚くべきことにドナルド・トランプが勝利し、進歩的アメリカ人の多くは〝トランプ大統領〟という現実を受け入れるのを拒否している。これは政治の分極化のもたらす毒が、ついに共和制そのものさえ揺るがしかねないレベルに達したことを示す。先日、米国家情報会議（NIC）が次のように分析したのも不思議はない。「単極の時代は一瞬で終わった。1945年から始まったパクス・アメリカーナ――超大国アメリカが国際政治を仕切って平和を維持する時代――は急

速に終わりつつある」[2]。

おそらくそうなのだろう。しかし、そう述べた後にはたくさんの「とはいえ」を付け足す必要がある。中国の経済規模がどれほど大きいとはいえ、平均的なアメリカ人の収入は中国人の8倍であり、国際準備通貨としての米ドルの地位はまったく揺るぎない。中国は軍隊へ巨額の新規投資を行っているとはいえ、アメリカの防衛費は中国の3倍もあり、世界50カ国に800の軍事基地を置いている。世界の大学ランキング上位20校のうち10校がアメリカにある[3]。世界の9大ハイテク企業のうち8社はアメリカに本社がある。アメリカが発明したインターネットを牛耳るのもグーグルやフェイスブック、アマゾンといったアメリカの巨大ハイテク企業だ。かつてはエネルギーの輸入国だったアメリカは輸出大国へと変身した。最後に最も重要な点として、アメリカは民主主義だが中国とロシアはそうではない[4]。マーチン・ルーサー・キングの言い方を借りれば、歴史の流れ《アーク・オブ・ヒストリー》は自由に向かっているのだ。

文化の面でもアメリカの覇権は揺るぎがない。ネットフリックスは世界の190カ国で視聴できる。ビッグマックが買える国は119カ国だ。113カ国でアップル・ミュージックに加入でき、188カ国でテレビドラマ『スタートレック：ディスカバリー』が鑑賞できる。2017年の興行収入トップ10の映画はすべてハリウッド製だった。これまで興行収入トップの記録を作った映画はすべてハリウッド製である。今生きている作家に限れば、史上最高のベストセラーのひとつも残念ながらダン・ブラウンの『ダ・ヴィンチ・コード』だ[5]。音楽も同様。ゴスペル、ブルース、ジャズ、ブロードウェイ・ミュージカル、カントリー、ロックンロール、ヒップホップ、ラップ。挙げていけばきりがない。

アナリストのイーライ・ラトナーとトーマス・ライトは、ワシントンポスト紙上でこう述べている。「アメリカは、人口動態・地理的条件・高等教育・イノベーションの各面における強固な基盤が優れた連携をなす、という好条件に恵まれている。この好条件により、アメリカは国内でも世界の舞台でも成功できるだけの人材・アイデア・信頼を確保できている。いまでも世界中のエリートが、自分の財産だけでなくしばしば家族さえも、なんとかアメリカに送り込もうとするのには理由があるのだ[6]」

「アメリカ衰退論」は本当か

「アメリカ衰退論」はアメリカ特殊論と変わらぬほど昔からある。そして、どちらの見方もアメリカ誕生の頃から存在している。かつてアレクサンダー・ハミルトンは、強力な中央政府を中心に各州が連合しなければ、アメリカの未来には確実に「貧困と不名誉」が待っている、と警告した（その警告が役立ったからこそ、ハミルトンの顔が10ドル紙幣に描かれ、ブロードウェイ・ミュージカルにもなったのだ）。19世紀には、アメリカが消滅するかもしれないと思えた時期が何度もあった。例えば1812年の米英戦争（米国が負けたが、アメリカ人はいまだに敗戦を認めない）や、南北戦争の時期などだ。1920年代の孤立主義の時期や1930年代の大恐慌時代には、アメリカが誰にも相手にされずに途方に暮れているように見えた。アメリカが覇権国として絶頂を極めた時期ですら、アメリカ嫌いの批判者たちはアメリカの終焉が目前に迫っていると予言した。例えば1957年にロシアが人工衛星スプートニクの打ち上げに成功した後や、1968年に暴動と暗殺が相次いだ時期に、アメリカの終焉は近いと言われた。ウォーターゲート事件やベトナムでの敗戦、1970年代のスタグフレーション、1980年代に経済大国日本が台頭した時期にも、やはりアメリカの衰退が近いと叫ばれた。文筆家のジョセフ・ジョフィはよく言ったものだ。「衰退はアップルパイと同じようにアメリカにつきものだ」と。(7) それでもアメリカは毎回、どうにか国を建て直し、それと同時に世界も建て直してきたのである。

そして、現在ほど「アメリカ衰退論」が的外れな時期はない。20世紀は〝アメリカの世紀〟と呼ばれるようになった。21世紀もアメリカの世紀になるだろう。その経済および文化の影響力、さらに地政学面と軍事面での存在感は、弱まるどころか今後いっそう高まるだろう。アメリカ自らが世界に背を向けて鎖国しない限り、その力はこれまで以上に世界に影響を与えるはずだ。パームスプリングスで昼食中のメキシコ人労働者たちが、その理由の一端を担っている。

アメリカは移民を受け入れてきた

アメリカでは移民政策に関する辛辣な議論がずっと続いているが、それでも同国は一貫して移民を受け入れてきた。2016年のピュー・リサーチ・センターのアンケート調査によれば、アメリカ人の60％が「（移民は）その勤勉さと才能によって我が国を強くしている」という意見に同意した。一方で「（移民は）我々の仕事や住む場所や医療費を奪うことで我が国の重荷になっている」という意見に同意する人はわずか35％だった。20年前、このふたつの比率はほぼ逆だった。そして、アメリカの分断は世代間でも政治的立場の違いでも起きている。民主党支持者の80％が移民を歓迎しているのに対し、共和党支持者で移民を歓迎する人はおよそ3人にひとりしかいない。また、ミレニアル世代の75％が多数の移民受け入れに賛成しているのに対し、ベビーブーム世代で賛成する人は約半数である。[8]

移民受け入れ数を国民人口で割った比率でみれば、オーストラリアやカナダのほうがアメリカより高いものの、アメリカは合法な移民の絶対数で他国を圧倒している。毎年およそ100万人前後の移民を受け入れており、この数は2位の国の2倍を超える。ちょうど今はヨーロッパがシリア・イエメン・リビア難民の一時的な受け入れ先になっているが、仮にこの一時的要因がなければ、移民受け入れ数のアメリカ一極集中はさらに突出していたことだろう。

これに加えて〝別ルート〟の移民も流入している。国境の南側からやってくるメキシコ人などラテン系の非合法移民だ。アメリカに住んで仕事をしている非合法移民はおよそ1100万人になるとの試算もある。[9]その存在に賛否両論はあるが、彼らがアメリカの経済と社会に大きな貢献をしているのは間違いない。アメリカで生まれ育ったアメリカ人の出生率は人口置換水準を下回っており、そのせいで生じた社会のさまざまなすき間を、非合法移民が埋め合わせている。そして移民の高出生率がアメリカ全体の出生率を引き上げる効果もある。

アメリカにとって地政学上の最大のライバルは中国とロシアだが、その両国に比べてアメリカの出生率が高めであることは、ひとつの大きな優位点である。現在のアメリカの出生率は1・9。ロシアは1・5。中国は公式には1・6だが、前述の通り、本当はそれよりかなり低い可能性がある。移民および高めの出生率のおかげで、アメリカは他の主要な先進国と比べ、今の人口を21世紀末まで維持できる見込みがはるかに高い。

さらに、アメリカの〝隠れた武器〟となるのが「移民と向き合う姿勢」だ。アメリカ人は新しい移民を歓迎するし、アメリカに引っ越したいと思う人は世界中にいる。一方で中国は移民を受け入れないし、ロシアに移住したいと思う人はそもそもいない。アメリカ人は、自分たちの赤ちゃんだけでは人口維持に足りない分を、喜んで移民に埋めてもらおうとする。その姿勢こそ、この先もアメリカの覇権を確かなものとする決定的な優位点なのだ。

アフリカ系女性、ラテン系女性の出生率は下がっている

アメリカの出生率が大半の先進国より高いのは、アフリカ系アメリカ人とラテン系アメリカ人の女性が、アメリカの白人女性より、ヨーロッパの女性より、中国の女性より、その他の主要な工業化社会の女性より、多くの子供を生むからだ。とはいえ、大きな趨勢としては人種に関係なくすべてのアメリカ人女性が子供の数を減らしつつある。だからこそアメリカンドリームが生き続けるためには、かつてないほど移民が重要になってくる。

とりわけミレニアル世代は出生率がきわめて低い。2000年以降に成人したアメリカ人だけを対象に出生率を見ると、2007年から2012年の間に15%も低下して0・95になっている。これはアメリカで記録された出生率としては過去最低である。[10] この時期にあった「グレート・リセッション」（訳注：2007年以降の金融危機をきっかけとした世界的大不況）が一因であることは間違いない。前に見た通り、すでに人口置換水準を下回っている先進国に経済不況が起きると、ただでさえ低い出生率がさらに抑制されるのだ。こうした短期的要因でミレニアル世代の女性が子供の数を減らすと、その結果は原因よりはるかに長期間にわたり影響を残すことになる。概してミレニアル世代のアメリカ人女性は20代の間に子供を生まなかったので、仮に彼女たちがいずれは（30代以降に）子供を生むとしてもなお、最終的に生む子供の数はグレート・

リセッションがなかった場合よりも少なくなるということだ。すなわち、ミレニアル世代から生まれた世代は、親であるミレニアル世代より少人数の世代になる。

そして、アメリカの出生率に関して本当に驚くべき事実は次の点だ。グレート・リセッションの時期、アメリカの白人女性の出生率は11％低下したのに対し、アフリカ系アメリカ人女性は14％、ラテン系アメリカ人女性は26％も出生率が低下したのだ[11]。アメリカ人の出生率に関する昔ながらの常識、〝白人の出生率低下を黒人とラテン系の高い出生率が相殺する〟は完全にひっくり返された。人種的に少数派のグループで出生率が激減しているのである。これを別の角度から見てみよう。アメリカにおける白人女性の出生率は、１９９１年以降は比較的安定して推移している。出産年齢に達した女性の出生率はおおむね１・８程度だ（いずれはミレニアル世代のせいでいっそう下がるかもしれないが）。一方、ラテン系女性の出生率は１９９１年の３・０から現在は２・１へと落ち込んでいる。

しかも、出生率が減っているのはアメリカ生まれのラテン系女性や合法移民だけではない。２００９年から２０１４年までの期間を見ると、アメリカにいる非合法移民の女性が生む子供の数は、年間33万人から年間27・５万人へと低下している[12]。５年間でこの減少幅はただごとではない。不況により祖国に帰った非合法移民がいるとしても、それだけでは説明がつかない。過去30年間で見れば、ラテン系アメリカ人女性の生む赤ちゃんの数は、まるまるひとり分も減っているのだ。同じ期間にアフリカ系アメリカ人の出生率は２・５から１・９になった[13]。いまやアメリカでは、白人と黒人とラテン系との間に出生率の差はほとんどなくなったと言えよう。この統計的事実はあまり注目されていないが、今後のアメリカの人口動態にとてつもないインパクトを与えるはずだ。

「この出生率の変化は、もっと注目されてしかるべきである」と指摘するのは、ネブラスカ大学オマハ校・公共問題研究センターの人口統計学者デイビッド・ドロッズ[14]。私もまったく同じ意見だ。アメリカの出生率が低下し、人種の壁を越えて似たような数値に収斂しつつあることは、今後の人種問題にとってはプラスになるに違いない。完全なる平等を求めるアフリカ系アメリカ人やラテン系アメリカ人の戦いはまだ終わっていない。終わりに近づいてさえいない。だが、彼らの出生率が低下しているとすれば、それは間違いなくアフリカ系アメリカ人女性とラテン系アメリカ人女性の教育水準が向上し、彼女たちの権利が強くなったことを示している。

啓蒙と豊かさゆえ

とりわけ出生率低下が顕著なのは、アフリカ系アメリカ人のティーンエイジャーだ。1991年、15歳から19歳までのアフリカ系アメリカ人女性は1000人当たり118人の赤ちゃんを産んでいた。10人にひとりより多くの割合で妊娠していたわけだ。この数字は2013年までに3分の1に減った[15]。10代のアフリカ系アメリカ人女性の妊娠が減ったのはなぜか――ひとつの理由は、他のすべてのティーンエイジャーと同じく、初めてセックスを経験する年齢が上がったからだ[16]。また、上手に避妊するようになったことも一因である[17]。では、なぜそのように「責任ある行動」をするようになったのか。性教育の質の向上が一因であるのはほぼ確実だ。同時に、HIVおよびエイズの蔓延に注意するよう呼びかける大々的な公的キャンペーンが実施されたことも間違いなく一因であろう。政府も医師も、若者がなるべく手軽に避妊手段を入手できるよう協力し、最近ではモーニングアフターピル（事後ピル）の利用もかなり増えている。[18]

さらにもうひとつの理由だと考えられるのは、アフリカ系アメリカ人が全体的に豊かになってきたことだ。親との関係が親密だと感じているティーンエイジャーほど、セックスを初めて経験する年齢が高くなり、しかも安全なセックスを行うという研究結果は数多く報告されている。そのようなティーンエイジャーの家庭は安定しているということだ。それは、財政面に不安がないことを暗に示す。アフリカ系アメリカ人を射殺した白人警官の行動や「ブラック・ライブズ・マター《黒人の命も大切だ》」運動への抗議などを巡って論争はあるにしても、黒人のアメリカ人の生活は着実に良くなっている。[19] ただし、話を不必要に誇張したくないので、次の事実を述べておく。黒人家庭の純資産は平均すると白人家庭の6％しかない。その主な理由は、黒人家庭のほうが賃貸が多いからだ。アメリカ人は一般に自宅を所有することで資産を築いていく。[20] また、黒人の失業率は白人の2倍である。アメリカ全体の貧困率は15％だが、黒人だけなら27％と倍近い。それでも1960年にはアメリカの黒人の貧困率は60％だったのだから、半減したことになる。[21] さらに、今ではアフリカ系アメリカ人の大学進学率が全米平均より高いという調査結果もある（71％対68％）。[22] 別の調査によれば、大学入学から2年後にも大学に在籍している確率は、白人が80％なのに対してアフリカ系アメリカ人は70％だという。[23] つまり、差はあるものの巨大な差ではない。10代で妊娠するアフリカ系アメリカ人の減少は、アフリカ系アメリカ人全体の教育水準および所得水準の向上と併行して起きているのだ。それ自体は喜ばしい話である。

カソリックの影響力が低下

パームスプリングスで昼食中のメキシコ人労働者たちは、すでに読者にはおなじみのストーリーを物語っている。彼らの故郷メキシコでは、貧しい農家の多いチアパス州からメキシコ国内の各都市へと出稼ぎ労働者が移り住み、これが工場労働者の賃金下降圧力となっている。そのため労働者は国境を越えてアメリカにやってくる。都市化はグローバルな現象だが、その影響はローカルに発生する。メキシコの国内現象である「地方から都市へ」の移民が、「メキシコの都市からアメリカの都市へ」という第2の移民を引き起こす。

もうひとつ、ローカルな影響を与えるグローバルな現象がある。メキシコの都市化が進むにつれて、メキシコ社会におけるローマカソリック教会の支配力が弱まっているのだ。パームスプリングスのメキシコ人労働者のひとりによると、彼の祖母は24人の子供を産んだが、それは避妊を大罪とした教会の教えに従ったからだ。女性の役割は子だくさんの家庭を築き、仕事から疲れて帰ってきた夫が安心して休める場所にすることである――かつて教会は祖母にそう教えた。いまは誰もが避妊している。別のメキシコ人労働者はこう話した。「女たちは学校に行き、車の運転をし、友達と遊びに出かける――」。するともうひとりが口をはさむ。「男みたいにテキーラを飲むんだ！」

パームスプリングスのメキシコ人労働者たちは、みな子供がふたりか3人いる（もしくはそうなる予定だ）。現在のラテン系アメリカ人の出生率の通りである。「8人も子供がいたら、靴も8足必要になる」とひとりが言う。パームスプリングスでは、合法移民だろうが非合法移民だろうが、メキシコ移民は経済的理由から子供を少なくせざるをえない。そして女たちもそれを望んでいる。

ラテン系アメリカ人は彼らなりのアメリカン・ドリームを実現しているのだ。ラテン系アメリカ人の出生率は非ラテン系白人のそれに近づきつつある。ティーンエイジャーの妊娠もアフリカ系アメリカ人とほとんど同じように減っている。ここで驚くべき統計データを紹介すると、1996年から2016年の間に、ラテン系アメリカ人の高校中退率は34％から10％へと減少している。ちなみに黒人は16％から7％、白人は8％から5％へという数字になっている。[24] 高校中退率は人種間で差がなくなりつつある。子供たちの将来を心配する必要はなさそうだ。

これまで何十年もの間、合法および非合法の移民がラテンアメリカから流れ込んできたことで、アメリカの人種構成と精神構造は大きく変化した。いまやラテン系アメリカ人はアフリカ系アメリカ人より多くなり、人種格差を一段と曖昧にしている。カナダ・メキシコ・アメリカの三カ国がＮＡＦＴＡ（北米自由貿易協定）に署名した1994年の一年後、メキシコからの不法移民はアメリカ全土に300万人いた。その数は2008年に700万人でピークをつける（米国土安全保障省の推計では2008年の不法移民は全部で1200万人）。その後、グレート・リセッションで多数の不法移民が故郷に帰り、現在はメキシコからの不法移民は550万人程度と見られている。[25]

白人がマイノリティになるアメリカ

進歩主義者や民主党の政治家は、不法移民の罪を問わずになんとかアメリカ国籍を与える方法はないかと模索し、それが難しいならせめて不法入国時に子供だった移民だけでも救済できないかと道を探っているが、共和党の政治家や保守主義者は不法入国の罪を不問にすることに反対している。トランプ大統領はひとりでも多くの不法移民を国外追放したい考えだ。だがその戦いに勝ち目はない。今のペースだと２０４４年ごろにアメリカではコーカソイドがマイノリティになる。ラテン系アメリカ人の人口は２０１６年の時点では約５７００万人と、アメリカ人全体の18％を占めていた。この比率は２０６５年までに25％程度に増え、白人は約46％で過半数を失うと予測される。同じ２０６５年にアフリカ系アメリカ人の比率は13％と取り残され、アジア系アメリカ人も同程度の少数派にとどまりそうだ[26]。アメリカは今より褐色になり、カソリックが減ってプロテスタントが増え、スペイン語が英語を補完する第二言語として広く使われるようになるだろう。現在でもアメリカで一年間に生まれる赤ちゃんは、白人よりも人種的マイノリティのほうが多い[27]。正直にいえば、〝２０４４年までに白人はマイノリティになる〟という表現自体がすでに時代遅れの考え方を示している。今やアメリカにやってくる移民の15％は、単一の人種に分類できない人々だ。このように人種の境界線がぼやけて曖昧になりつつあるため、国勢調査局はいずれ各個人をどのような人種、またはその組み合わせとして分類すべきか、頭を悩ますことになろう。〝人種のるつぼ〟の最後の一混ぜは、うまくいっているようだ[28]。

ここで注意書きをひとつ。「我々の社会は以前より多様性に満ちた社会になってきたが、それでも〝脱・人種〟社会ではない」と社会学者のリチャード・アルバは指摘する。奴隷制、人種分離、人種隔離などさまざまな形をとった人種差別の歴史は、過去のものとしてお気楽に片付けるにはまだあまりにも生々しいからだ。「しかし、将来の我々の姿をこうした（人種による）分類で理解しようとしても、せいぜいが乱暴な近似値にしかならない点は認める必要がある」。さらにアルバは続ける。「移民によって、また彼らが新しい形で社会に同化することによって変貌を遂げた我々の社会は、その進化がもたらした陰影に富む現実を的確に表現できる言葉をまだ生み出していない(29)」

要するに、出生率低下が人種問題の解決にどれほど明るい兆しをもたらそうとも、労働力人口が、そして一国全体の人口が減少を始めれば、少子高齢化による別の根深い問題が起きるという事実は何一つ変わらない。アフリカ系アメリカ人の出生率急減は、彼らの、とりわけ女性の経済状況と自立性が向上している証拠である。ラテン系アメリカ人の出生率低下は、移民先の国に合わせて移民の出生数も下がるという世界的傾向を示している。どちらのケースも人種間の調和という面では勇気づけられる話だが、同時に将来のアメリカの問題点も示している。すなわち、国内の出生だけでは人口を維持できなくなる未来が待っているということだ。アメリカが偉大なままでいたいなら、移民を受け入れ続けなければならない。そのためには、アメリカ人は彼らの「悪しき伝統」をもう一度克服しなければならない。

移民排斥の伝統

アメリカの歴史には、人種差別的で国粋主義的で大衆迎合型の不寛容な思想が、一本の暗い水脈のように脈々と流れている。いわく、近頃の移民は自分たちアメリカ人とは異なり、英国の価値観とプロテスタントの信仰を持っていない。そのふたつこそが、アメリカ建国の根底にある真の価値観および信仰なのだ。だから新しい移民が我々に同化することは決してないだろう。移民の受け入れを止め、すでに国内に入っている移民には警戒の目を緩めずにいるべきだ。彼らはアメリカへの脅威である――。

1798年に成立した「外国人・治安諸法」をめぐる議論には、こうした考え方が色濃く反映されている。同法の狙いは、建国間もないアメリカをフランス移民やフランスの影響による堕落から守ることにあった。同様の考え方は、1850年代の「ノウ・ナッシング運動」にも見られる。これは当時のアメリカに大量流入していたドイツ系やアイルランド系のカソリック教徒の移民に反対し、その流入を止めようとした政治運動だ。さらに南北戦争後には、白人のプロテスタントが〝黄禍論〟を声高に訴えた。何万人もの中国人移民がやってきて、長距離鉄道敷設などの危険で汚い重労働を低賃金で引き受けたことが原因だ。中国系移民は鉱山や農場でも働いた。1882年になると中国人排斥法が成立し、中国人労働者はアメリカへの移住を禁止された。すでに移住していた中国系移民については、白人女性との結婚が禁じられ、市民権も得られなくなった。

19世紀末から20世紀初頭になると、蒸気船のおかげでそれまでよりはるかに多数の移民がアメリカに渡航できるようになった。地中海沿岸や東欧諸国から、仕事を求める何百万人もの男女がアメリカにやってきた。ユダヤ人も迫害を受けるヨーロッパを捨て、安全でより良い暮らしを求めて渡米した。こうした〝新しいアメリカ国民〟は、都市周辺の貧民街に住み着き、ギュウギュウ詰めで不健康な安アパートに暮らすはめになった。なんてひどいところに来てしまったんだと思ったはずだ。

要するにアメリカでは、移民をめぐり昔から同じことが何度も繰り返されているのだ。戦争や貧困や抑圧から逃げ出した人々が、新しい未来を求め、空き地のたくさんある新しい土地にやってくる。彼らは元々の住民がやらない危険な仕事や低賃金の仕事を引き受ける。雇用者側は移民受け入れの門戸を開いておくよう政府に求める。工場や農場にはそうした移民が必要なのだ。しかし、昔ながらの住民は新しい移民を不快に感じる。移民のせいで賃金が下がり、アジア人と白人は決して融合できず、次にどのような移民グループが新たにやってこようとも彼らは決して真のアメリカ人にはなれない、と信じ込む。ところが、そのような思い込みは間違いだったと判明する。新しくやってきた移民はアメリカ社会にしっかりと溶け込む。その後、移民の発生パターンに変化が起き、前回とは別種の移民がまた続々とアメリカにやってくる。すると元からの住民が警告の叫びをあげる――。

アメリカ史上最悪の人種的憎悪

そうした警告のなかでも最大級の力を持ったのが、ユダヤ人と共産主義を許すなと叫んだシカゴのカソリック教会の司祭、チャールズ・エドワード・カフリンだ。彼は1938年には完全にファシスト化しており、「アメリカに来たユダヤ人に我々がきっちりとカタをつけてやる。そうすれば奴らは、ドイツで受けた扱いなどかわいいものだったと思い知るだろう」と述べている。[30]残念なことに、こうした声は司祭よりはるかに大きな権力を持つ政権中枢部にもあった。政府が関与したアメリカ史上最悪の人種的憎悪は、第二次世界大戦中に連邦政府が行った日系人の強制収容だ。彼らがアメリカを裏切るのではと恐れた連邦政府は、10万人の日系アメリカ人および在米日本人を強制収容所に送り込んだ。アメリカ政府は、他人種への差別的感情から生まれた恐怖心だけを理由に、自国民を強制収容所送りにしたのである（恥知らずなカナダ政府も米国の猿まねをした)。当時の大統領フランクリン・ルーズベルトやカリフォルニア州知事のアール・ウォーレン(後の最高裁判所長官)といった進歩的人物でさえ、敵意と偏見で自分の目をふさいだのである。日系人の強制収容は、アメリカ政府がかつて自国民へ非人道的行為を行ったというショッキングな歴史的事実として今も伝えられている。

こうした人種差別的で孤立主義的な反移民の考え方は、確かにアメリカの歴史の汚点ではあるが、アメリカ全土にそれが広がったことは一度もない。カフリン司祭の熱弁に耳を傾けた人は何百万人もいたが、それをさらに何百万人も上回る人々は彼を無視した。カフリン司祭は1936年の大統領選挙でフランクリン・ルーズベルトに挑戦したが、まったく歯が立たなかった。日系アメリカ人の強制収容から40年後、連邦政府委員会はその行為を「人種的偏見と戦時ヒステリー、そして政治的リーダーシップの欠如」に突き動かされた「深刻な不当行為」だったと評した[31]。当時のロナルド・レーガン大統領は公式に謝罪し、連邦政府は生存する被害者にひとり当たり2万ドルの補償金を支払った。強制収容が行われた当時、日系人が大勢いたカリフォルニア州の知事だったウォーレン——後に米国史上で最も偉大な連邦最高裁判所長官のひとりと言われるようになる——は、日系人隔離の命令を出したことを「深く後悔している」と回顧録で述べている。「罪のない小さな子供たちが、自分の家や学校の友達や安心できる環境から引きはがされたことを思うたびに、私は良心の呵責を感じる」と[32]。

そして、移民への反発が消え去るとまた、洪水のような移民の流入が繰り返された。第二次世界大戦後、アメリカは20万人を超える「避難民(DPS:Displaced Persons)」と呼ばれる人々を受け入れた。ヨーロッパの混乱とソビエト軍から逃げてきた人々だ。その後、移民の動きは東西方向から南北方向へと変わる。1960年代になると、メキシコなどラテンアメリカ諸国から不法移民が再びアメリカにやってきた。誰も引き受けない低賃金労働をするためだ。不法移民の流入を止めるため、すでに米国内で生活基盤を確立した不法移民には市民権を与え、同時に新規の移民に対しては国境を閉鎖するという恩赦の試みが何度も繰り返されたが、流入は止まらなかった。2007年にも米議会は不法移民の恩赦法案を検討（結局は否決）したが、その時点でアメリカ経済の最底辺を支える不法移民は推計で1200万人に達していた。

移民が仕事を奪うという誤解

パームスプリングスで昼食をともにしたメキシコ人労働者のひとりは、カナダ経由でアメリカに入国したと話す。彼はワシントン州ベリングハムの近くで、警備のない米加国境を越えた。カリフォルニアに住むいとこが車で彼を拾いに来て、事前に決めておいた待ち合わせ場所で合流したそうだ。昼食をともにした他のメキシコ人労働者たちはみな、昔ながらの方法でアメリカに入国していた。〝コヨーテ〟と呼ばれる密入国ブローカーに依頼するのだ。料金は1万5000ドル。その一部は前金で渡し、残りは何年もかけて働きながら返していく。その集金を仕事とする連中もいるという。

今日、多くの白人アメリカ人が〝アメリカは白人のキリスト教徒が大多数を占める国としてのアイデンティティを失いつつある〟という不満を述べている。その不満を、例えばネット上の匿名掲示板などで密かにささやく人もいれば、いわゆる「オルタナ右翼」運動のように堂々と表明する人もいる。不満を訴える人々は、だからこそ2016年の大統領選挙でドナルド・トランプを支持し、メキシコ国境に「大きく美しい壁」を築くというトランプの計画を支持したのだという。また、移民が「本物の」アメリカ人からあらゆる種類の仕事を奪い、賃金低下圧力になることを恐れる人もいる。だが、移民が仕事を奪うというのは誤解である。事実は正反対だ。現在10億ドル以上の企業価値を持つスタートアップ企業の過半数は、移民によって創業された[33]。非熟練の不法移民が非熟練アメリカ人の賃金を引き下げているかどうかについては、データを見る限りなんとも言えない。少なくとも他の移民の賃金を引き下げているのは確実だ[34]。

不法移民のおかげで生活できている

不法移民をめぐる状況は、じわじわと進む腐食性の性質を持つ。あなたがアメリカのどこに住んでいようとも、不法移民がいなければ困ったことになると知っているはずだ。彼らはあなたが口にする作物を収穫し、あなたの家を掃除し、あなたが泊まるホテルのベッドを整え、建設中のビルの基板にコンクリートを流し込んでいる。不法労働に大きく依存するアメリカの現状は、法の支配という建前をあざ笑っているかのようであり、規制の及ばない低賃金労働にいまだに頼るアメリカ経済の隠れた横顔を浮き彫りにしている。

ところが、この移民流入の勢いは最近弱まっているようなのだ。逆流している可能性すらある。この変化は2008年の不況によるもので、メキシコ経済の好調も後押しとなった。その結果、不法移民の数は10年前より今のほうが少ない[35]。それなのに、誰もが不法移民に不満を述べている。右寄りの言い分によれば、不法労働者は法を侮辱しており、なんとかして一網打尽に国外退去させるべきだという(絶対に不可能な話だが)。左寄りの言い分によれば、不法労働者にも法的保護を受ける権利はあり、市民権を獲得できる道を拓くべきだという。一方で、失業中もしくは不本意な仕事に就いている白人労働者たちは、グローバル化を急ぐ政府と企業にも見捨てられ、その悲惨な現状をラテン系移民のせいだと非難する。確かに公平ではない。だが、この残念な問題に関してはなにひとつ公平なものなどないのである。

移民はアメリカの〝隠れた武器〟

アメリカは望むと望まざるとにかかわらず移民の国である。250年近いアメリカの歴史を振り返ると、いつもどこかに反移民感情があった。だが、反動が長期間にわたり猛威を振るうことはなかった。それもまた歴史の教訓だ。外国人・治安諸法からドナルド・トランプに至るまで、国粋主義や人種差別に基づく反移民の動きは常に全盛期を迎えるが、例外なくその勢いは衰える。それはアメリカにとっても有り難いことである。なぜなら移民はアメリカの〝隠れた武器〟なのだから。

アメリカは現状の「年間100万人」をはるかに超える移民を受け入れられるし、そうすべきである。それがアメリカ自身のためになるのだ（カナダを見習っていれば、アメリカは今ごろ年間300万人の移民を受け入れていてもおかしくない）。能力のある人がより簡単にアメリカに移民できるよう手続きの効率化を進め、より開かれた制度にすれば、アメリカは最高の頭脳を世界中からかき集めることもできるだろう。今のアメリカの移民制度は複雑で規制が多く、まるで自らを罰したいかのようだ。それでも年間100万人という多くの移民がアメリカにやってくる。米国民の15％は移民である。中国の場合、その比率は1％に満たない。

合法だろうが不法だろうが、移民は人口高齢化の悪影響を緩和し、アメリカの出生率増加に貢献する。その効果は、移民の出身地がどこだろうと、どんな学歴や職歴だろうと、何語を話そうと関係なく同じである。それは歴史が証明している。アメリカに来た移民はいずれ必ずアメリカ人になるのだ。〝人種のるつぼ〟の中のスープは、時とともに色合いが変わるかもしれないが、味は決して変わらない。

アメリカが今後も変わらずに移民を受け入れるならば、核武装した世界の3大超大国（アメリカ、中国、ロシア）のうち、アメリカだけが今世紀いっぱい人口を増やし続けていける。増加率が変わらないとしても、現在の3億4500万人から2050年には3億8900万人へ、そして2100年には4億5000万人と、今より1億人ほど着実に人口を増やし、その頃にはだいぶ人口減少の進んだ中国との差を縮めているだろう。いかなる地政学上の別要因をここに加味したところで、人口動態の面から言えばアメリカの優位は動かない。

それでも納得できない人がいるならば、次の事実を考えてほしい。2016年にノーベル賞を受賞したアメリカ人は7人。そのうち6人が移民だった（残るひとりの受賞者ロバート・ジマーマンは、ボブ・ディランという別名のほうがよく知られているが、彼の祖父母は欧州からの移民である）。

移民は21世紀のアメリカにとって最大の競争優位かもしれない。発展途上国が経済発展を続け、出生率が下がり続ければ、いずれは諸外国からやってくる移民は減るだろう。出身国に良い仕事が増えれば、移民が家族のいる故郷に帰る「リミグレーション」の動きも増えよう。世界各国で高齢化が進み、ほとんどの国で人口が減るようになれば、いつか国同士で移民を奪い合うようになるかもしれない。そのような競争がいつ起きたとしても、アメリカは常に優位に立つであろう。ジーンズとTシャツからHBOに至るまで、アメリカ文化は世界の価値観を支配している。アメリカ経済は混沌としているかもしれないが、それでも世界中が投資先として選ぶほど活気に満ちた場所だ。アメリカ政治も、経済に負けないほど混沌としつつ活気に満ちている。起業家精神や創造性においても、アメリカは常に先頭を走っている。新たなチャンスとより良い暮らしを求める人々は、今後もずっとこの野性的で、ピカピカで、乱雑で、無計画で、知らないうちに素晴らしい結果を出すアメリカという〈丘の上に輝く町〉に群がり続けることだろう。〈丘の上に輝く町〉が自ら門戸を閉ざさない限り、この地の繁栄が止まることはない。

CULTURAL EXTINCTION IN AN AGE OF DECLINE

11章

少数民族が滅びる日

オーストラリアのアボリジナルの若者は、
都市に出て教育を受ける。
ネイティブ・アメリカンは、
アメリカのあらゆる人種のなかで出生率が最も低い。
世界から言語や文化は次々と消滅し、
多様性が失われつつある。

少数民族の出生率

アボリジナル	マオリ族	ネイティブ・アメリカン	カナダ先住民
2.3 (2015年)	**2.8** (2015年)	**1.3** (2014年)	**2.2** (2011年)

出所：本書

各国の民族別人口比率

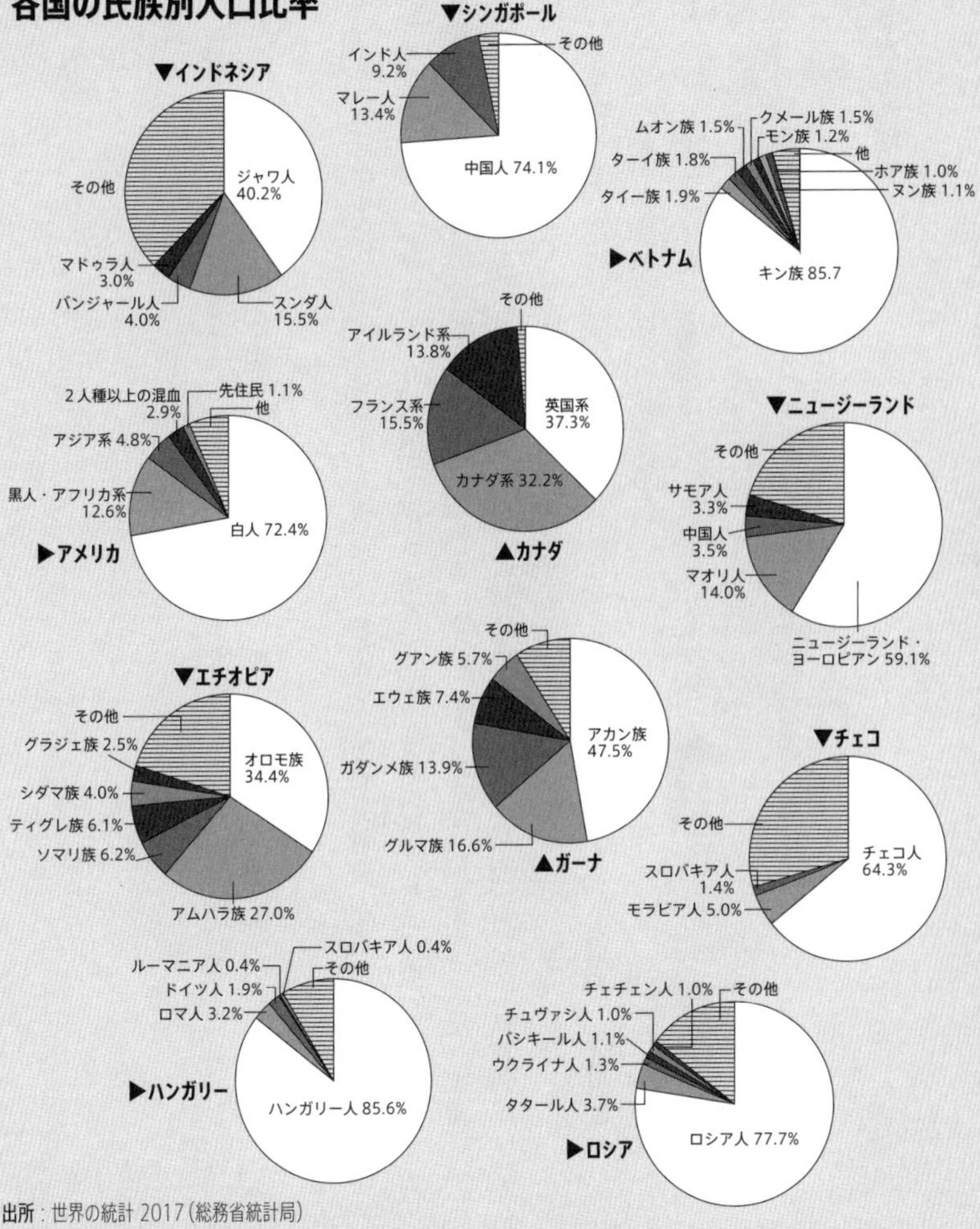

出所：世界の統計 2017（総務省統計局）
https://www.stat.go.jp/data/sekai/pdf/2017al.pdf

キャンベラの旧国会議事堂跡にある「ホイポロイ《一般大衆》」という素晴らしい名前のレストランで、ミック・ドッドソンはトレードマークの黒い帽子をかぶったまま、ピリ辛えびバーガーにかぶりついた。

ドッドソンはアボリジナルのオーストラリア人として、おそらく最も有名な人物だろう。法学部を卒業した初めてのアボリジナルで、「留置所内のアボリジナルの死に関する王立調査委員会」の法律顧問を務め、オーストラリア社会を変えた報告書〝Bringing Them Home〟（訳注：アボリジナルの子供を強制的に親から引き離した過去の白人同化政策の実態を報告）の共同執筆者だ。2009年にはおそらくオーストラリアで最大の栄誉である〝オーストラリアン・オブ・ジ・イヤー2009〟を受賞している。とはいえ、本人はいたって質素でひょうきんな人物だ。老眼鏡越しにいたずらっ子のような目が時折きらりと光る。

「ホイポロイ」での夕食会にはアボリジナルの有名人がもうひとり参加していた。ラグビーのスター選手だったカトリーナ・ファニングだ。だが、もっぱら話をしているのはドッドソン。テーマはオーストラリアのアボリジナル社会の苦難に満ちた過去と、不透明な将来について。

アボリジナルが中産階級へ

ドッドソンは1950年、オーストラリアの北部特別地域（ノーザンテリトリー）で生まれた。母親はアボリジナルで、父親は非アボリジナルのオーストラリア人だった。10歳で孤児となり、ビクトリア州ハミルトンにある全寮制の学校に送りこまれる。今では廃止されたカナダの寄宿学校制度もそうだったように、時として全寮制学校というのは虐待と強制的同化の温床になりかねない。当時のオーストラリア政府は、強制的な白人同化政策によってアボリジナル文化を根絶やしにしようという全国的な取り組みを進めており、全寮制学校もその一翼を担っていた。2008年、当時のオーストラリア首相ケビン・ラッドは、同国政府が過去長期間にわたりアボリジナルに対して行った過ちについて初めて公式に謝罪した。この歴史的な謝罪の立役者がドッドソンだったとされる。

とはいえ、「アボリジナルの若者が家を離れずに教育を受けるのは（今でも）きわめて難しい」とドッドソンは説明する[1]。全寮制学校にいる若者の4分の1はアボリジナルだ。「全寮制か、無か、なのです」。アボリジナルの若者が家族と離れて全寮制学校に入ると、結局はそのまま家に戻らなくなる。卒業後は都会に出て、そのうち自分の母語を話せなくなり、アボリジナル文化とのつながりも維持できなくなるケースが多い。都市部に移住するアボリジナルの若者が増えるということは、「（アボリジナルの）コミュニティを浮上させていくべき最優秀の人材がそこからいなくなるということです」とドッドソン。多くのアボリジナルは人生の最後になって故郷に戻る。「多くの人は死を迎えるために故郷に帰るのです」

世界中の先住民と同様に、アボリジナルのオーストラリア人も全国平均を上回る貧困率や犯罪率、暴力や薬物乱用などの問題に苦しんでいる。だが、都市部への移住が増えるにつれて、中産階級のアボリジナルが新たに増え始め、それと併行してアボリジナルの文化、とりわけ言語を守りたいと考える人も増えてきた。「ニューサウスウェールズ州にはヨーロッパと変わらないほど多数の言語があります」とドッドソンは指摘する。政府はそうした言語を学校の授業に取り入れる努力もしているが、それでもアボリジナルの生活環境が都市化するなかで彼らの言語を守っていくのは難しい。

「新しい世代のアボリジナルは、都市で経験を重ねていくことになるでしょう」とドッドソンは予想する。つまり英語が主流の環境である。中高を卒業してその上の学校に進学するアボリジナルが増えるにつれて、アボリジナルの中産階級も人数が増えていく。そして出生率は下がっていく。「(アボリジナルの出生率は)25年後には全国平均と同じになっているでしょう」

先住民の出生率が高い、というのは〝神話〟

本書はここまでの章で、人口増加にまつわる神話の一部を覆せたのではないかと思う。人類が110億人まで人口を増やし続けるという予想は間違いであり、世界人口のピークはせいぜい90億人程度だろう。発展途上国の出生率が天文学的に高いというのも間違いだ。多くは人口置換水準かそれを下回る水準にある。アフリカ大陸は変わることなく貧困に悩まされ、食わせることもできないのに永遠に人口が増え続ける運命にある、というのも間違いだ。アフリカは大きく変わりつつある。経済はダイナミックに動き、出生率は急速に下がっている。アフリカ系アメリカ人とラテン系アメリカ人の出生率が白人アメリカ人を大きく上回っているというのも間違いだ。この三者の出生率はおおむね似たような数値になっている。

こうした神話を覆すのはなかなか難しい。なぜなら、1国の出生率が人口置換水準まで下がっても、その時点ではまだ大勢の若者世代がいるからだ。本当は彼らは最後の〝大勢の若者世代〟なのだが、その存在によって今後も人口増加が続くような幻想を抱かせる。人であふれ返ったバンコクの街中を歩きながら、タイが人口崩壊の真っ最中であるという事実を受け入れられるだろうか。普通は「そんなバカな！」と感じるだろう。だがタイの出生率は1・5である。国連はタイの出生率が今世紀いっぱい穏やかに上昇するという不可解な予測をしつつ、それでも2030年から人口が減少に転ずるとしている。人口は7000万人でピークをつけ、今世紀末には5000万人まで減るというのだ。だが、おそらく今後のタイの出生率は微増どころか減少してもおかしくない。失われる人口は国連予測より大きいだろう。

他にも神話はある。先住民というのはきわめて出生率が高く、どの国においても先住民の出生率はその国全体の出生率を大きく上回るという神話だ。出生率がきわめて高いので先住民は全体として若く、経済力のない若い男女が子供をつくり、貧困サイクルに陥り、結果として先住民の若者は好戦的になる、という神話だ。出生率がきわめて高いので、その国に占める先住民の人口比率は増え続け、先住民の低所得者層が増えて国全体の経済的・社会的安定を揺さぶる脅威になる、という神話だ。

私は西側社会における先住民の貧困問題を軽視するつもりはない。オーストラリアからカナダに至るまで、各国政府にとって先住民の貧困サイクルを断ち切ること以上に大事な社会政策の課題はないと思っているほどだ。だが、先住民の実際の出生率はみなが思い込んでいるほど高くはない。人口置換水準か、それより少々高いくらいだ。そして出生率は低下傾向にある。全国平均より出生率が低い先住民グループも、少なくともひとつはある。今のところ「先住民の若者層」は大きな集団だが、彼らは大集団でいられる最後の世代である。遠からず先住民も高齢化が始まり、一般国民と同じ課題に直面するようになる。先住民の数は一般国民と比べてあまりにも少ないため、いずれは自分たちの言葉や文化、社会における自治権などを守っていくのもいっそう厳しくなるだろう。カナダ、オーストラリア、アメリカ、そしてニュージーランドの先住民が直面する課題は、生まれてくる赤ちゃんが多すぎることではなく、少なすぎることなのだ。

貧困や虐待にさらされる先住民

２００８年、オーストラリアのケビン・ラッド首相は国を代表してアボリジナルに謝罪した。同じ年の6月11日、カナダのスティーヴン・ハーパー首相は全国民を代表し、カナダ先住民が寄宿学校で受けた仕打ちに対して謝罪を行った。

「いま我々は、これらの学校がきわめて多くの虐待やネグレクトを引き起こしたことや管理監督が行き届かなかったことを認め、あなたたちを守れなかったことを謝罪します」[2]。静まりかえったカナダ下院議会でハーパー首相はそう宣言した。

カナダ連邦の発足直後から１９７０年代まで、何千何万というファーストネーションズ（カナダ政府のインディアン法ではいまだに彼らを〝インディアン〟と呼んでいる）の子供たちが保留地の家族から引き離され、カソリック教会やプロテスタント教会が運営する寄宿学校で教育を受けさせられた。そこでは子供への暴力や性的虐待が日常茶飯事だった。カナダ政府による〝子供の中のインディアンを抹殺しよう〟（あるカナダ政府職員の言葉[3]）とする取り組みは、寄宿学校に送られた子供たちとその子孫に今に至るまで消えない傷跡を残している。

カナダの総人口3600万人に占める「先住民」（ファーストネーションズ、メティス、イヌイットを指す推奨語）の比率は、この10年で4％から5％へと増えた[4]。その理由は主に平均寿命の伸びと、自分を「先住民」だと認識する人の増加による。ファーストネーションズの保留地は、一部には栄えている場所もあるものの、多くはオンタリオ州北部やマニトバ州北部、ヌナブット準州といった遠隔地にあり、貧困や薬物乱用、暴力などの問題に悩まされている。保留地に住むファーストネーションズの児童の60％は貧困状態にある[5]。6つにひとつの保留地では清潔な飲み水が手に入らない[6]。44歳未満のカナダ先住民は、死因の1位が自殺である。青少年の自殺率も、カナダ先住民は非先住民の5、6倍になる[7]。

ウィニペグやサスカトゥーンといったプレーリー地帯の都市には、すでに先住民コミュニティが形成されており、こうしたコミュニティは今後もますます大きくなると一般には思われている。だがその認識は間違いだ。今の先住民コミュニティには若者が大勢いるが、彼らは大きな「先住民の若者層」を構築できる最後の世代である。次世代の「先住民の若者層」はかなり少なくなり、その次世代はさらに少人数になるだろう。カナダの総人口に占める先住民の比率はこの先横ばいになり、その後は減り始めると見られる。

1960年代にはカナダ先住民の出生率は5・5で、国全体の出生率の2倍を超えていた。だが2001年には2・6まで落ち（国全体は1・5）、2011年にはわずか2・2になった（国全体では1・6）[8]。カナダ先住民の出生率は急激に低下し、国全体の出生率に近づいている。今はおそらく人口置換水準を下回っているだろう。

カナダ先住民の出生率が下がっている理由は、あらゆる国のあらゆる集団と同じである。都市化と教育により、集団内で女性の権利が向上しているからだ。先住民のリーダーたちは先住民の文化において女性が名誉ある地位を占めてきたと強調するが、最近まで女性の法的権利は制限されていた(いまでも一部は制限されている)。ある調査では、保留地に暮らす先住民女性の最大80%がなんらかの性的虐待を受けた経験を持つと推定している。この割合はカナダの全国平均の4倍である。この調査結果について上院議員のロメオ・ダレールは「いまいましい国辱以外のなにものでもない」と怒りをあらわにする。[9]

先住民の女性と男性は貧困や暴力など多くのリスクにさらされている(保留地に暮らす先住民男性は、殺人事件の被害者になる確率が保留地外で暮らす先住民女性の2倍である)。そして、保留地に暮らす先住民の高校卒業率は40%だ。これが保留地外に暮らす先住民になると70%に増え、カナダ全体の高校卒業率は90%である。[10]だからファーストネーションズの過半数、メティスの70%が保留地の外で暮らすのである。[11]

都市に住む先住民が増え、出生率が下がるにつれて、カナダ社会に占める彼らの存在は小さくなっていくことが避けられない。カナダは毎年30万人の移民を受け入れる。その多くはフィリピンやインド、中国などアジア太平洋諸国からやってくる。一方、170万人いるカナダ先住民のうち保留地で暮らすファーストネーションズはわずか32万8000人だ。[12]年間の受け入れ移民数を少し上回る程度である。いまやカナダ国外で生まれた人々がカナダの総人口の20%を占めるなかで、先住民の、とりわけ保留地で暮らすファーストネーションズの占める比率は確実に小さくなっていく。この先ますます人種の多様化が進み、非ヨーロッパ化するカナダ社会のなかで、先住民の存在感はいっそう小さくなるだろう。

アボリジナル、ネイティブ・アメリカンもしかり

先住民の出生率低下はカナダだけの現象ではない。人口の3%がアボリジナルとされるオーストラリアでは、2015年のアボリジナルの出生率が2・3（オーストラリア全体では1・8）と1960年代の5・8から急落している。[14]ニュージーランドは特殊で、マオリ族が総人口の15%を占めるため、その出生率が国全体の数値に影響を与える。マオリの出生率も1961年には6・9と高かったのに、1986年には2・1へと急落し、近年はベビーブームの残存効果か2・8とわずかに上向いた。[15]

先住民といえば、ネイティブ・アメリカンほど詳細にその歴史が描かれてきた先住民社会はない。ただし、そうした記録のほとんどはハリウッド製で、完全なるデタラメである。彼らについて間違いなく正しいと言えるのは、以下のような事実だ。――ヨーロッパがアメリカ大陸を植民地化したころ、ネイティブ・アメリカンの人口はおそらく500万人から700万人の間だった。その後、伝染病や戦争（実態は民族皆殺し運動）、強制移転、貧困、飢饉により、1890年までにその人口は25万人程度に激減した。当時のネイティブ・アメリカンの状況はあまりにも脆弱で、いずれは絶滅するだろうと予測する専門家が多かった。[16]

ところがその後、ネイティブ・アメリカンの出生率は他の民族集団を上回るほど高くなり、彼らの人口は増加した。そして1980年までにはアメリカのすべての人種で出生率が下がり、白人アメリカ人の出生率は1・7、「ネイティブ・アメリカンとアラスカ先住民」（アメリカの人口

統計学者の分類法）は2・2になった。きわめて不思議なことが起きたのはその後だ。ネイティブ・アメリカンの出生率はどんどん下がり続け、1999年には白人アメリカ人を下回り、それでも低下は止まらなかった。2014年にはついに1・3に達し、アメリカのあらゆる人種のなかで最低となった[17]。この数値は世界的にも最低レベルに属する。白人女性は1・8人の赤ちゃんを産むのに、ネイティブ・アメリカンはそれより赤ちゃん半人分も少ないのだ。この水準の出生率が続けば、いずれネイティブ・アメリカンは消滅の危機に瀕するだろう。今回は純粋に人口統計学的な理由で――。しかも、2017年の調査研究の指摘によれば、なんでもかんでも研究対象とするアメリカにおいても、ネイティブ・アメリカンとアラスカ先住民の出生率低下に関する研究はほぼ皆無だという[18]。

オーストラリア人はアボリジナルの文化を守り、後生に残そうと大いに努力している。現在、アボリジナルの言語や文化をデジタル化する作業に130人ほどが取り組んでいる。ミック・ドッドソンはこうした努力を評価しつつも、「このようなやり方で生きた文化を保存するのは難しいでしょう」と指摘する。世界中の先住民とその文化が似たような状況にある。世界的な出生率低下により、文化の多様性が危機にさらされている。未来は今より均質でつまらないものになりかねない。

ケニアの先住民ボニ

ここまで取り上げてきた先住民の話は、いずれも先進国の話である。だが、発展途上国を見ると、文字通り何千もの先住民文化が絶滅の危機にさらされている。

ケニアのボニ（またはアウィア）と呼ばれる先住民は今や人口4000人。半世紀前は2万5000人だった。ハチミツを主食のひとつとし、鳥に歌いかけて蜂の巣まで案内してもらい、採取している。ボニ族は狩猟もするため、政府機関のケニア野生生物公社と対立している（ある人にとっては狩猟でも、他の人にとっては密猟）。ボニの人々は子供たちに、きちんとした医療サービスと教育を受けさせたいと思っている。ごく自然なことだろう。だが、そのためにはケニアにある最先端の現代文明と直に接触することになり、ボニ独自の言語と文化が危機にさらされている。「私たちの生活様式は消えかかっています。ボニは消滅の危機にあるのです」――ボニ族の一員で町会議員でもあるオマール・アロヨはAFP通信の取材にそう語った。[19] ボニ族の生活圏ではイスラム過激派アル・シャバブとケニア軍の戦闘が激化しており、危機的なだけでなく、危険な状況にもなっている。

ボニ族のなかには携帯電話を持つ人もいる。携帯電話は部族の共有物だ。電波にアクセスするため、時には木に登る必要もある。これは〝旧技術と新技術の独自の連携〟だとボニ族のひとりは言う。[20] だが、ボニの若者がスマートフォンを持って木に登るとき、そこでキャッチするのは電波だけではない。未来を垣間見るのだ。もっと良い仕事、もっと良い食事、もっと良い暮らし、そしてもっと少ない赤ちゃん――。すでに4000人しかいないボニ族にとって、出生率低下は最も望ましくないことである。だが、ボニだけが例外でいられる理由はない。出生率低下は、たとえケニア奥地の森林地帯でも変わらずに起きる。ボニ族が一般のケニア社会に組み込まれるにつれて、赤ちゃんの数は減り、すでにわずかなボニ族の人口もさらに減っていくだろう。

「文化への権利は、教育や健康に関する権利から言語や生活に関する権利に至るまで、ありとあらゆる権利を享受するための中心に存在する。それなくしては、公正で平等な人生は達成不可能になる」――ＮＧＯのマイノリティ・ライツ・グループ・インターナショナルはそう断言する。[21]だが、世界中の何千という少数民族の文化は、さまざまな原因で危機にさらされている。グローバリゼーション、気候変動（海抜の低い地域や島々の共同体を危機にさらす）、戦争による立ち退き、占領軍による文化的遺物の破壊、農業による森林破壊、宗教的不寛容、もしくは血を見たいという純粋なる欲望――。原因はなんであれ、「最終的に（少数民族）コミュニティは軽視されて声を失い、彼ら独自の伝統を衰退させる結果になる」[22]。

この複合的危機に出生率低下も加わっていることは間違いない。フィンランド人やチリ人にとっても出生率低下は問題だが、ボニを含めた数千もの危機に瀕した文化にとっては存続に関わる一大事なのだ。

バベルの塔と、言語の消滅

全地にはひとつのことば、ひとつの話ことばしかなかった。（中略）人々は言った。「さあ、町と塔を建てよう。その頂が天に届くほど高い棟を建て、名をなそう。我々が全地表に散らされないように」。そして主が降りてきて、人の子の建てる町と塔を見て仰った。「見よ。民はひとつでことばもひとつだ。そしてこの事をやり始めた。いまや、彼らがしようと思うことを止めることはなにをもってしてもできない。さあ、我々は降りていき、彼らのことばを乱し、お互いにことばが通じないようにしよう。（中略）それゆえ、この町の名はバベルと呼ばれた。主がそこで全地のことばを乱し、そこから全地表に人々を散らしたからである。[23]

創世記によれば、主はバベルの塔の建設を止めさせ、ひとつだった共通言語をバラバラに乱した。言語がひとつだけだと人間の進歩が加速されると知っていたからだ。「彼らがしようと思うことを止めることはなにをもってしてもできない」と知っていたからだ。主が我々をバベルから全地表に散らしたことで、我々の相互理解はとてつもなく困難になった。言葉の面だけでなく文化の面からも。やつらは我々にとって無意味な音をベラベラとしゃべる。これがやつらを恐れ、避ける理由のひとつになる。

だが、我々はいま再びバベルの塔を建設している。

英語はこれといって特別なところのない言語だ。他の大半のヨーロッパ系言語に比べた特徴は、名詞に性別がなく、動詞に複雑な語形変化がないことぐらいだ（三人称単数現在形にはｓがつく。過去形にするにはｅｄをつけ、未来形にするにはｗｉｌｌをつける。以上）。英語はかつてのラテン語と同じ役割を担っている。理由も同じ。征服だ。１０００年以上にわたり教養あるヨーロッパ人の共通言語だったラテン語は、ローマ帝国から受け継がれた。大英帝国は全陸地表面の4分の1を支配、または植民地化した。大英帝国の後継者であるアメリカは、これまで１００年にわたり経済面でも地政学面でも覇権を握っている。その間、メディアの発達に歩調を合わせてアメリカ文化は世界中に広がり、英語とマクドナルドは普遍的存在となった。

今日、グローバル企業では当たり前のように英語を社内公用語にしている。ドイツのシーメンスのように、英語圏でない国の企業でもそうしている。[24] 重要な科学の研究論文はほとんどが英語の学術誌に掲載される。世界中の航空管制は英語で行われる。英語はグローバル化に使われる言語であり、会議の公用語であり、インターネットの公用語であり、ハリウッド映画の言葉でもある。英語を第一言語とする人の数は世界第3位（標準中国語、スペイン語に次ぐ）ながら、〝最も利用頻度の高い第二言語〟としては55カ国で使われ圧倒的な第1位である。第二言語として英語を話す人（12億人）は、第一言語として英語を話す人（3億６０００万人）よりもはるかに多い。[25]主が恐れたように、共通言語があると知識の探求が加速され、全地表に散らされた人々が（少なくともバーチャル空間で）ふたたび一緒になれる。

　だが、英語はあちこちで人々が協力し合うのを容易にしたかもしれないが、同時に文化的脆弱性ももたらした。現在この地球上ではざっと７０００の言語が使われていると推定されるが、それぞれの言葉を使う人の数にはきわめて大きなばらつきがある。[26]例えば標準中国語と広東語の話者はおよそ12億人いる。一方、１０００人未満の話者しかいない言葉も２０００言語ほどある。[27]こうした言語は危機に瀕している。存命の話者がひとりしかいない言語は46あり、[28]毎年25の言語が消滅している。[29]この消滅ペースは今後も都市化とグローバル化のせいで加速するだろう。１００年後、世界には６００程度の中核言語しか残されず、新しい世界共通語として標準中国語とスペイン語と英語が幅をきかせているだろう。[30]すべての言語はそれぞれ違っており、構文と文法は話者の世界観に影響を与えるため、ひとつの言語が失われるごとにかけがえのない何かが同時に失われる。多様性が人類を豊かにしているとすれば、言語と文化の消滅は、代々引き継いできた人類の遺産を貧しくすることになる。

　出生率低下は、すでに十分に危機的な状況にある文化とコミュニティをいっそう追い詰めている。各コミュニティはそれぞれに異なる戦略で自分たちの文化を守り、盛り立てようとしているが、そうした戦略は多くが矛盾を内包している。高齢化と減少の進む人口を活気づけるために移民を呼び込むべきか？　だがそうすると、古来の伝統と古い言葉をどのように守ればいいのか？ソーシャルメディアや新しい通信技術を利用して自分たちの歴史を詳細に記録し、自分たちの独特な点を保存するべきか？　だがそれは、均質化や同化吸収されるリスクをさらに高めるのではないか？　自分たちのコミュニティを大きな世界から切り離し、孤立による保存の道を探るべきか？　だが、その道を選ぶと我々はいったいどうなるのか？

こうしたことすべての根底には、動かしがたい次の事実がある。すなわち、今どれほど大勢の若者がいようとも、世界中のほとんどの社会で次の世代は数が減る。その次の世代はさらに少数になる。そして最後には人類全体の数が減り始める。この事実が文化の絶滅に及ぼす脅威に対しては、まだ誰一人として解決策を見つけていない。

THE CANADIAN SOLUTION

12章

カナダ、繁栄する〝モザイク社会〟の秘訣

トロントでは市民の半数が外国生まれだ。
街は治安がよく活気がある。
移民は高い教育を受け、
あらゆる肌の色、言語、経歴の人々がともに暮らし、
社会で活躍している。
カナダは、人口を大幅に増やし続け、
高齢化も緩やかだ。なぜ可能なのか。

カナダの人口推計

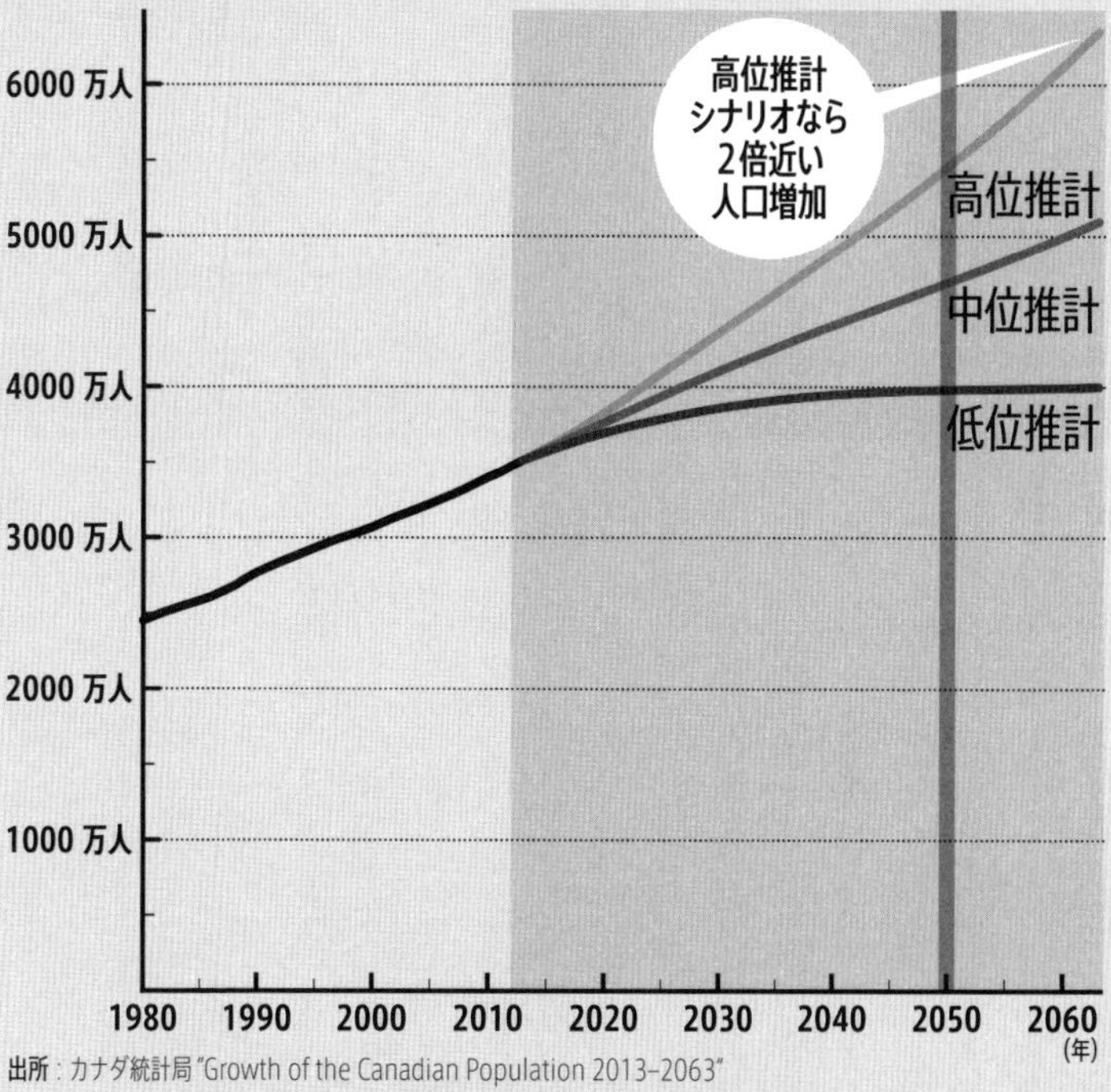

出所：カナダ統計局 "Growth of the Canadian Population 2013–2063"
https://www150.statcan.gc.ca/n1/pub/91-520-x/2014001/c-g/desc/desc2.1-eng.htm

G8 諸国の総人口に占める外国生まれの比率

注：統計の年度はカナダが 2011 年、ドイツ・アメリカ・イギリスが 2010 年、イタリアは 2009 年、フランスは 2008 年、ロシアは 2002 年、日本は 2000 年
出所：カナダ統計局 "Immigration and Ethnocultural Diversity in Canada"
https://www12.statcan.gc.ca/nhs-enm/2011/as-sa/99-010-x/99-010-x2011001-eng.pdf

空港を出てタクシー乗り場に向かうと、最初に聞こえてくるのは威勢のいいアラビア語のやりとりだ。それで訪問者はハッと現実に引き戻される。人口およそ3500人のイヌヴィックはマッケンジー川のデルタ地帯にある町だ。北極圏に入ってさらに北に200キロ、カナダのノースウェスト準州に属する。今は6月なので太陽は沈まない。真冬は一度も太陽が昇らない日が30日続く。人口構成はざっと40％がイヌイット、40％がファーストネーションズ、残り20％がそれ以外。〝それ以外〟には40人ほどのアラブ人も含まれ、彼らの一部はタクシー運転手をしている。町の中心部にはモスクもある。2010年にバージ船で南から運ばれてきた、世界最北のモスクである。[1] イヌヴィックで耳にするアラビア語は、カナダのマルチカルチャーを強く感じさせる。

だが、世界でもっとも国際化の進んだ国カナダでは、これはよくある風景だ。世界中の人々がこの北方の国に根を下ろしている。カナダの総人口の20％は外国生まれだ。そしてその比率は年々増えている。北米で4番目に大きな大都市圏であるグレーター・トロント・エリア（GTA：トロントを中心とする大都市圏）では、人口の半数が外国生まれだ。[2]

カナダの総人口は3520万人。2016年の国勢調査によれば、5年間で人口は5％増えている。[3] 年間30万人の移民を受け入れており、さらにその数を年間45万人に増やそうという動きもある。2100年までにカナダの人口を1億人にするという目標のためだ。[4] この目標は、カナダで10番目に人口の多い都市を毎年ひとつ加えていくことに等しい。ただし、現状のままでもカナダの人口は2060年に5000万人まで増えるとカナダ統計局は予測している[5]。

これはとてつもないことだ。大半の先進国では今世紀末に現在より人口が減少すると見込まれるなか、カナダは人口を増やし続ける予定だ。しかも大幅な増加である。世界中で人口高齢化が進むなか、カナダの高齢化は他国よりも緩やかだ。というのも、移民の平均年齢はカナダ全体の平均年齢より7歳若いからだ[6]。もちろん、カナダでもベビーブーム世代の高齢化は大問題だ。医療保険制度には常に過大な負担がかかっている。退職年齢を引き上げるべきか、公的年金を改正すべきか、もしくはその両方を実行すべきか、カナダでも政治家たちは激しい議論を繰り広げている。だが、その激しさは他の国ほどではない。そしてカナダ人は何十年にもわたり、他国なら大混乱を引き起こすであろうレベルの大量の移民を受け入れてきた（前にも述べたが、仮にアメリカが人口一人当たりでカナダと同じレベルの移民を受け入れるとすれば、年間に合法移民を300万人受け入れる必要がある。これは今の3倍の水準である[7]）。

半数が外国生まれのトロントは、安全で活気がある

では、こうした大量のカナダへの移民は、いまカナダで貧困にあえいでいるだろうか？　警察官も恐れるような犯罪率の高い地域のボロアパートに暮らしているだろうか？　まったくそうではない。平均すると、カナダに来る移民はカナダで生まれ育ったカナダ人より良い教育を受けている[8]。彼らはカナダ社会の平和と繁栄に貢献し、素晴らしい活躍をしている。人口260万人のうち半数が外国生まれの都市トロント（GTAの人口は640万人）は、殺人事件の発生件数が

例年60件に満たず、世界で8番目に安全な都市である。[9] トロントは活気があると同時に秩序もあり、あらゆる肌の色、言葉、経歴の人々が混ざり合い、同じ地域で共に暮らし、同じ職場で共に働き、恋をしたり多国籍料理を作ったり、時にはラッシュのひどい地下鉄に文句を言い合ったりして生活を楽しむ、世界で最も多様化の進んだ都市である。[10] カナダの大都市はだいたいがそのような感じだ。

カナダの現状が伝えるメッセージは赤裸々なほど明快だ。いかなる国であろうと、人口減少が経済に与えるマイナス効果——経済成長の鈍化や停止、減る税収と増える債務、高齢世代と若者世代の世代間の憎しみ合い——を避けたいと思うなら、カナダ方式の解決策を採用するしかない。すなわち、総人口の1%かそれに近い水準の移民を毎年受け入れるのだ。ヨーロッパやアジアで出生率が人口置換水準を下回りそうな国には二つの選択肢がある。カナダのようになるか、人口減少を受け入れるか——。とはいえ、これは不可能に近い選択かもしれない。

利己的な理由で移民を受け入れるカナダ

スウェーデン人の記者が〝カナダの移民政策〟について記事を書こうと思い、カナダのジャーナリストに電話をかけてきた。このテーマについて簡単に背景を教えて欲しいと。ところがふたりの話はまったくかみ合わない。オタワからの回答は、ストックホルムにいる質問者にとって意味不明なのだ。何が問題だったのか、最後にはふたりとも気づいた。「移民」という言葉を、ふたりはまったく異なる意味で使っていたのである。

スウェーデンには難民認定の輝かしい伝統がある。第二次世界大戦中、中立国スウェーデンはドイツの絶滅収容所行きを逃れようとしたデンマークのユダヤ人を何千人も受け入れた。ユーゴスラビアが解体したときは、ボスニア人難民を中心に10万人以上がスウェーデンを新たな故郷とした。また、シリアとイラクで治安が崩壊したとき、安全な逃避先を求める市民のためにもっとも力になったのもやはりスウェーデンだった。難民危機がピークを迎えた２０１５年、スウェーデンは16万人もの難民申請者を受け入れている。総人口９５０万人の国にとって、これは並大抵のことではない。

ところが、そのひずみはあっという間に表面化した。世界でも有数の絶望的な地域から、あまりにも多くの人が、あまりにも短期間にやって来たからだ。若い男も大勢いた。どれほど素早くスウェーデン語を身につけられるというのか？　彼らにどんな仕事があるというのか？　路上生活者が増えた。失業も、犯罪も、敵意も――。スウェーデン政府は新規の移民受け入れに制限を設け、すでに入国済みの移民たちには国に帰るためのカネを与えた。（スウェーデンにしては）保守派の政党は反移民政策を掲げるようになった[11]。そこで、前述のスウェーデン人記者は知りたいと思ったわけだ。なぜカナダでは、毎年何十万人もの難民を受け入れながら、社会問題化せずにうまく融合できているのかを。

ところが、「そんなことは一切していない」とカナダのジャーナリストは言うのだ。例年、カナダの永住権を取得する（これは将来の国籍取得につながる）人々の10％程度は難民だが、残る90％はカナダ経済に貢献できるがゆえに移民を認められた人々（およびその家族）である。スウェーデン人記者はその事実に衝撃を受けた。「スウェーデンへの移民はみな人道的理由から認められた人々です」と彼女は話す[12]。これがカナダとスウェーデンの根本的な違いだ。カナダは完全に利己的な理由から移民を受け入れている。だからスウェーデンより移民政策がうまくいっているのだ。

優れた公共政策とは例外なくその公共体の利己心に基づいている。そして誰もが例外なく、自分たちの利己心を通してそこに関わっている。ここでいう〝自分たち〟とは、一番身近な家族であり、ご近所であり、自らの住む村や町や都市であり、県や州であり、国であり、そしてこの地球をも含んでいる。もちろん我々は他者に共感するし、他利的な理由で動くこともある。しかし、〝それが正しいから〟という理由だけで何かを長時間続けていれば、必ず次のように自問するようになる。「なぜこんな自己犠牲をいつまでも続けなければならないのか？　自分や家族にとって何になる？」――。露骨な利己心が透けて見える行動はなかなか取りにくい。昔ながらの道義と集団の自己保存本能が結びつき、今でも非常時には〝女性と子供が先〟が当然とされる。だが、公共政策に実効性を持たせるなら、多くの場合はそこに集団の自己利益を反映し、集団内の誰にとってもメリットのある話にしなければならない。こと難民と移民に関してはとりわけこれが当てはまる。

カナダが大量のシリア難民を受け入れた理由

難民危機の発生時、スウェーデンは人口10万人当たり１６６７人の難民を受け入れた。これは信じられないほどの度量である。同じ時期に人口10万人当たり５８７人の難民を受け入れたドイツは、首相のアンゲラ・メルケルが国民に対し「我々ならできるはずです」と訴えたものだ。EU諸国を平均すると、人口10万人当たりの難民受け入れ数は２６０人だった[13]。とはいえ、平均値通りの国はほとんどなかった。ハンガリーは当初、人口10万人当たり1800人近い難民を受け入れ、最大の受け入れ国となったが、受け入れた難民のほぼ全員がハンガリーを経由してドイツに移動し、最終的にクロアチア国境を閉鎖すると受け入れ数は激減した。他の東欧諸国はさらに敷居が高く、人口10万人当たりでポーランドは32人、ルーマニアは6人の難民しか受け入れなかった。各国政府は、もともとの国民に対する社会福祉も不十分な状態なのに、ましてや難民申請者を支える余裕はない、と説明した。それに加えて、ハンガリー首相オルバーン・ヴィクトルと同じような反移民感情を持つ人が、東欧諸国には大勢いると言わねばなるまい。東欧地域ではどの国でも、国粋主義的で大衆迎合的、そしてあからさまに人種差別的な政党が台頭している。西欧の一部も東欧とそれほど変わらない。イギリスが受け入れた難民は人口10万人当たりわずか60人。それなのに彼らは野放図な移民流入への恐れも一因でEU離脱に賛成票を投じた。フランスは114人とEU平均の半分だ。そして、多くの移民を受け入れてきた国々でも、2016年になると前年の移民大量流入への反動が起き、扉を閉ざすはめになった。

難民危機が最盛期を迎えた時期、カナダは連邦政府選挙の真っ最中だった。スティーヴン・ハーパー率いる保守派政権は移民政策に積極的で、前のリベラル派政権の時代より年間の移民受け入れ数を増やしていた。だが、保守派政権は難民に対してはそれほど前向きでなく、2010年にブリティッシュコロンビア沿岸にタミール人の難民申請者を満載した巨大な老朽貨物船が辿り着いて以来、カナダへの入国の条件を厳しくした。ハーパーは10年も権力の座にあり、おそらく何があっても選挙に勝つ見込みはなかったろう。だが、地中海で溺死した3歳のシリア人少年アラン・クルディ君の家族がカナダへの入国を拒否されたというニュースが報道されると、これがとどめになった。票は一気にリベラル派の自由党に流れた。若くてカリスマ性のある自由党の党首ジャスティン・トルドーは、もし選挙に勝てば年末までに2万5000人のシリア難民を受け入れると公約していた。

トルドーは2015年11月に首相になると、すぐにこの公約を実行した。いや、実行しようとした、というべきか。徹底的なセキュリティ・チェックとお役所仕事がボトルネックとなり、2万5000人の受け入れ実現は翌年2月までかかったのだ。だが国民は寛容だった。政府が全力を尽くしていると知っていたからだ。政府職員は罰ゲームのような長時間の残業をこなし、自主的にクリスマス休暇を返上して協力した。首相も最初に到着する難民を自ら歓迎するため、クリスマス前にトロントのピアソン空港に赴いた。「ここがみなさんの家です」とトルドーは彼らに言った。「おかえりなさい」[14]。国中の人が涙をぬぐったシーンだった。カナダは2016年末までに5万人の中東難民を受け入れた。ドイツやスウェーデンよりは少ないが、多くの国よりはるかに多数だ。しかも、カナダ永住を前提にその難民を受け入れたのだから、きわめて度量の大きな措置だった。隣国アメリカの人口はカナダのおよそ10倍だが、受け入れた難民の数はカナダより1万3000人少なかった[15]。

では、カナダ人のほうがアメリカ人よりいい人たちだから、より多くのシリア難民を受け入れたのだろうか？　まったく違う。適切なやり方をすれば、難民受け入れが自国の利益になると知っていたからだ。40年近く前、カナダ人は身をもってそれを学んでいた。

ベトナム難民の大成功

振り返ると、苦境にある人々を受け入れるという点で、カナダはどちらかと言えば恥ずべき歴史を持っている。

1914年、新天地を求めるシーク教徒のインド人を多数乗せた蒸気船の駒形丸がバンクーバーに到着したとき、カナダ政府は彼らを受け入れずに追い返した。さらに酷い事例は「セントルイス号事件」として有名である。1939年、1000人近いユダヤ人難民を乗せた蒸気船セントルイス号がハリファックス港に到着すると、カナダ政府は彼らを追い返した。入局管理事務所のカナダ人高官は、何人ほどのユダヤ人を受け入れてくれるかと聞かれ「ゼロ人でも多いくらいだ」と答えたという。[16] 結局セントルイス号は出発地のヨーロッパに戻り、船に乗っていたユダヤ人の多くは最終的にナチの手によって命を落とした。

1979年7月、国連の緊急声明について話し合うため、政権与党であるカナダ進歩保守党の移民担当大臣ロン・アトキーが閣僚たちとの会議に赴くとき、彼の心にはこの「セントルイス号事件」の醜聞が大きな影を落としていた。国連によれば、北ベトナムの共産主義者が南ベトナムを占領した後、何十万ものベトナム人がボートに乗って国を逃げ出しているという。溺死もせず、強盗にも殺されずに生き延びた人たちは、難民キャンプで悲惨な状態で過ごしているというのだ。

だが、世論調査によれば、カナダ人の大半はベトナム難民を受け入れたいとは思っていない。政府は世論に従うべきなのか――。会議の場に大臣たちが到着すると、それぞれの席に一冊ずつ『ゼロ人でも多いくらいだ（None Is Too Many）』（アービング・アベラ、ハロルド・トロパー著）が置かれていた。「セントルイス号事件」の悲劇を世に知らしめた有名な書物である。アトキーは大臣たちに迫った。「我々は〝ノーと言った政府〟として知られたいのか、それとも

〝人々を救った政府〟として知られたいのか」[17]――。大臣たちは人々を救うほうを選んだ。ただしひとつの条件を付けた。カナダは5万人までベトナム難民を受け入れるが、政府とは別に、民間の市民や地域組織でもそれぞれ私的に難民たちを支援してほしい、と。これに対してカナダじゅうが素晴らしいリアクションをした。教会グループや地域奉仕クラブ、個々の家族や複数の家族がそれぞれ団結して難民たちを受け入れたのだ（こうした民間人の私的な難民支援は「プライベート・スポンサーシップ」と呼ばれた）。最終的にカナダは6万人のベトナム難民を受け入れ、国連からナンセン難民賞を贈られたのである。

この経験からカナダは貴重な教訓を得た。第一に、難民は素晴らしい移民になる。ベトナム難民はすばやくカナダの社会に溶け込んだ。1ブロックごとにベトナム人夫婦の経営する雑貨屋がある、と人々は冗談を飛ばしたものだ。それから20年後の今、そうしたベトナム人夫婦の息子や娘たちが、カナダ中の大学で学業成績トップの座を占めている。第二に、民間人による「プライベート・スポンサーシップ」は、難民を社会に融合させるうえで、きわめて優れた方法であることがわかった。ベトナム難民はカナダじゅうに散らばり、各地の地域コミュニティで手厚い支援を受けた。このため、社会から切り離されてゲットー化するのを避けられた。こうして危機発生時を中心に、プライベート・スポンサーシップはカナダの難民支援の方法として定着するに至った。2015年から2016年にかけて5万人のシリア難民がカナダに来たが、ほぼ半数は民間で受け入れた。正式な審査を受けて難民認定されたシリア難民の数より、彼らを喜んで支援しようとするボランティアのほうがはるかに大勢いたのである。

カナダ人が難民や移民を喜んで受け入れるのは、カナダ人が特別に善良な人々だからではない。

それがカナダ自身の自己利益になると発見したからである。この発見はカナダの歴史に根深く刻み込まれている。しかもこの発見は、カナダが国家として機能的欠陥を持つという残念な事実がもたらした、意図せざる結果なのである。〝国をひとつにまとめあげることができない〟という国家としての機能的欠陥こそ、カナダが脱国家と多文化を見事に実現できた秘訣だったのである。(18)

移民でカナダを再興させた政治家

1896年、クリフォード・シフトンは政治家がぶつかる問題としてほぼ最大級の難問に直面していた。4半世紀の歴史しかないカナダ自治領（カナダの旧国名）は国家として存亡の縁にあった。というのも、国民はもうこれ以上ここに住みたいとは思わず、別の国に移住したいと思っていたからだ。南に行けば、南北戦争からの復旧が急速に進む大国アメリカがある。ヨーロッパから何百万人もの移民が押し寄せ、アメリカ西部のフロンティアを開拓中だ。一方、カナダのフロンティアには誰もいない。あまりに寒く、あまりに遠いのだ。カナダ自治領に住み着いた人々は、アメリカと運命共同体になったほうが簡単でカネになるのではなかろうかと感じ始めていた。アメリカとの統合は必然であり、むしろ望ましいのではないか――。博学の作家ゴドウィン・スミスは「国家としてのカナダに存続の見込みはない。この大陸に別々に住む2つのアングロ・サクソン人は、血と性質、言葉、宗教、組織、法律と利害においてひとつの人々なのだ」と述べている。(19)カナダは寒く、脆弱で、貧しかった。隣国アメリカの経済は好調なのに、カナダの経済は1870年代から80年代にかけて何度もエンジンが停止しかけた。プレーリー地帯ではメティスの反乱があり、カナダ自治領政府はなんとか鎮圧はできたものの、彼の地はあまりにも人が少ないためアメリカの開拓者に占領されるリスクさえあった。カナダの将来は明るそうには見えなかった。

だが、クリフォード・シフトンはあきらめようとはしなかった。彼の選んだ解決策は、ただひたすら努力を重ねるというものだった。それは彼自身の成功の秘訣でもあった。シフトンはカナダ生まれでアイルランド系イギリス人の血を引く。1870年代、まだ10代の頃に両親と共にオンタリオ南部からマニトバに引っ越してきた。そのため英国人気質と西部開拓者精神の両方が彼のなかに強く残っていた。シフトンは猩紅熱のせいで聴覚の一部を失ったが、厳しい自己修練でそれを克服した。法学部を最優秀の成績で卒業し、若い頃から交渉術に長け、精力的で細心かつ完璧主義とあって、何をしても成功を収めた。政治の世界を志し、気がつけば35歳にしてカナダの内務大臣に収まっていた[20]。時の首相は、初のフランス系カナダ人の首相で偉大な政治家として名高いウィルフリッド・ローリエ。シフトンに与えられた任務は、移民を増やし、アメリカに占領される前にプレーリー地帯にカナダ人を増やすことだった。彼は当時としては信じられないほど急進的な手を打つ。東欧から積極的に移民を誘致したのだ。

このアイデアは多くのカナダ人から激しく忌み嫌われた。カナダはすでにフランス語圏のケベック州とそれ以外の（英語圏の）地域との2つに分裂していた。この分裂は1867年にカナダ自治領が誕生した瞬間からずっと、国の統一、ひいては国家の存在そのものへの脅威となっていた。もし東欧から移民を呼び込めば、英語圏カナダのアングロ・サクソン文化に残るプロテスタント色はさらに薄まり、国としての統一感がますます弱まるだろうと識者は警告した。東欧からの新たな移民はカソリックかギリシャ正教で、英語はまったく話さない。彼らがカナダ社会に溶け込むことは決してないだろう――。だが、シフトンはこうした警告に耳を貸さなかった。彼には人間が必要だった。しかも今すぐに。カナダ政府はスカンジナビア諸国やドイツ、バルカン諸国、ウクライナなど、近隣諸国を含めてくまなくパンフレットをばらまき、あらゆる言語でカナダへの移住を呼びかけた。いわく「最後に残された最高の西部開拓地」、「新しいエルドラド」、「豊かな未開の地」、「政府の護衛があるので、心配はなにも要りません」（これは要するに、先住民からの護衛という意味だ）[21]。

シフトンは確信していた。政治的にも経済的にも虐げられている地域の貧しい農民たちなら、プレーリー地帯の固い土地を掘り起こし、現地の寒さに負けないだけの精神力――破れかぶれ、ともいう――を持っているはずだと。「羊の皮のコートを着た頑健な小作農、先祖は10世代にわたり土地を耕してきた生まれながらの農民、たくましい妻と5、6人の子供がいる。そんな人が望ましい」とシフトンは述べている[22]。

19世紀末のスカンジナビア諸国と東欧は完全に「人口転換モデルの第2ステージ」にあった。高い出生率のまま死亡率が減る状態だ。耕す土地はもう残されておらず、若い男女に将来の選択肢はあまりない。だから彼らはシフトンの誘いに乗った。１８９０年代を皮切りに、何百万人という単位で移民がカナダに押し寄せた。大西洋を渡り、カナダ版のエリス島であるハリファックス港21埠頭へ。そこから新しい大陸横断鉄道に乗って、未開の西方へ。マニトバやサスカチェワン、アルバータへ向かう列車には、東欧からの移民だけでなくアメリカからの移民も混じっていたが、彼らとてもとはヨーロッパの同じような地域の出身であった。

シフトンの賭けは大成功を収めた。東欧移民はプレーリー地帯に根付いたうえに、カナダ的モザイク社会にしっかりと溶け込んだのである。あるひょうきん者が言った通り、クリフォード・シフトンがいなければウェイン・グレツキー（訳注：元アイスホッケー選手でカナダの国民的大スター、祖先はベラルーシからの移民）もいなかったであろう[23]。

〝人種のるつぼ〟ではなく、〝多文化のキルト〟

こうしてカナダは貴重な教訓を得た。移民はカナダ経済を活気づけ、広大な無人の地を埋めてくれる。確かに彼らは異邦人だ。決して英国国教会には加わらないだろう。カナダではすでにイギリス系とフランス系の仲が悪い。そのうえ新たな移民も加えて〝ごった煮〟できるような「人種のるつぼ」など存在しない。だから彼らは、英国からの独立色をますます強めつつある新天地カナダに住み着いた後も、祖国の伝統をいつまでも残した。そして第一次世界大戦後にはヨーロッパから新たに数百万人、第二次大戦後にもまた数百万人が移民としてカナダにやってきた。多くは戦争の悲劇から逃れてきた人々だ。１９５０年代になると、カナダへの移民の最大の供給元はイギリスからイタリアに変わった。移民の大量流入が続くなか、新聞の論説委員たちは確固たる国家のアイデンティティがないことを嘆いた。かつてのカナダはフランス人とイギリス人できていた。今のカナダを構成するのはフランス人とイギリス人と……その他にいろいろありすぎる、というのだ。だが〝カナダ人〟であるためのたったひとつの条件などあるのだろうか？「ええと、少なくとも私たちはアメリカ人ではないよね」——カナダの人々はそう結論した。国粋主義者のスローガンにはなりそうもないが。

それでもまだ根深い偏見が残っていた。中国人をはじめとするアジア人は、政策上も法律上もカナダへの移民が認められなかったのだ。それが変わり始めたのは1960年代、移民・永住希望者へのポイント制度が導入されてからだ。これは教育水準や仕事のスキル、英語もしくはフランス語の能力、カナダとの関係の深さなどに応じて加点し、可否を判断する制度だ。これにより、世界中どこの誰でも移民を申請できるようになった。ラテンアメリカから何百万もの移民（多くは違法）を吸収するアメリカや、近隣の北アフリカや中東から移民を引き込むヨーロッパとは違い、カナダは全世界からの移民を歓迎するようになった。ただし、カナダに移住後すばやく仕事が見つけられるだけの職歴と学歴があることが条件として明記されている。移民とはカナダにとってなによりもまず経済政策なのだ。労働力不足をおぎない、人口増加を支えることがその狙いだ。1990年代になり、低出生率が一時的現象ではなく完全に社会に定着したとわかると、カナダ政府は水門を開け放ち、年間25万人の移民を受け入れることにした。それから現在まで、カナダは国内最大の都市トロント3つ分に等しい数の移民を、中国、インド、フィリピンなど世界中の国から受け入れてきた。こうしたアジアからの新しい移民はあまりにも文化が違うため、決してカナダ社会に溶け込まないだろうと苦言を呈する人もいた。だが新しい移民たちは、〝人種のるつぼ〟というより〝多文化のキルト〟と言うべきカナダ社会に問題なく溶け込んだ（うまくいった一因には幸運もあった。三方を海に囲まれ、唯一の陸の国境線がアメリカ国境という条件のため、国境管理がきわめて効率的にできたからだ）。

こうして、国家としてのカナダの機能的欠陥は完全なものになった。カナダ人であることの定義は、ノルウェー人やポーランド人であることの定義よりはるかに曖昧で不明瞭になったからだ。移民文化の代表例であるアメリカやオーストラリアでさえ、自国民のアイデンティティをしっかりひとつの概念として持っている。ところがカナダは多文化の寄せ集め《メランジュ》になった。フランス、イングランド、スコットランド、アイルランド、ドイツ、ポーランド、ウクライナ、アイスランド、ハンガリー、イタリア、ギリシャ、ポルトガル……そして中国、インド、フィリピン、パキスタン、ハイチ、ホンジュラス、スリランカ、アルジェリア、ジャマイカ、モロッコ、ガイアナ――まだまだある。それぞれのコミュニティは独自の文化的な繋がりを保ち、それぞれのコミュニティは出身地である市町村や州、国といった共通の単位でまとまっている。これは国家の運営手法としてはずいぶんとゆるいやり方だ。１９９５年にはケベック州独立の賛否を問う住民投票があり、独立はほんのわずかな差で否決されたが、あやうくカナダ政府の大失策になるところだった。

“脱国家的国家”

だが、考えてもみてほしい。もしナショナリズムに国をまとめる効果があるというのなら、当然ながらそれは誰かを排除する効果も持つ。同じ国民としてあなたとわたしを繋げるもの――言葉、宗教、遺伝子、共通の文化的価値観（あいさつのキスは頬へ1回だ、いや両頬へ1回ずつだ、いやキスは3回で左の頬からだ、いや違う……）――を決めるとき、あなたは自分の属する集団を他のすべての集団とはっきり区別している。そうすることで、あなたが他の集団を理解したりましてやそこに加わるのは難しくなる。しかも、他の集団があなたの属する集団を理解したりそこに加わったりするのはさらに難しくなる。「デンマーク人はデンマーク人、日本人は日本人、それでおわり」という話になってしまう。カナダ以外で多数の移民を受け入れている国、例えばアメリカやニュージーランドといった国にもやはり明確な国民的気質があり、移民はその気質を自分にも取り入れるか、さもなくばその国を去るしかない。

ところが、カナダにはそこまで強い国民的気質というものがない。カナダ人はお互いが相手に合わせようとする。この〝調整の文化〟[24]がカナダという国を、形もなければ目的もなく、結局は意味すら持たない場所にしている。カナダ人作家のヤン・マーテルはこの国を「世界で最も素晴らしいホテル」と呼んだ[25]。彼は褒め言葉として述べたのだが、カナダをけなす意味でこの呼び方をする人もいる。清潔なタオルはあるがアイデンティティのない国、というわけだ。

しかし、まさにこの〝国をひとつにまとめる機能の欠如〟こそ、カナダが脱国家的国家（ポストナショナル・ステート）として成功できた秘訣なのである。カナダには世界中のあらゆる地域、あらゆる階層に属する人がやって来て、主に大都市に住み、仕事を始め、友好的な人々に囲まれて新生活を送れる。こうしてカナダは地球上で最も多様性に富みながら平和で和気あいあいとした国になった。最近は国粋主義的かつ大衆迎合型の怒りがアメリカやイギリス、大陸ヨーロッパを席巻しており、カナダはいわば〝開放性の最後の砦〟の様相を帯びてきている。エコノミスト誌いわく「カナダは救いがたいほど活気がないという評判で、アメリカほど傲慢でも好戦的でもないため、昔から部外者の目には品位と寛大さと良識の砦のように見えていた」。ところが、かつての仲間たちがお互いに壁を築き合うようになり、「今やリベラルな価値観をたった一国で守るカナダは、文句なしに英雄に見える[26]」。ローリングストーン誌は2017年7月、カナダの首相ジャスティン・トルドーを表紙に掲げて〝なぜ我々は彼を大統領にできないのか？〟と訴えたが、その本意は〝なぜアメリカはカナダのようになれないのか？〟である。少なくとも左派のアメリカ人にとって、それが最近の正直な気持ちのようだ。

だが、カナダ人として鼻を高くする前に、認めたくない事実を正直に告白しよう。移民に対するカナダ人の意識は、外から見るほど牧歌的ではない。

アメリカからカナダへの〝難民〟

2017年1月にドナルド・トランプが米国大統領に就任すると、アメリカに暮らす外国人の間に強制送還への恐怖が広まった。ソマリア人を中心とする数百人が、ミネアポリスから雪と氷をかき分けてミネソタ州（アメリカ）とマニトバ州（カナダ）との間にある国境に辿り着き、カナダへの亡命を申請した。夏になると今度はハイチ人を中心とする数千人もの人々が国境を越えてケベック州にやって来た。その数は8月だけで6000人近くにもなった[27]。通常なら難民を生み出さないはずのアメリカからやって来た難民に対し、カナダ人は快く思っていないことが、いくつもの世論調査で明らかになった。ある世論調査では、カナダ人の3分の2がこうした亡命申請者を〝正式な難民〟と認めないことが示された[28]。国境は混乱状態に陥り、一時は亡命申請者を施設に収容するために軍隊まで出動するという騒ぎになり、カナダの移民制度に対する信頼感は低下した。

オンタリオ州キングストンにあるクイーンズ大学のキース・バンティング教授は公共政策が専門だ。彼と門下の大学院生は長年にわたり、移民と多文化に対するカナダ人の意識の変化を調査している。カナダ人は、自分でそうありたいと願っているほど移民に寛容ではない、とバンティングは言う。「（カナダ人の意識は）おおまかに3タイプに分けることができます。全カナダ人の3分の1は多文化的主義をまったく支持していません。3分の1は熱心な多文化主義者です。最後の3分の1は〝軽度の多文化的主義者〟とでも言うべき人々で、今の（多文化主義的な）政策を条件付きで支持しています。彼らの支持は変わる可能性があります[29]」

実のところ、ケベック州を除けば、カナダ人の移民に対する意識はアメリカ人とそれほど変わらない。アメリカ人でもカナダ人でも、警察官や軍人が宗教的理由で頭にかぶり物をするのを認めるべきでない、とする人の割合は60％になる。雇用者にマイノリティや移民を雇うよう特別な配慮を義務づけることに反対という人はおよそ40％いるし、公共の場で女性のヒジャブ（イスラム教の女性が頭部に巻くスカーフ）を認めることに反対という人はおよそ20％いる[30]。

ケベックはアイデンティティを守りたい

一方、ケベック州の人々の意識はどうか。認めたくない事実ながら、ケベック人は他のカナダ人に比べ、多文化受け入れに対する許容度がはるかに低いのである。その一因は「ライシテ」に関係する。これはフランス由来の政教分離政策で、もともとはカソリック教会の権威に対する反発から始まった。だがライシテ支持派の多くはカソリック教義との歴史的結びつきも大切にしている。それゆえ、公道でのヒジャブは許しがたいと感じるのに、議会に十字架像があるのはまったく問題ないと考える。こうした理屈に基づき、主権主義派の政権は2013年、政府機関職員に〝人目に付く〟宗教的シンボル（例えばニカブやキッパ）の着用を禁じる法律案を議会に提出した[31]。法案が採択される前に主権主義派政権が選挙で負けたため、法案は成立しなかったが、2017年には現リベラル派政権が中身を薄めた同様の法案を成立させている。ジャスティン・トルドーを含めた多くの知識人や政治家が、ケベック州の〝相互文化主義＝インターカルチュアリズム〟（訳注：カナダ政府の進める〝多文化主義＝マルチカルチュアリズム〟への対抗概念）について発言している。これは、ケベック州のフランス語文化を中心的文化として他の文化をそこに統合しつつも、違いは尊重していこうとする考え方だ。

「（多文化主義は）ケベックでは通用しない。ケベックの大部分を占めるひとつの中心的文化があることをみな知っているからだ」――そう述べるのは社会学者のジェラール・ブシャール。彼はマイノリティの社会融和を進める政府委員会の共同委員長も務めている。「その中心的文化とはフランス語文化だ。ケベックで多様性を扱うなら、どのような方法であろうともこの重要な事実を念頭に置かねばならない[32]」。カナダはひとつの国家としてまとまったことが一度もないが、一方でケベック人は堂々たる〝ナショナリスト〟なのだ。カナダ議会もそれをよく知るからこそ、「ケベック人は、ひとつに統一されたカナダの内部にひとつの国を形成している」と認める動議を2006年に採択したのである。

ケベック人は自分の〝国〟のアイデンティティを守ろうと努力している。法律で英語の使用に制限を加え、移民の子供にはフランス語が公用語の学校に通うことを義務づけている。ケベックではフランス語が話せる移民が有利になるので、ケベック州の移民構成はカナダ全体の移民構成とは異なる。現在カナダへ移民を送り出している上位3カ国はフィリピン、インド、中国だが、ケベック州に限るとフランス、アルジェリア、中国になる[33]。ハイチとモロッコからの移民も、カナダ全体では少ないが、ケベック州に限ると多い。また、植民地支配の名残りで、旧フランス領西アフリカ地域からケベックに来る移民も多い。こうした移民の多くはイスラム教徒だ。そしてケベック州以外のカナダに来る移民と比べ、教育水準が低い傾向がある。このため経済的にも社会的にも軋轢が生じる。ケベック州が人口の割には移民受け入れ数が多くないのは、こうした事情と無関係ではあるまい。2015年、人口でカナダの23%を占めるケベック州が受け入れた移民は、カナダ全体の受け入れ数の18%だった。(34)

換言すれば、ケベックを除くカナダは波のように押し寄せる移民をそれほどの社会的混乱もなく吸収しているのに対し、ケベックは自分たちのアイデンティティを守りつつも低出生率を補うだけの移民を受け入れるという難題に挑戦中と言える。ただし、ケベック以外のカナダにもやはり、移民を不愉快に思い、多文化主義で彼らと調和しようというやり方に不快感を覚える人も、少数派とはいえそれなりにいる。カナダではどのようなタイプの政治家であろうとも、カナダ的モザイク社会のなかで寛容性と多様性を守り、維持していかねばならない。そのモザイク構造は、どのようなタイプのナショナリズムと比べても、はるかにうまく機能するし回復力も強い。ひとつの社会を維持・再生していく方法として、ナショナリズムは時に災いとなりかねない。

国民の90%が同じ人種のハンガリー

外国人恐怖症のハンガリー首相オルバーン・ヴィクトルは、難民を〝毒〟呼ばわりした。「移民はひとり残らず治安悪化のリスクをもたらし、テロの危険性を高める」とも述べた。(35) それどころか、彼はいかなる種類の移民も相手にする気がないという。「ハンガリーはひとりの移民も必要とせずに、十分に経済をまわし、自ら人口を維持し、国の未来を築いていける」とオルバンは2016年に断言した。(36) 本当にできると思っているのだろうか？　総人口1000万人をわずかに下回るハンガリーは、毎年3万人以上の人口を失い、急速に高齢化が進んでいる。(37)

日本がきわめて日本的なのと同じ程度にハンガリーはハンガリー的だ。ハンガリーの総人口の90％は人種的にハンガリー人、すなわちマジャール族である。ハンガリー語は最も学ぶのが難しい言語のひとつとされる。起源はインド・ヨーロッパ語ではなくウラル語なので、他のヨーロッパの言語とはなんの共通点もない。35種類の異なる格、14種類の母音、動詞は定型・不定型の変化をし、ハンガリー人にしかわからない熟語が山ほどある。コンピュータを意味するハンガリー語は〝számítógép〟だ。[38] だから仮にハンガリーが移民大歓迎であったとしても（実際はそうではないが）、言葉の問題だけで移民側が二の足を踏むかもしれない。

特異な歴史と文化を持ち、特異な言葉を使い、肉体的特徴さえも特異で（たとえばみな金髪のスカンジナビア諸国）、社会規範も政治形態も一定、そしてみながひとつの宗教を信じている国があったとしよう。そのような国が、言葉も違えば歴史も文化も社会規範も異なり、別の神様を信じる移民を多数受け入れたとすれば、彼らを社会に溶け込ませるのは難しいかもしれない。大多数の国民は、場合によっては肉体的特徴さえ異なる移民に対し、できるだけ自分たちとそっくり同じようになって欲しいと期待するだろう。だが〝そっくり同じようになる〟のは不可能だ。そこで移民はゲットーやバンリューを形成することになる。その国の社会へ帰属意識を持つことは決してないし、実際に帰属を認められることも決してないまま――。もっと悪いことに、移民の数がさらに増えると、元の住民たちの間に国粋主義が高まり、移民を非難するようになりかねない。これはアメリカのような移民文化の国でさえ起きることがある。ラテン系移民はアメリカ文化にきわめてよく溶け込んでいるのに、それでも満足できない怒れる移民排斥論者はドナルド・トランプを選んでしまった。ケベック州政府はフランス語圏のアフリカやカリブ諸国からイスラム教の移民を多数受け入れつつ、同時にケベックの言葉と文化を守ろうという取り組みを進めているが、結果的には緊張関係や誤解を生み出している。

「議会民主主義」「自由・平等・友愛」「宗教的寛容」

そうだとしても、そうした緊張関係を制御することはできる。２０１６年、シリア難民を大量に受け入れるカナダ人の様子が広く知られると、ニューヨークタイムズは驚嘆して次のように書いた。「世界の大半は難民に対して不信や敵意に満ちた扱いをしているというのに、（多くは中東になんの関係もない）ごく普通のカナダ人たち——読書クラブの仲間やホッケーチームのママ、ポーカー仲間、おばあちゃんたちが、世界最大級の問題になんとか役立とうとしている[39]」

国粋主義の度合いが低い国ほど、移民を社会に受け入れるのが容易になる。独自の文化が弱い社会ほど、多文化主義を推進するのが簡単になる。自意識が薄いほど、他人は他人だという意識も少なくなる。なんでもありの無策のほうがいい、と言いたいのではない。「権利と自由のカナダ憲章」（訳注：１９８２年憲法の第一章）はきわめてしっかりした内容で、憲法のお手本を探している国は今やアメリカよりもカナダをテンプレートにするほどだ[40]。カナダはいまでも、イギリスの議会制民主主義の伝統と、フランスの自由・平等・友愛への熱意、そしてヨーロッパが苦労して身につけた宗教的社会的寛容の原則が深く染みついている国だ。真のカナダ人なら例外なくこの3つを大事にしている。

だからこそ人々はカナダに来るのである。そしてカナダで自分と同種の人間を多数見つけ、なんの不満もなく幸せに暮らす。いずれ自分の子供たちには祖国の言葉を学ぶ気がまったくないとはっきりわかり、後悔のため息をつくことはあるにしても――。国民が一致団結してよくまとまった、輪郭のはっきりした国を目指すなら、カナダに学ぶべきところはないかもしれない。だが、寛容で平和で多文化主義で、しかも人口が増えている脱国家的国家としてなら、カナダはきわめてうまくいっているようである。

WHAT LIES AHEAD

13章

人口減少した2050年、世界はどうなっているか

このまま世界人口が減少し、環境危機が進めば、
どのような未来が待っているだろうか。
人口減で衰退したヨーロッパは
人口増で成長するアフリカを羨望するのか。
人口減に見舞われた中国は危険な存在になるか。
そして日本の未来は。

本書ではここまで、多産かつ短命だった過去の姿と、出生数は減ったが長生きになった現在の姿を見てきた。未来に目を向けると、これまで我々が経験したことのない事態が待ち受けている。それは、自らの選択により人口が減りゆく世界である。現時点では人口減少はほんのかすかな微光——どこかの政府報告書に盛り込まれた不吉な統計数値で、その真の重要性は一部のエリート役人にしか理解されない——かもしれないが、50年後にそれが目もくらむほどの光になったとき、人口減少はどのような姿になっているのだろうか？　今日生まれた赤ちゃんが50年後の人口減少時代に中年を迎えたとき、彼女の目に移る世界はどのような姿をしているのだろうか？

我々は、その世界には素晴らしい点がたくさんあるだろうと考える。今の世界より汚染が少なく、安全で、静かな世界だろう。海洋は回復に向かい、大気温度は下がり始めているか、少なくとも温暖化は止まっているだろう。人々は右肩上がりに豊かにはならないかもしれないが、それが大した問題ではなくなっているだろう。権力の中心は今と違う場所に移っているだろうし、イノベーションと創造の中心地もそうだろう。人類は多くが大都市に住み、大都市と大都市のはざまに住む人はいっそう減っているだろう。我々は世界中で、自ら老いを実感する都市に住んでいるかもしれない。

出生率低下は逃れようのない運命で、人類の未来はすでに決まっている、と言いたいのではない。昔から絶対に変わらない法則は今後も有効だ。権力を求める心、豊かさを求める心、地球環境への懸念（もしくは無関心）、新しいものを生み出したいという欲望、発明心、探検心、過去を保存し、スピードダウンし、手に入れたものを守りたいという願い――。そして、ひとりの指導者の選択が数百万人の運命を決める瞬間はこの先も常にある。本書の目的は〝人口問題をめぐる議論に新しい要素を加える必要がある〟と指摘することにある。かつて北側と呼ばれた国々の一部ではすでに人口減少が進行している。遠からず南側の一部でも同じ人口減少が始まりそうだ。今でも爆発的な人口増加が続く国もあるが、その人口爆発はいずれ終わりを迎える。人口減少が完全に我々の未来をひとつに決めてしまうわけではないが、大きな影響を与えるのは間違いない。我々はこれまで、目前に迫るこの現実をあまりにも長く無視してきた。もうこれ以上目をつむっていてはならない。

アメリカで二酸化炭素排出量が最も少ない州は？

簡単なクイズに答えてほしい。人口当たりの炭素排出量が最も少ないアメリカの州はどこでしょう？

カリフォルニア州だと思った人もいるだろう。温暖化対策に熱心で排出量取引制度を導入しているからだ。ハワイ州というのも鋭い回答だ。穏やかな気候のおかげで暖房も冷房も不要だからだ。ワイオミング州やモンタナ州を挙げた人もいよう。アラスカ州とハワイ州を除けば人口密度が最小だからだ。しかし、いずれも正解ではない。答えはニューヨーク州だ。そしてその理由はニューヨーク市にある。(1) 直感に反する話ではあるが、地球環境、とりわけ地球温暖化問題にとって、人間はなるべく都市にギュウギュウ詰めになっているほうが都合がいいのである。ひとりで自動車で移動する人は、地下鉄を利用する人の6倍の温室効果ガスを排出する。[2] ニューヨーク市の地下鉄はひときわ地球環境に優しい。異常に混んでいるからだ。先進国の主要都市の大半は、住民の足として公共交通網に大きく依存している。ロンドン市民は平均すると1年間で11・5日間を地下鉄で過ごしている計算になる。[3]

前述の通り、都市化は世界的現象である。先進国はすでに高度に都市化が進んでいる（アイスランドでは人口の3分の2がレイキャビク都市圏に住む）し、発展途上国でも急速な都市化が進行中だ（エジプトでは人口の4分の1がカイロ都市圏に住む）。国連は、2060年までに世界人口の3分の2が都市または大型の町に住むと予測する。[4] たしかに発展途上国の急速な都市化はあらゆる問題を引き起こしかねない。インフラ不足、不十分な医療サービス、学校不足、貧困層の増加、犯罪の急増[5]――。先進国ですらインフラ整備への迅速な対応や大気汚染対策は終わることのない戦いである。だが、地球全体として見れば、人々が都市部に集中することで、公共交通網や上下水道、電力といった公共サービスの提供は安価かつ容易になり、同時に地球環境のためにもなる。

田舎暮らしは環境負荷が高い

これも直感に反するように思えるだろうが、地方を捨てるよう人々に訴えることもまた地球環境の健全化に役立つ。都会を離れ、森のなかのログハウスに住む生活を夢想しない人はいない。できれば湖のほとり、暖房は太陽光パネルを利用、自然のそばでの自然と調和した暮らし。そんなライフスタイルを実践している人もすでに大勢いる。だが、彼らはまったく環境のためになっていない。

まず、近くの町まで車で買い出しに行く必要がある。道は未舗装なので、ガソリンを大量消費する四輪駆動車が必要だ。同居人が別行動をするなら2台目の車が必要になるかもしれない。雪が積もればスノーブロワー（噴射式除雪機）も要るだろう。本人はシャベルで雪かきするかもしれないが、自治体はそのログハウスまでの道に除雪車を出さねばなるまい。もし子供がいれば、スクールバスの送迎も生じる。なんという浪費だろう。しかも、膝の調子が悪くなったとき、それを診てもらえる専門家は遠く離れた都市にしかいない。そこまで車で何度往復するのだろう。また、ログハウスが建つ敷地は少なくとも半エーカー（約2000㎡）はあるだろうが、かつてそこは草木の生える茂みだった。今でも草木はその土地を取り返したいと望んでいる。

もしあなたが地球温暖化防止に役立ちたいなら、都市の高層ビルに住み（放射熱が壁を経由して他人の部屋に伝わるので暖房コストが節約できる）、地下鉄で通勤・通学すべきである。この先何十年にもわたり、課徴金制度の創設から台風被害の復旧まで含め、各国政府は温暖化対策に何兆ドルもの費用を投じねばならないことを考えると、エネルギーと資源を許しがたいほどに浪費する田舎暮らしへの課徴金はきわめて高額になり、大金持ちにしかできない贅沢になるのかもしれない。

“木”の復活

都市化は、地球温暖化を始めとする各種環境問題との戦いに、「木」という新しい援軍をもたらしてくれる。都市近郊の小規模農地が自然の森林に戻るからだ。そのプロセスはすでに始まっている。多くの移民を受け入れてきた国々では、都市に引っ越す前の家族農場での生活を覚えている高齢者がまだ生きている。そうした家族農場の多くは、19世紀中頃にヨーロッパからの移民が開拓したものだ。土壌は豊かとは言いがたく、気候も農業向きではなく、苦労の絶えない暮らしだった。なんとかトウモロコシを育てて乳牛のエサにし、大きな畑で採れた作物も大半は冬の備えとしてピクルスにし、残りは地下に貯蔵したものだ。大恐慌で土地を手放した家族もいただろう。戦後の好況期に、電気とスーパーマーケットのある暮らしに憧れて都会に出た家族もいただろう。昔の家族農場の跡地までドライブしてみれば、フェンスの向こう側にそうした暮らしの名残を見つけられるかもしれない。もしかすると、もう森林の一部に戻ってしまっているかもしれない。

今から10年以内に世界の農地の総面積は減少に転じるはずだ[6]。農業技術の発達、そして家族農場より効率的な企業による農業経営の結果、農地の総面積はすでにあちこちで減り始めている。例えばアメリカでは、2007年から2012年の間に700万エーカーの農地が消えた[7]。近郊住宅地に飲み込まれて消えた農地もあるが、大半はたんに農業では利益が出なくなったので使われなくなっただけだ。人口減少が進む20～30年後には、さらに多くの農地が消えているだろう。都市近郊の農地が再び森林に戻るのは、自然現象であれ人工的な植林であれ間違いなく環境にとってプラスになる。農地は環境を汚染するからだ。家畜はメタンガスを生じ、肥料は近くの小川に漏れ出す。農地として使われなくなった空き地が森林に戻れば、二酸化炭素を吸収し酸素を生み出す。絶滅危惧種の生息区域が増え、絶滅を免れる可能性が高まる。今世紀後半になり、遺伝子組み換え作物がさらに進歩すれば、農地面積は現在の数分の一で間に合うようになるだろう。使われなくなった農地は自然の一部に戻り、地球の温度を下げるのに役立つようになる。

世界中の海洋も、同じように途方もない負荷にさらされている。魚の乱獲、農業や都市排水による沿岸水域の汚染、その他人間によるさまざまな濫用のせいで、海洋の食物連鎖はめちゃくちゃになりつつある。その被害は、サンゴの白化現象から一部のクジラの絶滅危惧にまで及ぶ。海のためにも、地球温暖化には一刻も早く歯止めをかけるべきである。そして、結局は海洋保護に最も役立つ処方箋は、世界の人口が縮小し、魚を食べる口の数が減ることなのだ。

人口減少こそ温暖化防止の最適解

２０１５年12月12日、世界中の国々がパリに集まり「パリ協定」に合意した。人間活動が気候に与える影響を抑制し、産業革命前と比べた気温上昇が2度未満に収まるようにするという内容だ。だが、はるか１９９７年までさかのぼった京都でも、世界中の指導者は同様の約束をしたはずだ。そしていまだに地球温暖化は進行中である。本当に重要な意思決定は、世界の3大炭素排出国である中国、アメリカ、インドのそれぞれの首都において、一握りの男たち（正確にはほとんどが男性）によって決められているのだ。中国とインドの近代化が進むにつれて、彼らは石炭を燃やす火力発電への依存度をますます高めている。そして、石炭を燃料源とする火力発電所の建築は、人間ができることのなかで最悪に近い影響を地球の大気に与える。救いは、太陽熱発電のコスト低下――そして大気汚染で窒息しそうな大都市に住む中間層の納税者の怒り――が、中国とインドの火力発電離れを促しつつある点だ。中国は２０１７年に１０３カ所の発電所の建設計画撤回を発表し、[8] インドは年間の石炭使用量を6億トンにまで引き下げた（一時はインドの年間石炭使用量が2020年までに15億トンに達するのではないかと懸念されていた）。[9]

世界第2の排出国であるアメリカについては、前向きな統計数値がひとつある。2007年以降、経済は着実な成長を続けているのに電力消費量が横ばいなのだ。その一因は、気が滅入る話だが、製造業の国外移転にともなう工場閉鎖だろう。もっと前向きな別の要因としては、自宅の暖房を太陽光パネルでまかなう個人など、自家発電の普及やエネルギー節約の影響があると考えられる。[10] 太陽光発電や風力発電の蓄電能力が向上すれば、3大排出国でも、それ以外のすべての国でも、化石燃料による発電への依存度を減らせる可能性が高まる。

とはいえ、世界の化石燃料への依存度は2040年まで増え続けると予測されている。発展途上国での需要が拡大するからだ。[11] 中国はまだ石炭による発電能力をアメリカの3倍も持っており、インドは石炭を用いた火力発電所を今後370基建設するつもりである。[12] そしてドナルド・トランプは2017年、アメリカをパリ協定から撤退させた（それでも合意内容を守ろうとするアメリカの州政府は多い）。地球温暖化を止める取り組みは今後も苦戦が続く。そのなかで、人口減少が炭素排出抑制に大きく貢献できそうなのは良いニュースと言える。最近のある研究によれば、仮に国連の「低位推計」シナリオが正しかった場合、炭素排出量は（中位推計シナリオと比べて）2055年までに10％、2100年までには35％減ると予測される。[13] 二酸化炭素の産出量を減らす究極の解決策は、人間の産出量を減らすことなのかもしれない。

こんな未来像を想像してもいいだろう。減りゆく人類の大半は大都市の高層ビルに住み、都市圏を離れるとほとんどの土地は森林に戻っている。熱帯雨林や北方針葉樹林がえんえんと広がり、二酸化炭素を吸収して酸素を増やす。再生可能エネルギーの利用により化石燃料の必要性は下がり続け、最終的には使われなくなる。都市化とイノベーション、そして人口減少こそ地球温暖化の進行を止める最適解かもしれない。願わくば今日生まれた子が――最悪でも10年後か20年後に生まれた子が――中年になるころ、世界は今より汚染が少なく健全な場所になっていてほしい。

鍵を握る中国

しかし、そのとき世界は平和だろうか？

これはなかなか難しい問題だ。答えを大きく左右するのは中国である。２０１７年10月、５年ごとに開催される中国共産党の党大会に、習近平国家主席は毛沢東以来最大の力を持つ中国のリーダーとして登場した。習は歴史的な演説を行い、中国は２０５０年までに完全に現代化された経済と「グローバルな競争力」を手に入れ、そのような一党独裁政権が仕切る資本主義モデルは「独立を守りつつ経済発展を加速させたいと考える他の国々にも新しい選択肢を示すことになる」と述べた[14]。要するに中国は、経済・軍事・イデオロギーの各面で世界を圧倒する大国としての地位を、アメリカから奪おうというのである。

だが現実はどうか。

結婚にあぶれた大勢の不幸な若い男たち。年々増え、年々貧しくなる高齢者層。何十年も続いた未開の東部の開拓が終わり、鈍化する経済成長。根強い抵抗を続ける奥地の少数民族。インターネット検閲の縮小を粘り強く求める都市住民――

２０５０年の中国は、世界を股にかけるどころか、急速な人口減少が拍車をかける国内政情不安に取り付かれているのではなかろうか。歴史が教えるように、政情不安になった帝国ほど危険なものはそうそうない。1914年、ドイツでは増加する中産階級が政治的自由を求め、通りはデモの人々であふれ、国会は紛糾した。「国内政治の安定を図るのが難しくなるにつれ、ドイツの支配者たちは外交上の新機軸によって国内をまとめようという誘惑に強く駆られた」[15]。若い兵たちもクリスマスは実家で過ごせるよう、すぐに片付く手軽な戦争をひとつくらい——。こうして崩壊寸前のオーストリア＝ハンガリー帝国と手を組んだドイツは、ふたつの壊滅的な大戦争のひとつ目に世界を引きずり込む。近現代における最大の愚行かつ最大の悲劇である。

　中国人もいずれ同じような誘惑に駆られるのだろうか？　それは台湾に出すぎたマネをさせないためかもしれないし、南シナ海が〝我々の海《Mare Nostrum》〟だと世界に知らしめるためかもしれない。若い兵たちも旧正月は実家で過ごせるよう、すぐに片付く手軽な戦争をひとつくらい——。

　いや、必ずそうなると言いたいわけではない。

〝老年性平和〟

　もしかすると中国は、国内の人口問題に節度ある政策を導入するような、平和的で成熟した超大国に進化するかもしれない。そして、中国以外の潜在的発火点——北朝鮮やイラン、はたまた今は想像もできない場所——も、かろうじて戦争を引き起こすのを避けられるかもしれない。そうなれば世界は、新しい平和の時代を迎える。〝老年性平和（geriatric peace）〟である。これは政治学者マーク・ハスの命名した言葉だ。彼はすでに2007年に「これからの数十年間、高齢化社会はこれまでにないほど広くて深い問題になるであろう」と書いている[16]。ハスは言う。中国とロシアは急速かつ深刻な国民の高齢化のせいで、アメリカを追い抜いて世界一の経済力と軍事力を持つ超大国になるのは無理だろう。両国は老いゆく社会のニーズに応えるという難題で疲弊するだろう。一方アメリカは、活発に移民を受け入れているおかげで他の超大国より高齢化の進行が遅く、リードをさらに強固なものにするだろう――。ハスの予測はほとんど話題にならなかったが、鋭いところを突いていると私は思う。私はこの予測に、高齢化社会ならではのひとつの特徴――頭に血の上りやすい若者が少ない社会が持つ、目に見えにくい特徴――を付け加えたい。すなわち、アフリカや中東の国々で出生率が激減するに従い、軍隊司令官やイデオロギー指導者が新入りを獲得するための母集団はますます小さくなるという点だ。人口増加が鈍化すれば、そのぶん希少資源の奪い合いも激しさを失う。人であふれたアフリカが空っぽのヨーロッパへ向ける圧力は弱まるだろう。

紛争地であり出生率の高い中東は変われるか

さらに、平和な世界を実現するうえで、これまでも、これからも、常に巨大な未知数であり続けるのが中東だ。中東は地上で最も紛争の多い地域である。我々はここでもまた、出生率低下の恩恵を期待できる。地上で最も不幸な国々は、最も出生率の高い国々でもあるのだ。具体的にはアフガニスタン（5・2）、イラク（4・0）、イエメン（3・8）などである。これらのクラン中心社会はきわめて宗教心が強く、人口の大半が地方在住者で、根深い不安を抱えた社会である。世界でも有数の女性が暮らしにくい社会である。だがイランの出生率はわずか1・8だ。これはイラン政府が人口増加を抑えようと数十年前から取り組んできた成果である。あまりの成果に驚いたイラン政府は、今度はイラン人の親たちにもっと子供を生むよう促している。それがどれほどの効果を生むのか、すでに我々は知っている。そのうえイラン経済がうまくいっていないため、彼らには子供を増やす経済的余裕もない[17]。

チュニジアは「アラブの春」で唯一民主化の進んだ国だが、同国の出生率は2・0だ。シャリーア（イスラム法）のもと女性の権利が大幅に制限されているサウジアラビア——サウド王室は2017年にやっと女性の運転を認めたほどだ——でさえ、出生率は2・1しかない。その理由は明快だ。1970年、サウジ女性の識字率は2％だった。だが（そこそこの）先進社会であることを示すため、サウジ政府は女性が学校に通うことを許した。今日、サウジアラビアの大学卒業生の52％は女性である。ファトワー（訳注：イスラム法学者の公式見解）は女性のサッカー観戦に反対かもしれないが（男性の四肢を見て興奮するといけないからというのがその理由だ）、この種のエピソードが最終的にどこに行き着くか、世界のどの国を見ても答えはわかりきっている。ただ遅いか早いかだけの違いしかない[18]。

常識的に考えれば、イスラエル国内に住むパレスチナ人の出生率が高いと、最終的に国境線がどこに引かれようとも、イスラエル人は自国内で少数派になるリスクが高まる。ところがイスラエル国内のパレスチナ人とイスラエル人の出生率はまったく同じで3・1である[19]。これは先進国で最も高い出生率である。他の大半の先進国と比べて2倍も高い。敵対的なアラブ諸国の海に囲まれた孤島であるユダヤ人は、人口を増やすことを至上命題だと感じている。対照的に、イスラエル国内に住むアラブ人を見ると、女性がより良い教育を受けられるし、女性の権利も向上するため、結果的に出生率は引き下げられる。パレスチナ人が〝ゆりかごの復讐〟（訳注：ある社会で弱い立場にある民族集団が人口を増やし、支配的な民族集団を圧倒すること）でユダヤ人を圧倒することはないだろうが、イスラエルが誰にとっても過密になる恐れはある。これほど出生率が高く、積極的に移民も受け入れているとあって、イスラエルの人口は今世紀半ばまでに今の倍、1600万人程度になると予想されるからだ。ユダヤ人もパレスチナ人も人口競争で相手に圧勝する見込みがない以上、両者ともに公正かつ永続的な平和を探るほうが賢明であろう。

カナダの政治学者ベスマ・モマニは、アラブ諸国に新しいタイプの若い男女が育っていると指摘する。高い教育を受け、あまり宗教的でなく、スマートフォンを通して世界の出来事に耳を澄ませ、進取の精神に富み、自国を支配して台無しにしている旧タイプの男たちを我慢ならないと考えている。このような新世代の時代がいずれ来る、とモマニは言う。「すでにこうした若者たちの考え方には文化的・社会的革命が起きている。価値観の根本的な変化である」[20]。恋愛に関するひとつの統計数値を紹介しよう。恋愛結婚したいと考えるサウジアラビアの若者は64％に達し、10年前より10％ポイント増えている。「未来は現在より悪くなる、と考えるのを止めなければならない。私はそうは考えない」とモマニ。サウジアラビアの皇太子ムハンマド・ビン・サルマンが2017年11月から始めた反汚職キャンペーンは、大改革の序曲なのか、それともまたしても見せかけだけの春なのか、世界中が見守っている。

アメリカが失敗したら、インドが世界の中心に躍り出る

まだ大きな疑問符がひとつ残っている。アメリカは今世紀も世界のリーダーを務める意思があるのかどうか、である。すべての証拠は「その意思がある」ことを示している。合法および非合

法の移民は今後も人口増加を促進するだろう。まだオープンなアメリカ市場には、世界各地から科学者やエンジニアやプログラマーが流れ込み、イノベーションを加速するだろう。不法労働者は、ロボットに任せるには簡単すぎる仕事と難しすぎる仕事を引き受け、どん底から始める移民の全員が抱く希望――せめて子供には今よりマシな暮らしをしてほしい――を抱き続けるだろう[21]。21世紀はアメリカの世紀にならない、と信じるべき理由はまったく存在しない。ただし、唯一の例外を除いては。

唯一にして最大の危険は、アメリカの偉大さを生み出してきたまさにその秘訣を、アメリカが自ら放棄してしまうことだ。過去にたびたびあったように、国粋主義や反移民感情がアメリカ国内に蔓延している。ドナルド・トランプの「アメリカ・ファースト」の動きはどれほど深く広く根を伸ばすだろうか？　建設業やサービス業には不可欠な存在である不法移民に対し、アメリカは国境を閉ざすのだろうか？　頭の中には〝次の偉大なアイデア〟がすでにあり、それをカリフォルニアのベンチャーキャピタリストに喜んで伝えようという上海のエンジニアを、アメリカは閉め出してしまうのだろうか？　仮にアメリカが国境に壁を築いて世界を排除したら、不幸な運命に苦しむのはアメリカ自身だ。それも当然の自業自得である。だが、歴史を見る限り、アメリカ人はそこまで愚かではないだろう。まさにチャーチルの言う通り（本当は彼の発言ではないのだが）、「アメリカ人は必ず正しいことをすると信頼できる。ただし、すべての過ちを犯した後でね[22]」

もしアメリカが衰退すれば、別の超大国が世界の中心に躍り出てくるだろう。それはインドだ。インドは国内に数多くの矛盾を抱えながら、近代化と成長を続けている。現在の出生率はちょうど人口置換水準にあるため、今後数十年は快適な人口構成の恩恵を享受できる。厚い若者層が富を生み出し、消費するのだ。もちろんいずれはインドの人口も減り始めるが、それまでの間、人であふれかえったダイナミックなインド社会が中央舞台に進出する様子を、世界は驚きの目で見守ることになるだろう。

人口当たりでアメリカの3倍の移民を受け入れているカナダは、2060年に人口5000万人に到達するはずだ。ビジネス界や言論界の多くのリーダーが提言するように、年間の移民受け入れ数をさらに増やせば、カナダの人口は2060年に6000万人になっている可能性さえある。[23]その時点で、他の条件が変わらないとすれば、現在8000万人のドイツの人口は6800万人に減っている。[24]ちょっと想像しにくい話だが、人口規模が増えたというただそれだけの理由で、世界の中のカナダの位置づけが向上するかもしれない。とはいえ、将来カナダが繁栄するとしても、その秘訣は決して数字だけでは語れない。一部の国は今後、高齢化社会の解決策として移民を大切に受け入れるようになるだろう。だが、多文化主義の精神をしっかりと確立しないまま移民を受け入れるのは、確実に惨事を招くやり方だ。新しい移民に対するオープンさと彼らが溶け込みやすい文化を持つカナダにとって、21世紀は黄金時代になりそうである。

未来のイノベーションはアフリカから生まれる

今世紀の中頃に生まれる人は、100歳まで生きることを前提にできる。[25]今世紀末には150歳まで生きる人もでてくるかもしれない、と考える生物学者さえいる。[26]それは素晴らしい話ではあるのだが、きわめて高齢の人々とは、きわめてカネのかかる人々でもある。労働力人口と年金制度と税収を下支えするため、退職年齢の引き上げも必要になるだろう。人生も延びるが、現役で働く期間も延びるのである。生徒のいなくなった学校を閉めることで節約できるカネもある。オートメーションや人工知能などで生産性を底上げすれば、労働力不足にまつわる問題も一部は解決できよう（もっとも、今のところロボットは冷蔵庫や生活必需品などの消費拡大には何の役にも立たないが）。また、企業幹部や引く手あまたの知識労働者と一般人との間の所得格差はなんとしても縮小しなければならない。これは左派的思考ではない。純粋な安全弁としてその必要があるのだ。

少人数の家族が増えると社会は豊かになると予測するアナリストもいる。両親は働ける時間が増えるため仕事上のスキルをさらに伸ばせるし、子供が一人っ子ならより多くの愛情とおカネを注げるからだ。(27) 私にはあまりそうなるとは思えない。とはいえ、人口減少により貧困と社会的緊張の増す世界が訪れる、と警告する〝逆マルサシアン〟になるつもりもない。ある種の物事は自然に任せておけば勝手に丸く収まるものだ。

私が本当に心配するのは、イノベーションと創造性の喪失である。年々人類の数が減ることにより、歌は作られなくなり、解決策は発見されなくなり、技術は完成しなくなるのではないだろうか――。その変化を定量化するにはどうすればいいのか。若者の減少による創造エネルギーの減衰を、どのように数値で測れるだろうか。一方で、止むことのない農村から都市への人の流入は創造性を活気づける。ジャズとポスト構造主義とＧＵＩ（グラフィカルユーザーインターフェース）の共通項は、そのいずれもが農場では生まれなかった点である。それに、創造性やイノベーションにとって大事なのは、人数よりもむしろ人々の意識である。プラトンが『国家』を著したとき、都市国家アテネの人口はわずか25万人だった。シェイクスピアが『リア王』を書いたとき、イングランドの人口は400万人に過ぎなかった。その古代ギリシャとルネッサンス期のヨーロッパに共通していたのは、楽観的な空気だ。世界は刺激に満ちており、毎日のように新たな発見が生まれ、人々は明るい未来を確信していた。衰退期の社会も偉大な芸術や思想を生み出すが、そうした傑作には多くの場合、皮肉と喪失の色が混じっている。若々しい楽観主義の不足こそ、人口減少の最も高い代償なのかもしれない。

ただし、世界のすべての国が歩調を合わせて高齢化していくわけではない。アフリカは今世紀末になってもまだ若いだろう。その頃のアフリカ大陸にはいくつもの巨大都市が出現しているはずだ。混沌とし、悪臭を放ち、都市計画はひどいものだが、同時に生命力にあふれ、活気に満ち、新しいアイデアが次々と湧き出す場所でもある。今世紀最後の数十年間、本当にエキサイティングな音楽や演劇、真に画期的なイノベーション、革命的な新思想といったものは、おそらくパリや東京ではなく、ラゴスやムンバイから生まれるだろう。私にはそんな予感がする。

多文化主義ありきの移民受け入れを

世界で最も出生率の低いヨーロッパやアジアの国ですら、もし望むなら、移民の受け入れで人口減少を食い止めることはできる。ただし、無条件にそうできると信じるのは無邪気に過ぎる。前述したように、多文化主義なき移民受け入れは間違いなく問題を引き起こす。排除、隔離、軽視、暴力、そして最後には最悪の事態に陥る。すなわち〝公共の場〟が破壊されるのだ。ひとつの社会に存在する異なる集団が、同じ空間と前提と価値観を共有できなくなるのである。移民が一方的にこちらのやり方に合わせてくれるのであれば、気楽に「移民歓迎！」を叫んでもかまわないだろう。だが、本当に実りある移民を実現するには、双方が相手に合わせて適応する必要がある。互いに与え合う必要があるのだ。国粋主義に基づく社会的弾力性の欠如こそ、多くの社会で移民の適切な統合を妨げてきた原因である。

日本の人口減少を食い止める唯一の道

アメリカ、カナダ、オーストラリア、ニュージーランドは入植者が作り上げた「移民社会」であり（その点では大英帝国の最も息の長い遺産を受け継いでいるとも言える）、移民に対して他の国よりもオープンである。この4カ国の国民は、ほぼ全員が移民もしくは移民の子孫だが、それでもなお弾力性の失われた社会的硬直と無縁ではない。奴隷制度の負の遺産により、アメリカでは今でも白人と黒人が切り離されている。植民地化の負の遺産により、カナダなどの国々では今でも先住民と非先住民との間に壁がある。だが、一般に国としての一体感や民族としての一体感が強ければ強いほど、移民を融合して社会全体が調和のとれた一体となれる可能性は低くなる。ハンガリー人が「自分はハンガリー人である」と感じなくなる日、日本人が「自分は日本人である」と感じなくなる日はいつかくるのだろうか。彼らが異邦人を対等な人間として社会の真ん中に受け入れる日はいつかくるのだろうか――。ハンガリー社会や日本社会が人口減少を止め、あわよくば増やそうと考えるなら、他に道はないのである。

しかも、移民を受け入れるという道すらいつかは選択肢から消えてしまう。中国はかつて大勢の移民を送り出す国だった。いま、中国からの移民は減っており、かつて祖国を離れた中国系移民の一部は帰国している。フィリピンやその他の移民輸出国も、都市化と近代化とそれにともなう不可避の〝出生率2・1〟に向けて進むなか、いずれは余剰人口が尽きるだろう。彼らの国内経済も今後はより豊かになりそうだ。本書を執筆していて驚いたことのひとつは、都市化が女性の高学歴化と出生率低下を招くだけでなく、同時により優れた統治の仕組みと経済的に進んだ社会をもたらす点である。残念ながら、「都市化」と「女性の権利拡大」と「政治と経済の発展」の三者をめぐる相関関係について論じるページはもう残されていないが、それでも明るい希望を抱くだけの根拠はある。

もちろん、今の我々には予想できない理由により、いつかまた人々が多くの子供を産む時代が訪れるかもしれない。確かに今の我々の視界からは、そのような未来像はあり得なそうに見える。だが視界は変わることもある。体外受精への補助金や出産一時金、育児支援、育児休暇制度や託児サービスなど国や自治体の支援も増えるだろう。ただし、こうした行政支援は高いコストがかかるわりには成果が当てにならない。ケベック州政府は財政規模を拡大させてまで託児サービス制度に巨額の補助金を出しているが、同州の出生率は1・7であり、カナダの全国平均1・6をほんのわずかに上回るだけだ[28]（しかもその差を生む一因は、ケベック州がハイチやアルジェリアなどフランス語圏で高出生率の国々から多くの移民を受け入れているという事実にもあろう）。そもそも納税者負担がどうこう言う以前に、政府が女性に対して〝国のためにもっと子供を産むべきだ〟などと訴えるのは我々にとって受け入れがたい話だろう。

だが、いずれ人々は自ら変化するかもしれない。離婚率が下がる一因は、かつて自分や友達の親が離婚する辛さを味わった子供が、自分は決して離婚すまいと決意するからだ。おそらく、一人っ子家庭や兄弟姉妹がひとりだけの家庭で育った世代は、いずれ自分が親になったとき、大勢の子供がいるにぎやかな家庭の楽しさを子供に味わわせたいと願うだろう。大家族は素晴らしい。年長の兄による手荒いしつけ（それでもその兄を崇拝する）、悪だくみを通した姉妹の絆、末っ子は男児でも女児でもみんなに甘やかされる。野放図に走り回る子供たちの騒音と混乱と喜び――。クリスマスの朝というのは、まさに大勢の子供がいる家庭のために存在するのだ。大勢の兄弟姉妹に囲まれて育ち、本当は一人っ子に生まれたかったと思っている人に会ったことがあるだろうか？　私は一度もない。

そして、女性は本来持つべき完全なる男女平等をいつの日か手に入れるだろう。3人目の子供が母親のキャリアの足かせにならない日がいつか来るだろう。仮に足かせが皆無にはならないとしても、父親より母親のほうが大きな不利益を受けることはなくなるだろう。なぜなら、父親が母親とまったく同じ量の子育てを引き受けるようになるからだ。そこまでの道のりはまだ遠い。だが、格差は少しずつ縮小している。

今から2～3世代、みな子供がひとりかふたりの家庭で育つと（子供のいない家庭もほぼ同数あるだろうが）、結果として人々は強い孤独感を覚えるのではないだろうか。たまに実家に集合してもリビングの席が埋まらない。庭のブランコは誰にも使われずにさび付いている。道を走る子供たちの叫び声も聞こえない。いつの日か、人々はこう言い合うかもしれない。もうひとり子供をつくろうよ。できればあとふたり。私たちは50代だけど、誰もそんなこと気にしないさ。今は50代で出産する人も大勢いる。母体にも新生児にもまったく危険はない。子供たちに囲まれながら年取っていこうよ――。

本書では人口が減りゆく未来の姿を描いた。それは今世紀末の人類社会の姿である。だが、人口減少が今後のすべての世代、すべての世紀にわたって永久に避けられないわけではない。さまざまな可能性がある。ヨーロッパはいつかアフリカを嫉妬と羨望のまなざしで見上げるようになるかもしれない。科学者たちはいつか地球寒冷化の影響を研究しているかもしれない。恐ろしい大戦争の時代が来るかもしれないし、パクス・インディカ（超大国インドによる世界平和）の時代を迎えるかもしれない。果てしなき人口縮小が続くかもしれないし、どこかで再び人口が増加する時代が来るかもしれない。

可能性を挙げればきりがない。いずれにせよ、未来は放っておいてもやってくる。我々は自分の道を進むだけだ。高齢者を大事にし、若者をはげまし、すべての人が平等に扱われる社会にしなければならない。移民を歓迎し、彼らと共に暮らしつつ、人々がその社会で暮らしたいと思えるよう自由と寛大さを維持していかねばならない。人口減少時代が必ずしも社会の衰退期になると決まっているわけではない。とはいえ、現在我々に起きつつあること、近い将来に起きることを理解する必要はある。人類が地球に生まれてからこのかた、このような事態に直面したことは一度もないのだ。

ちょっと想像してみてほしい。我々人類の数が減っていくのである。

謝辞

　我々著者ふたりは、企画段階から本書を熱烈に支援してくれた出版代理人のジョン・ピアースに感謝を捧げる。また、担当編集者のダグラス・ペッパーは、最初から最後まで我々が道を間違えないよう気を配ってくれた。彼がいなければ本書は大幅に未熟なものになっていただろう。校正・校閲を担当してくれたタラ・トベルのおかげで夜は安眠できた。出版社のシグナルとマクレランド&スチュワートで働くすべての人にも深く感謝する。仮に本書に不適切な部分があるならば、それは彼らでなく我々の責任である。

〈ダレル・ブリッカーからの謝辞〉

　本書執筆のような大きなプロジェクトにはたくさんの人が関わっている。インタビューを通じて我々に知見を与えてくれた人々については、その名を本文で示した。それ以外に多大なる貢献をしてくれた次のかたがたにも感謝したい。プリシラ・ブランコ、アンリ・ウォラード、レシアネ・アマディオ、カル・ブリッカー、ジョセフ・ブリッカー、クリフォード・ヤング、ボビー・ダフィ、ギデオン・スキナー、サイモン・アトキンソン、ベン・ペイジ、マイク・カレッジ、ベッキー・ハンター、アミット・アダーカー、トリプティ・シャルマ、パリジャット・チャクラボーティ、デイビッド・ソマーズ、ロジャー・ステッドマン、トム・ウルフ、ヒルダ・キリトゥ、ロッド・フィリップス、ヴァージニア・ンクワンジ、ダニロ・チェルソージモ、マリ・ハリス、ジョン・ライト、マーク・デイビス、シャロン・バーンズ、マイケル・バーンズ、ロバート・グリム。また、「Ｉｐｓｏｓパブリック・アフェアーズ」の世界各地の社員にも謝意を伝えたい。多くの社員が本書執筆に協力してくれた。

とりわけＩｐｓｏｓのＣＥＯ、ディディエ・トルショーには深くお礼を述べたい。彼は私に、社会研究者にとって夢のような職場である「Ｉｐｓｏｓパブリック・アフェアーズ」のＣＥＯを務める機会を与えてくれたうえ、世界に対する好奇心を持ち続けるよう（時には強引に）励ましてくれた。

〈ジョン・イビットソンからの謝辞〉

二〇〇六年の秋、私はオタワ大学の大学院で「世界的人口減少」をテーマとする講座を持つという幸運に恵まれた。まずは、そのような機会を与えてくれたローランド・パリスに感謝したい。そして、本書の内容充実に貢献してくれたカヤンナ・ブラウン、マチュー・カソン、ラーフル・キーチル、ムハマンド・オマール、ローレンス・ヴィルヌーヴの各氏にも謝意を述べたい。

また、「ブリュッセルの夕食会」のお膳立てをしてくれたジュディス・リンディケンズとナサニエル・ボイド、そして私のわずらわしい質問に辛抱強く答えてくれたバヴォ・オルブレヒツ、ソフィー・ペッパーマンス、アドリアン・ルッカ、エステール・デ・ブロイン、ピーター・ギーネン、ヘレナ・デシロン、ティエリー・ホーマンス、ダニール・ボガーツ、ネレ・ランブリヒツ、ステフ・クネックにも感謝する。

さらに、「グローブ・アンド・メール紙」のオタワ支局の同僚たち、支局長のボブ・ファイフ、編集主幹のデイビッド・ワルムスレイ、発行人のフィリップ・クローリー、そして同紙で働く全社員に伝えたい。あなたたちと仕事ができるのは私の喜びであり、名誉であると――。

最後に最大の感謝を、これまでもこれからも、グラントに捧げる。

23 National Population Projections Team (report prepared by Nora Bohnert, *Jonathan Chagnon, and Patrice Dion)*, *Population Projections for Canada (2013* to 2063), Provinces and Territories (2013 to 2038) (Ottawa: Statistics Canada, 2015). http://www.statcan.gc.ca/pub/91-520-x/91-520-x2014001-eng.pdf
24 *New Projection of Germany's Population by 2060* (Berlin: Federal Statistics Office, 2015).
25 John Bingham, "Average Life Expectancy Heading for 100," *Telegraph*, 15 January 2015. http://www.telegraph.co.uk/news/politics/11348561/Average-life-expectancy-heading-for-100.html
26 "Biologist Believes Average Life Span Will Reach 150 by End of Century," *Toronto Star*, 7 September 2015. https://www.thestar.com/life/health_wellness/2015/09/07/biologist-predicts-average-life-span-will-reach-150-by-end-of-century.html
27 Casey and Galor, "Is Faster Economic Growth Compatible with Reductions in Carbon Emissions?"
28 "Birth and Total Fertility Rate, by Province and Territory" (Ottawa: Statistics Canada, 26 October 2016). http://www.statcan.gc.ca/tables-tableaux/sum-som/l01/cst01/hlth85b-eng.htm

※本書の冒頭と各章扉の図表は、訳者の協力のもと、日本語版の編集部が作成しました。

with Reductions in Carbon Emissions? The Role of Diminished Population Growth," *IOP Science Environmental Research Letters*, Vol. 12, No. 1 (5 January 2017). http://iopscience.iop.org/article/10.1088/1748-9326/12/1/014003

14 Rush Doshi, "Xi Jinping Just Made It Clear Where China's Foreign Policy Is Headed," *Washington Post*, 25 October 2017. https://www.washingtonpost.com/news/monkey-cage/wp/2017/10/25/xi-jinping-just-made-it-clear-where-chinas-foreign-policy-is-headed/?utm_term=.1984131866a9

15 David Stevenson, *Cataclysm: The First World War as Political Tragedy* (New York: Basic Books, 2004), 15.

16 Mark L. Haas, "A Geriatric Peace? The Future of U.S. Power in a World of Aging Populations," *International Security*, Vol. 32, No. 1 (Summer 2007), pp. 112–47. http://www.belfercenter.org/sites/default/files/legacy/files/is3201_pp112-147.pdf

17 "Iran Attempts to Reverse Falling Birth Rate," *Associated Press*, 6 January 2014. http://www.telegraph.co.uk/news/worldnews/middleeast/iran/10554866/Iran-attempts-to-reverse-falling-birth-rate.html

18 Sarah Drury, "Education: The Key to Women's Empowerment in Saudi Arabia?" (Washington, D.C.: Middle East Institute, 30 July 2015). http://www.mei.edu/content/article/education-key-women's-empowerment-saudi-arabia

19 "Decline in Fertility Rate Among Palestinians, Says Statistics Bureau," *WAFA*, 29 December 2016. http://english.wafa.ps/page.aspx?id=gedjk6a51964762047agedjk6

20 Bessma Momani, *Arab Dawn: Arab Youth and the Demographic Dividend They Will Bring* (Toronto: University of Toronto Press, 2015). この発言は、ブルッキングス研究所の後援で2015年12月28日に開催されたイベントにおいて、ベスマ・モマニが同書を紹介したときのもの。詳細は以下のリンクを参照。https://www.brookings.edu/events/arab-dawn-arab-youth-and-the-demographic-dividend-they-will-bring/

21 Haas, "A Geriatric Peace? The Future of U.S. Power in a World of Aging Populations."

22 *Quote Investigator*. http://quoteinvestigator.com/2012/11/11/exhaust-alternatives

3 Linda Rodriguez McRobbie, "15 Fast Facts About the London Tube," *Mental Floss*, 1 May 2018. http://mentalfloss.com/article/33491/18-facts-and-figures-london-tubes-150th-birthday

4 *World Urbanization Prospects: The 2014 Revision, Highlights* (New York: United Nations, Department of Economic and Social Affairs, Population Division, 2014). https://esa.un.org/unpd/Wup/Publications/Files/WUP2014-Highlights.pdf

5 "The Risks of Rapid Urbanization in Developing Countries" (Zurich: Zurich Insurance Group, 15 January 2015). https://www.zurich.com/en/knowledge/articles/2015/01/the-risks-of-rapid-urbanization-in-developing-countries

6 Max Roser, "Land Use in Agriculture," *Our World in Data*, 2016. https://ourworldindata.org/land-use-in-agriculture

7 "U.S. Farms and Farmers," *2012 U.S. Census on Agriculture* (Washington, D.C.: United States Department of Agriculture, 2014). https://www.agcensus.usda.gov/Publications/2012/Preliminary_Report/Highlights.pdf

8 Michael Forsythe, "China Cancels 103 Coal Plants, Mindful of Smog and Wasted Capacity," *New York Times*, 18 January 2017. https://www.nytimes.com/2017/01/18/world/asia/china-coal-power-plants-pollution.html

9 Geeta Anand, "India, Once a Coal Giant, Is Fast Turning Green," *New York Times*, 2 June 2017. https://www.nytimes.com/2017/06/02/world/asia/india-coal-green-energy-climate.html

10 Justin Fox, "The De-Electrification of the U.S. Economy," *Bloomberg*, 12 April 2017. https://www.bloomberg.com/view/articles/2017-04-12/the-de-electrification-of-the-u-s-economy

11 Gregory Brew, "The Secret Behind Better Oil Major Earnings," *OilPrice.com*, 4 August 2017. http://oilprice.com/Energy/Oil-Prices/The-Secret-Behind-Better-Oil-Major-Earnings.html

12 "India's Coal Plant Plans Conflict with Climate Commitments," *Phys.Org* (Washington, D.C.: American Geophysical Union, 25 April 2017). https://phys.org/news/2017-04-india-coal-conflict-climate-commitments.html#jCp

13 Gregory Casey and Oded Galor, "Is Faster Economic Growth Compatible

https://www.theglobeandmail.com/news/politics/quebec-unveils-plan-for-controversial-charter-of-values/article14214307
32 Jonathan Montpetit, "Quebec Group Pushes 'Interculturalism' in Place of Multiculturalism," *Globe and Mail*, 7 March 2011. https://www.theglobeandmail.com/news/politics/quebec-group-pushes-interculturalism-in-place-of-multiculturalism/article569581
33 "Quebec Immigration by Country," *Canadian Magazine of Immigration*, 7 September 2016. http://canadaimmigrants.com/quebec-immigration-by-country
34 "Canada: Immigrants by Province—2016," *Canadian Magazine of Immigration*, 20 April 2017. http://canadaimmigrants.com/canada-immigrants-by-province-2016
35 Cynthia Kroat, "Viktor Orbán: Migrants Are 'a Poison,'" *Politico*, 27 July 2016. http://www.politico.eu/article/viktor-orban-migrants-are-a-poison-hungarian-prime-minister-europe-refugee-crisis
36 Ibid.
37 "Hungary Population," *CountryMeters*, http://countrymeters.info/en/Hungary
38 "Hungarian: One of the Most Difficult Languages for Foreigners to Learn," *One Hour Translation*. https://www.onehourtranslation.com/translation/blog/hungarian-one-most-difficult-language-foreigners-learn
39 Jodi Kantor and Catrin Einhorn, "Refugees Welcome," *New York Times*, 23 December 2016. http://www.nytimes.com/interactive/2016/world/americas/canada-syrian-refugees.html
40 John Ibbitson, "Charter That Reshaped Canada Becomes a Model to the World," *Globe and Mail*, 16 April 2012, A1.

13章 人口減少した2050年、世界はどうなっているか

1 "Energy-Related Carbon Dioxide Emissions at the State Level 2000–2013" (Washington, D.C.: Energy Information Administration, 17 January 2017). http://www.eia.gov/environment/emissions/state/analysis
2 "An Average mta Trip Saves Over 10 Pounds of Greenhouse Gas Emissions" (New York: Metropolitan Transportation Authority, January 2012). http://web.mta.info/sustainability/pdf/2012Report.pdf

(Toronto and Montreal: University of Toronto and Laval University Press, 2017). http://www.biographi.ca/en/bio/smith_goldwin_13E.html

20 "Sir Clifford Sifton," *Canadian Encyclopedia* (Toronto: Historica Canada, 2017). http://www.thecanadianencyclopedia.ca/en/article/sir-clifford-sifton

21 "Prairie Immigration and the 'Last Best West,'" *Critical Thinking Consortium*. https://tc2.ca/sourcedocs/history-docs/topics/immigration/the-last-best-west.html

22 Erica Gagnon, "Settling the West: Immigration to the Prairies from 1867 to 1914" (Halifax: Canadian Museum of Immigration at Pier 21, 2016). https://www.pier21.ca/research/immigration-history/settling-the-west-immigration-to-the-prairies-from-1867-to-1914

23 オタワ大学の大学院生ムハマンド・オマールが2016年の授業中に述べた発言

24 John Ibbitson, *The Polite Revolution: Perfecting the Canadian Dream* (Toronto: McClelland & Stewart, 2006).

25 Leah McLaren, "Canadian Martel Wins Booker," *Globe and Mail*, 23 October 2002. http://www.theglobeandmail.com/life/canadian-martel-wins-booker/article757348

26 "Liberty Moves North," *Economist*, 29 October 2016. http://www.economist.com/news/leaders/21709305-it-uniquely-fortunate-many-waysbut-canada-still-holds-lessons-other-western

27 Allan Woods, "Canada Not Ready for Second Wave of Asylum Seekers, Union Head Warns," *Toronto Star*, 19 September 2017. https://www.thestar.com/news/canada/2017/09/19/5712-asylum-seekers-crossed-canada-us-border-in-august.html

28 Rebecca Joseph, "More Than Half of Canadians Think Ottawa Isn't in Control of Refugee Issue in Quebec: Ipsos Poll," *Global News*, 16 August 2017. https://globalnews.ca/news/3673174/refugee-quebec-army-poll

29 John Ibbitson, "Immigration, Intolerance and the 'Populist Paradox,'" *Globe and Mail*, 18 June 2017. https://www.theglobeandmail.com/news/politics/immigration-intolerance-and-the-populist-paradox/article35355350

30 *Multiculturalism Policy Index* (Kingston: Queen's University). http://www.queensu.ca/mcp

31 Ingrid Perritz and Les Perreaux, "Quebec Reveals Religious Symbols to Be Banned from Public Sector," *Globe and Mail*, 10 September 2013.

8 "Immigration and Ethnocultural Diversity in Canada."
9 Economist Intelligence Unit, "The Safe Cities Index 2015," 2015. https://dkf1ato8y5dsg.cloudfront.net/uploads/5/82/eiu-safe-cities-index-2015-white-paper-1.pdf
10 Derek Flack, "Toronto Named Most Diverse City in the World," *TOBlogspot*, June 2016. http://www.blogto.com/city/2016/05/toronto_named_most_diverse_city_in_the_world
11 Charlotte England, "Sweden Sees Record Numbers of Asylum Seekers Withdraw Applications and Leave," *Independent*, 25 August 2016. http://www.independent.co.uk/news/world/europe/refugee-crisis-asylum-seekers-sweden-applications-withdrawn-record-numbers-a7209231.html
12 ジョン・イビットソンが2016年冬に某スウェーデン人ジャーナリストと交した匿名ベースの会話より
13 "Migrant Crisis: Migration to Europe Explained in Seven Charts," *BBC News*, 4 March 2016. http://www.bbc.com/news/world-europe-34131911
14 Allison Jones, "Justin Trudeau to Syrian Refugees: 'Welcome Home.'" *Canadian Press*, 11 December 2015. http://www.macleans.ca/news/canada/justin-trudeau-to-syrian-refugees-welcome-home
15 Philip Connor, "USA Admits Record Number of Muslim Refugees in 2016" (Washington, D.C.: Pew Research Center, 5 October 2016). http://www.pewresearch.org/fact-tank/2016/10/05/u-s-admits-record-number-of-muslim-refugees-in-2016
16 Kathryn Blaze Carlson, "'None Is Too Many': Memorial for Jews Turned Away from Canada in 1939," *National Post*, 17 January 2011. http://news.nationalpost.com/news/none-is-too-many-memorial-for-jews-turned-away-from-canada
17 John Ibbitson, "Poll Says Canadians Oppose Trudeau's Refugee Plan. What Will History Say?" *Globe and Mail*, 24 November 2015. http://www.theglobeandmail.com/news/politics/politics-notebook-poll-says-canadians-oppose-trudeaus-refugee-plan-what-will-history-say/article27449197/
18 本書の著者ふたりによる前著"*The Big Shift: The Seismic Change in Canadian Politics, Business, and Culture and What It Means for Our Future*"（HarperCollins, 2013）でも同様に指摘をしている。
19 Ramsey Cook, "Godwyn Smith," *Dictionary of Canadian Biography*

26　Stephen Anderson, "How Many Languages Are There in the World?" (Washington, D.C.: Linguistic Society of America, 2010). http://www.linguisticsociety.org/content/how-many-languages-are-there-world
27　"How Many Spoken Languages," *Infoplease*. http://www.infoplease.com/askeds/many-spoken-languages.html
28　"Languages of the World," *BBC*. http://www.bbc.co.uk/languages/guide/languages.shtml
29　"Are Dying Languages Worth Saving?" *BBC Magazine*, 15 September 2010. http://www.bbc.com/news/magazine-11304255
30　John H. McWhorter, "What the World Will Speak in 2115," *Wall Street Journal Europe*, 9 January 2015. https://www.wsj.com/articles/what-the-world-will-speak-in-2115-1420234648

12章　カナダ、繁栄する"モザイク社会"の秘訣

1　"Arctic Mosque Lands Safely in Inuvik," *CBC News*, 23 September 2010. http://www.cbc.ca/news/canada/north/arctic-mosque-lands-safely-in-inuvik-1.907731
2　"Immigration and Ethnocultural Diversity in Canada" (Ottawa: Statistics Canada, 15 September 2016). https://www12.statcan.gc.ca/nhs-enm/2011/as-sa/99-010-x/99-010-x2011001-eng.cfm
3　"Population and Dwelling Counts," *2016 Census* (Ottawa: Statistics Canada, 15 November 2017). http://www12.statcan.gc.ca/census-recensement/2016/rt-td/population-eng.cfm
4　"A Long-Term View of Canada's Demographics," *Century Initiative*, 2 October 2016. http://www.centuryinitiative.ca/2016/10/02/cboc
5　"Growth of the Canadian Population 2013–2063" (Ottawa: Statistics Canada, 30 November 2015). http://www.statcan.gc.ca/pub/91-520-x/2014001/section02-eng.htm
6　"Immigration and Ethnocultural Diversity in Canada" (Ottawa: Statistics Canada, 15 September 2016). http://www12.statcan.gc.ca/nhs-enm/2011/as-sa/99-010-x/99-010-x2011001-eng.cfm
7　Teresa Welsh, "Five Countries That Take in the Most Migrants," *US News*, 25 September 2015. http://www.usnews.com/news/slideshows/5-countries-that-take-the-most-immigrants

14 *Trends in Indigenous Fertility Rates* (Canberra: Australian Bureau of Statistics, 2010). http://www.abs.gov.au/ausstats/abs@.nsf/Products/8C7C1A01E4D5F9C2CA2577CF000DF0A7?opendocument

15 Simon Collins, "New Zealand's 'Baby Blip' Officially Over as Fertility Rate Drops," *New Zealand Herald*, 18 February 2015. http://www.nzherald.co.nz/lifestyle/news/article.cfm?c_id=6&objectid=11403961

16 C. Matthew Snip, "The Size and Distribution of American Indian Population: Fertility, Mortality, Migration, and Residence," in Gary D. Sandefur, Ronald R. Rindfuss, and Barney Cohen, eds., *Changing Numbers, Changing Needs: American Indian Demography and Public Health* (Washington, D.C.: National Academies Press, 1996). http://www.ncbi.nlm.nih.gov/books/NBK233098

17 Sarah Cannon and Christine Percheski, "Fertility Change in the American Indian and Alaska Native Population, 1980–2010." *Demographic Research*, Vol. 37, Article 1, 4 July 2017. https://www.demographic-research.org/volumes/vol37/1/37-1.pdf

18 Ibid.

19 Beatrice Debut, "Kenyan Tribe of Honey Eaters Faces Extinction," *Agence France Presse*, 10 July 2007. http://www.terradaily.com/reports/Kenyan_Tribe_Of_Honey_Hunters_Fights_Extinction_999.html

20 Ibid.

21 Peter Grant, ed., *State of the World's Minorities and Indigenous Peoples 2016* (London: Minority Rights Group International, 2016). http://minorityrights.org/wp-content/uploads/2016/07/MRG-SWM-2016.pdf

22 Ibid.

23 Genesis 11: 1–9, *The Bible* (King James Version). https://www.biblegateway.com/passage/?search=Genesis+11%3A1-9&version=KJV

24 Rikka Fredriksson, Wilhelm Barner-Rasmussen, and Rebecca Piekkeri, "The Multinational Corporation and a Multilingual Institution: The Notion of a Corporate Common Language," *Corporate Communications*, Vol. 11, No. 4 (2006), pp. 406–23.

25 Steffanie Zazulak, "English: The Language of the Internet," *Pearson English*, 21 August 2015. https://www.english.com/blog/english-language-internet

(Ottawa: Statistics Canada, 25 October, 2017). http://www.statcan.gc.ca/daily-quotidien/171025/dq171025a-eng.htm

5 David Macdonald and Daniel Wilson, *Shameful Neglect: Indigenous Child Poverty in Canada*, (Ottawa: Canadian Centre for Policy Alternatives, 17 May 2016). https://www.policyalternatives.ca/publications/reports/shameful-neglect

6 Matthew McClearn, "Unsafe to Drink," *Globe and Mail*, 21 February 2017. https://www.theglobeandmail.com/news/water-treatment-plants-fail-on-reserves-across-canada-globe-reviewfinds/article34094364/

7 Michael Shulman and Jesse Tahirali, "Suicide Among Canada's First Nations: Key Numbers," *CTV News*, 11 April 2016. http://www.ctvnews.ca/health/suicide-among-canada-s-first-nations-key-numbers-1.2854899

8 Vivian O'Donnell and Susan Wallace, "First Nations, Métis and Inuit Women," *Women in Canada: A Gender-Based Statistical Report* (Ottawa: Statistics Canada, 30 November 2015). http://www.statcan.gc.ca/pub/89-503-x/2010001/article/11442-eng.htm#a14. And Paula Arriagada, "First Nations, Métis and Inuit Women," *Women in Canada: A Gender-Based Statistical Report* (Ottawa: Statistics Canada, 23 February 2016). https://www.statcan.gc.ca/pub/89-503-x/2015001/article/14313-eng.htm

9 "More Victims Tell of Sexual Abuse on Reserves," *CTV News*, 14 December 2011. http://www.ctvnews.ca/more-victims-tell-of-sexual-abuse-on-reserves-1.740390

10 Barry Anderson and John Richards, Students in Jeopardy: *An Agenda for Improving Results in Band-Operated Schools* (Toronto: C.D. Howe Institute, January 2016). https://www.cdhowe.org/sites/default/files/attachments/research_papers/mixed/Commentary_444_0.pdf

11 *Aboriginal Demographics from the 2011 National Household Survey* (Ottawa: *Aboriginal Affairs and Northern Development* Canada, May 2013). https://www.aadnc-aandc.gc.ca/eng/1370438978311/1370439050610

12 "Aboriginal People in Canada: Key Results from the 2016 Census."

13 "Births and Pregnancy Outcome," *Overview of Australian and Torres Strait Islander Health Status 2016* (Perth: Australian Indigenous Health Infonet, 2017). http://www.healthinfonet.ecu.edu.au/health-facts/overviews/births-and-pregnancy-outcomes

McClatchy, 22 June 2016. http://www.mcclatchydc.com/news/nation-world/article85591172.html
28 Richard Alba, "The Myth of a White Minority," *New York Times*, 11 June 2015. http://www.nytimes.com/2015/06/11/opinion/the-myth-of-a-white-minority.html?_r=0
29 Ibid.
30 "Anti-semitism," *Father Coughlin*, 2017. http://www.fathercoughlin.org/father-coughlin-anti-semitism.html
31 Bilal Qureshi, "From Wrong to Right: A US Apology for Japanese Internment," *NPR*, 9 August 2013. http://www.npr.org/sections/codeswitch/2013/08/09
/210138278/japanese-internment-redress
32 G. Edward White, "The Unacknowledged Lesson: Earl Warren and the Japanese Relocation Controversy," *VQR*, Autumn 1979. http://www.vqronline.org/essay/unacknowledged-lesson-earl-warren-and-japanese-relocation-controversy
33 Stuart Anderson, "Immigrants and Billion-Dollar Startups," *NFAP Policy Brief* (Washington, D.C.: National Foundation for American Policy, March 2016). http://nfap.com/wp-content/uploads/2016/03/Immigrants-and-Billion-Dollar-Startups.NFAP-Policy-Brief.March-2016.pdf
34 Giovanni Peri, "Do Immigrant Workers Depress the Wages of Native Workers?" *IZA World of Labor*, May 2014. https://wol.iza.org/articles/do-immigrant-workers-depress-the-wages-of-native-workers/long
35 Gonzalez-Barrera and Krogstad, "What We Know About Illegal Immigration from Mexico."

11章　少数民族が滅びる日

1 ダリル・ブリッカーによるインタビューより
2 John Ibbitson, *Stephen Harper* (Toronto: McClelland & Stewart, 2015), 248.
3 Bernie Farber, "The Terrible Legacy of Duncan Campbell Scott," *Huffington Post*, 23 January 2017. http://www.huffingtonpost.ca/bernie-farber/duncan-campbell-scott-legacy_b_14289206.html
4 "Aboriginal People in Canada: Key Results from the 2016 Census"

16 Douglas Main, "Why the Teen Birthrate Keeps Dropping," *Newsweek*, 20 May 2015. http://www.newsweek.com/2015/05/29/why-teen-birth-rate-keeps-dropping-333946.html
17 Heather Boonstra, "What Is Behind the Decline in Teen Pregnancy?" Guttmacher Policy Review, 3 September 2014. https://www.guttmacher.org/about/gpr/2014/09/what-behind-declines-teen-pregnancy-rates
18 Eileen Patten and Gretchen Livingstone, "Why Is the Teen Birth Rate Falling?" (Washington, D.C.: Pew Research Center, 29 April 2016). http://www.pewresearch.org/fact-tank/2016/04/29/why-is-the-teen-birth-rate-falling
19 "African Americans Are Increasingly Affluent, Educated and Diverse," *Nielson Newswire*, 19 September 2015. http://www.nielsen.com/us/en/insights/news/2015/african-americans-are-increasingly-affluent-educated-and-diverse.html
20 Laura Shin, "The Racial Wealth Gap: Why a Typical White Household Has 16 Times the Wealth of a Black One," *Forbes*, 26 March 2015.
21 "Are We Talking Enough About the Black Middle Class?" *Pacific Standard*, 13 April 2015. https://psmag.com/are-we-talking-enough-about-the-black-middle-class-13dbfed92322#.r2eacnui1
22 "African Americans Are Increasingly Affluent, Educated and Diverse."
23 *The Condition of Education 2017* (Washington, D.C.: National Center for Education Statistics, May 2017). https://nces.ed.gov/pubs2017/2017144.pdf
24 John Gramlich, "Hispanic Dropout Rate Hits New Low, College Enrollment at New High" (Washington, D.C.: Pew Research Center, 27 September 2017). http://www.pewresearch.org/fact-tank/2017/09/29/hispanic-dropout-rate-hits-new-low-college-enrollment-at-new-high/
25 Anna Gonzalez-Barrera and Jens Manuel Krogstad, "What We Know About Illegal Immigration from Mexico" (Washington, D.C.: Pew Research Center, 20 November 2015). http://www.pewresearch.org/fact-tank/2015/11/20/what-we-know-about-illegal-immigration-from-mexico/
26 D'Vera Cohn, "Future Immigration Will Change the Face of America by 2065" (Washington, D.C.: Pew Research Center, 6 October 2015). http://www.pewresearch.org/fact-tank/2015/10/05/future-immigration-will-change-the-face-of-america-by-2065
27 Teresa Welsh, "Minority Babies Outnumber Whites Among U.S. Infants,"

6 Ely Ratner and Thomas Wright, "America's Not in Decline—It's on the Rise," *Washington Post*, 18 October 2013. https://www.washingtonpost.com/opinions/americas-not-in-decline--its-on-the-rise/2013/10/18/4dde76be-35b1-11e3-80c6-7e6dd8d22d8f_story.html?utm_term=.894898e7b074
7 Josef Joffe, "The Canard of Decline," *American Interest*, 10 October 2013. http://www.the-american-interest.com/2013/10/10/the-canard-of-decline
8 "Most Say Immigrants Strengthen the Country" (Washington, D.C.: Pew Research Center, 8 December 2016). http://www.people-press.org/2016/12/08/3-political-values-government-regulation-environment-immigration-race-views-of-islam/#most-say-immigrants-strengthen-the-country
9 Jens Manuel Krogstad, Jeffrey S. Passel, and D'Vera Cohn, "Five Facts About Illegal Immigration in the U.S." (Washington, D.C.: Pew Research Institute, 27 April 2017). http://www.pewresearch.org/fact-tank/2017/04/27/5-facts-about-illegal-immigration-in-the-u-s
10 Nan Marie Astone, Steven Martin, and H. Elizabeth Peters,"Millennial Childbearing and the Recession" (Washington, D.C.: Urban Institute, April 2015). http://www.urban.org/sites/default/files/alfresco/publication-pdfs/2000203-Millennial-Childbearing-and-the-Recession.pdf
11 Ibid.
12 Jeffrey S. Passel and D'Vera Cohn, "Number of Babies Born to Unauthorized Immigrants Continues to Decline" (Washington, D.C.: Pew Research Center,
26 October 2016). http://www.pewresearch.org/fact-tank/2016/10/26/number-of-babies-born-to-unauthorized-immigrants-in-u-s-continues-to-decline
13 David Drozd, "Tables Summarizing Births and Fertility Rates by Race and Ethnicity of the Mother in the U.S. and Nebraska, 1989–2013" (Omaha: Center for Public Affairs Research, University of Nebraska at Omaha, January 2015). http://www.unomaha.edu/college-of-public-affairs-and-community-service/center-for-public-affairs-research/documents/fertility-rates-by-race-ethnicity-us-nebraska.pdf
14 Ibid.
15 "Teenage Pregnancy in the United States" (Washington, D.C.: Centers for Disease Control and Prevention, 2016). http://www.cdc.gov/teenpregnancy/about

26　ダリル・ブリッカーによるインタビューより
27　K. Srinivasan and K.S. James, "The Golden Cage: Stability of the Institution of Marriage in India," *Economic and Political Weekly*, Vol. 50, No. 13 (28 March 2015).
28　"India Sees Huge Spike in 'Honour' Killings," *Al Jazeera*, 7 December 2016. http://www.aljazeera.com/news/2016/12/india-sees-huge-spike-honour-killings-161207153333597.html
29　Srinivasan and James, "The Golden Cage."
30　ダリル・ブリッカーによるインタビューより
31　Ibid.
32　ダリル・ブリッカーによるK・S・ジェームス教授へのインタビューより
33　Geeta Panday, "Why Do Women Go to Sterilisation Camps?" *BBC News*, 11 November 2014. http://www.bbc.com/news/world-asia-india-29999883
34　Ibid.
35　Ibid.
36　Dhananjay Mahapatral, "Half of Delhi's Population Lives in Slums," *Times of India*, 4 October 2012. http://timesofindia.indiatimes.com/city/delhi/Half-of-Delhis-population-lives-in-slums/articleshow/16664224.cms

10章　アメリカの世界一は、今も昔も移民のおかげだ

1　"'Pakistan Would Move Toward China, Russia, as US Is Declining Power,'" *Times of India*, 6 October 2016. http://timesofindia.indiatimes.com/world/pakistan/Pakistan-would-move-towards-China-Russia-as-US-is-declining-power/articleshow/54708689.cms
2　*Global Trends 2030*: Alternative Worlds (Washington, D.C.: National Intelligence Council, 2012). https://globaltrends2030.files.wordpress.com/2012/11/global-trends-2030-november2012.pdf
3　"QS World University Rankings 2016–2017," QS. https://www.topuniversities.com/university-rankings/world-university-rankings/2016
4　Ayez Ahmed, "Is the U.S. a Declining Power?" *International News*, 14 August 2016. https://www.thenews.com.pk/print/142341-Is-the-US-a-declining-power
5　"Best Selling Books of All Time," *James Clear*. http://jamesclear.com/best-books/best-selling

to a Boy 50 Percent?" *Scientific American*, 15 November 2004.
https://www.scientificamerican.com/article/is-a-pregnant-womans-chan
14 Kaufman, "China Now Has the Lowest Fertility Rate in the World."
15 Simon Denyer, "Researchers May Have 'Found' Many of China's 30 Million Missing Girls," *Washington Post*, 30 November 2016. https://www.washingtonpost.com/news/worldviews/wp/2016/11/30/researchers-may-have-found-many-of-chinas-30-million-missing-girls/?utm_term=.d30eff1d7438
16 Wang, "China's Population Destiny."
17 Kaufman, "China Now Has the Lowest Fertility Rate in the World."
18 Susan E. Short, Ma Linmao, and Yu Wentao, "Birth Planning and Sterilization in China," *Population Studies*, Vol. 54, No. 3 (November 2000), pp. 279–91. https://www.ncbi.nlm.nih.gov/m/pubmed/11640214
19 Douglas Todd "High Birthrate Among Immigrant Women Has Implications for Canada," *Vancouver Sun*, 8 August 2013. http://www.vancouversun.com/life/High+birthrate+among+immigrant+women+implications+Canada/8766093/story.html#__federated=1
20 "China's Demographic Divisions Are Getting Deeper," *Economist*, 21 September 2017. https://www.economist.com/news/china/21729573-no-province-has-many-babies-some-shortfalls-are-much-worse-others-chinas-demographic
21 Yang Fan, "Low Fertility in China: How Credible Are Recent Census Data," *International Union for Scientific Study of Population*, undated. https://iussp.org/sites/default/files/event_call_for_papers/Low%20Fertility%20in%20China-How%20Credible%20are%20Recent%20Census%20Data-YangFan.pdf
22 Kaufman, "China Now Has the Lowest Fertility Rate in the World."
23 Katie Ngai, "China's Population Could Drop Below 1 Billion by the End of the Century," *Shanghaiist*, 2 July 2016. http://shanghaiist.com/2016/07/02/china_population_to_drop_below_1_billion.php
24 "China's Demographic Divisions Are Getting Deeper."
25 Nita Bhalla, "Rickshaw Drivers Take 'Respect for Women' Message to Delhi's Streets," *Reuters*, 12 November 2014. http://in.reuters.com/article/india-women-autorickshaws-idINKCN0IW1GN20141112

Colonial Boundaries," *Atlantic*, 1 July 2013. http://www.theatlantic.com/international/archive/2013/07/how-africas-new-urban-centers-are-shifting-its-old-colonial-boundaries/277425

9章　象（インド）は台頭し、ドラゴン（中国）は凋落する

1　*World Population Prospects, 2017 Revision* (United Nations Department of Economic and Social Affairs/Population Division, 2017). https://esa.un.org/unpd/wpp
2　"China vs. United States," *Index Mundi*, 2017. http://www.indexmundi.com/factbook/compare/china.united-states
3　Branko Milanović, "Inequality in the United States and China," *Harvard Business Review*, 17 January 2014. https://hbr.org/2014/01/inequality-in-the-united-states-and-china
4　Feng Wang, "China's Population Destiny: The Looming Crisis," *Brookings*, 30 September 2010. https://www.brookings.edu/articles/chinas-population-destiny-the-looming-crisis
5　Joan Kaufman, "China Now Has the Lowest Fertility Rate in the World," *National Interest*, 1 December 2016. http://nationalinterest.org/blog/the-buzz/china-now-has-the-lowest-fertility-rate-the-world-18570?page=2
6　Aileen Clarke and Mónica Serrano, "See How the One-Child Policy Changed China," *National Geographic*, 13 November 2015. http://news.nationalgeographic.com/2015/11/151113-datapoints-china-one-child-policy
7　Xin En Lee, "What Does the End of the One-Child Policy Mean for China?" *CKGSB Knowledge*, 6 April 2016. http://knowledge.ckgsb.edu.cn/2016/04/06/demographics/what-does-the-end-of-the-one-child-policy-mean-for-china
8　Ibid.
9　Wu Yan, "Chinese Life Expectancy Up to More Than 76 Years," *China Daily*, 27 July, 2017. http://www.chinadaily.com.cn/china/2017-07/26/content_30256796.htm
10　Ibid.
11　Ibid.
12　Wang, "China's Population Destiny."
13　Marc Weisskopf, "Is a Pregnant Woman's Chance of Giving Birth

26 Ibid.
27 Anna Gonzalez-Barrera, "More Mexicans Leaving Than Coming to the U.S." (Washington, D.C.: Pew Research Center, 19 November 2015). http://www.pewhispanic.org/2015/11/19/more-mexicans-leaving-than-coming-to-the-u-s
28 Keith Ellison for Congress, "Keith on ABC's 'This Week' 7/26/15," *YouTube*, 24 May 2016. https://www.youtube.com/watch?v=FHkPadFK34o
29 "Full Text: Donald Trump Announces a Presidential Bid," *Washington Post*, 16 June 2015. https://www.washingtonpost.com/news/post-politics/wp/2015/06/16/full-text-donald-trump-announces-a-presidential-bid/?utm_term=.ea78b474e6a9
30 Yankee Patriot News, "Trump: 'Compete Shutdown' on Muslims Entering the United States—Speech," *YouTube*, 8 December 2015. https://www.youtube.com/watch?v=YWlQ3buH9FI
31 Jeffrey Sparshott, "Immigration Does More Good Than Harm to Economy, Study Finds," *Wall Street Journal*, 22 September 2016. http://www.wsj.com/articles/immigration-does-more-good-than-harm-to-economy-study-finds-1474568991
32 Ibid.
33 *International Migration Report 2015.*
34 "Worldwide Displacement Hits All-Time High as War and Persecution Increase" (Geneva: UNHCR, 18 June 2015). http://www.unhcr.org/news/latest/2015/6/558193896/worldwide-displacement-hits-all-time-high-war-persecution-increase.html
35 "Fecund Foreigners?" *Economist*, 30 April 2016. http://www.economist.com/news/international/21697819-immigrants-do-less-raise-birth-rates-generally-believed-fecund-foreigners?frsc=dg%7Ca
36 *World Urbanization Prospects: The 2014 Revision, Highlights* (New York: United Nations, Department of Economic and Social Affairs, Population Division, 2014). https://esa.un.org/unpd/wup/Publications/Files/WUP2014-Highlights.pdf
37 Ibid.
38 Ibid.
39 Howard French, "How Africa's New Urban Centers Are Shifting Its Old

/~molna22a/classweb/politics/Italianhistory.html
10 Max Roser and Esteban Ortiz-Espina, "Global Extreme Poverty," *Our World in Data*, 2013/2017. http://ourworldindata.org/data/growth-and-distribution-of-prosperity/world-poverty
11 "Global Figures at a Glance," *Global Trends 2015* (Geneva: unhcr, 2016). http://www.unhcr.org/figures-at-a-glance.html
12 Bernard Wasserstein, "European Refugee Movements After World War Two," *BBC History*, 17 February 2017. http://www.bbc.co.uk/history/worldwars/wwtwo/refugees_01.shtml
13 "Flight and Expulsion of Germans (1944–50)," *Wikipedia*. https://en.wikipedia.org/wiki/Flight_and_expulsion_of_Germans_ (1944–50)
14 "World War II China: Refugees," *Children in History*. http://histclo.com/essay/war/ww2/cou/china/home/w2ch-ref.html
15 Rana Mitter, "Forgotten Ally? China's Unsung Role in WWII," *CNN*, 31 August 2015. http://histclo.com/essay/war/ww2/cou/china/home/w2ch-ref.html
16 *International Migration Report 2015* (New York: United Nations Department of Economic and Social Affairs/Population Division, September 2016). http://www.un.org/en/development/desa/population/migration/publications/migrationreport/docs/MigrationReport2015.pdf
17 "Country Comparison: Population," *World Factbook* (Washington, D.C.: Central Intelligence Agency). https://www.cia.gov/library/publications/the-world-factbook/rankorder/2119rank.html
18 Ibid.
19 *Global Trends: Forced Displacement in 2015* (Geneva: unhcr, 20 June 2016). http://www.unhcr.org/576408cd7.pdf
20 "Nearly Half a Million Displaced Syrians Return Home," *Al Jazeera*, 1 July 2017. http://www.aljazeera.com/news/2017/07/million-displaced-syrians-return-home-170701040728296.html
21 *International Migration Report 2015.*
22 Ibid.
23 Ibid.
24 Ibid
25 Ibid.

20　Martine, "Brazil's Fertility Decline."
21　Cynthia Gorney, "Brazil's Girl Power," *National Geographic*, September 2011. http://ngm.nationalgeographic.com/2011/09/girl-power/gorney-text
22　Martine, "Brazil's Fertility Decline."
23　Caldeira, *City of Walls*, 41.

8章　移民を奪い合う日

1　Eric Wyman, "Becoming Human: The Evolution of Walking Upright," *Smithsonian.com*, 6 August 2012. http://www.smithsonianmag.com/science-nature/becoming-human-the-evolution-of-walking-upright-13837658
2　"What Does It Mean to Be Human?" *Smithsonian Institution's Human Resources Program*. http://humanorigins.si.edu/human-characteristics/humans-change-world
3　"The Genographic Project: Map of Human Migration," *National Geographic*. https://genographic.nationalgeographic.com/human-journey
4　Margot Pepper, "More Than Half of Americans Have Never Travelled Outside the Country—and a Third Do Not Even Have Passports," *Daily Mail*, 23 May 2013. http://www.dailymail.co.uk/femail/article-2329298/More-half-Americans-NEVER-traveled-outside-country--passport.html
5　Guy Abel and Nikola Sander, "Quantifying Global International Migration Flows," *Science*, 28 March 2014. http://science.sciencemag.org/content/343/6178/1520.figures-only
6　"Irish Potato Famine: Introduction," *The History Place*, 2000. http://www.historyplace.com/worldhistory/famine/introduction.htm
7　Jim Shaughnessy, "The Great Famine Coffin Ships' Journey Across the Atlantic." *IrishCentral*, 18 June 2015. http://www.irishcentral.com/roots/genealogy/the-great-famine-coffin-ships-journey-across-the-atlantic.
And "Irish Potato Famine: Coffin Ships," *The History Place*, 2000. http://www.historyplace.com/worldhistory/famine/coffin.htm
8　"John F. Kennedy and Ireland," *John F. Kennedy Presidential Library and Museum*. https://www.jfklibrary.org/JFK/JFK-in-History/John-F-Kennedy-and-Ireland.aspx
9　Alexandra Molnar, *History of Italian Immigration* (South Hadley: Mount Holyoke College, 9 December 2010). https://www.mtholyoke.edu

13 November 2014). http://www.pewforum.org/2014/11/13/religion-in-latin-america
8　P.J. Henry and Geoffrey Wetherell, "Countries with Greater Gender Equality Have More Positive Attitudes and Laws Concerning Lesbians and Gay Men," *Sex Roles*, October 2017. https://link.springer.com/article/10.1007/s11199-017-0744-0
9　"Brazil Poverty and Wealth," *Encyclopedia of the Nations*. http://www.nationsencyclopedia.com/economies/Americas/Brazil-POVERTY-AND-WEALTH.html
10　Sarah de Ste. Croix, "Brazil Strives for Economic Equality," *Rio Times*, 7 February 2012. http://riotimesonline.com/brazil-news/rio-business/brazil-strives-for-economic-equality
11　Bill Worley, "Brazil Saw More Violent Deaths Than in Civil-War-Torn Syria, Report Says," *Independent*, 29 October 2016. http://www.independent.co.uk/news/world/americas/brazil-deaths-violent-crime-syria-police-brutality-report-brazilian-forum-for-public-security-a7386296.html
12　ダリル・ブリッカーによるインタビューより
13　Teresa Caldeira, *City of Walls: Crime, Segregation, and Citizenship in São Paulo* (Berkeley: University of California Press, 2001).
14　"Brazil Slum Dwellers Shun Home Ownership, Fearing Gentrification," *Reuters*, 3 February 2017. http://www.voanews.com/a/rio-slum-favela-home-ownership-gentrification/3705588.html
15　ダリル・ブリッカーによる匿名のインタビュー。また以下も参照。Dom Phillips, "How Directions on the Waze App Led to Death in Brazil's Favelas," *Washington Post*, 5 October 2015.
16　イプソスも同センターに資金援助する民間企業の１社である。
17　Leticia J. Marteleto and Molly Dondero, "Maternal Age at First Birth and Adolescent Education in Brazil," *Demographic Research*, Vol. 28 (10 April 2013). http://www.demographic-research.org/volumes/vol28/28/28-28.pdf.
18　George Martine, "Brazil's Fertility Decline, 1965–95: A Fresh Look at Key Factors," *Population and Development Review*, Vol. 22, No. 1 (March 1996).
19　Eliana La Ferrara, Alberto Chong, and Suzanne Duryea, "Soap Operas and Fertility: Evidence from Brazil," *American Economic Journal: Applied Economics*, Vol. 4, No. 4 (October 2012).

WomensRightsinAfrica_singlepages.pdf
37 Ibid.
38 Valerie Amos and Toyin Saraki, "Female Empowerment in Africa: The Critical Role of Ecucation," *Times Higher Education*, 29 April 2017. https://www.timeshighereducation.com/blog/female-empowerment-africa-critical-role-education
39 *Strategies for Girls' Education* (New York: UNICEF, 2004). https://www.unicef.org/sowc06/pdfs/sge_English_Version_B.pdf
40 "Overview of Gender Parity in Education," *UNESCO e-Atlas of Gender Inequality in Education* (Paris: UNESCO, 2017). http://www.tellmaps.com/uis/gender/?lang=en#!/tellmap/-1195952519
41 *The World Bank in Kenya* (Washington, D.C.: World Bank). http://www.worldbank.org/en/country/kenya/overview
42 "Kenya," *World Factbook*.

7章 ブラジル、出生率急減の謎

1 Alex Cuadros, "The Most Important Criminal Conviction in Brazil's History," *New Yorker*, 13 July 2017. http://www.newyorker.com/news/news-desk/the-most-important-criminal-conviction-in-brazils-history
2 "Brazil: Economic Forecast Summary (June 2017)" (Paris: OECD). http://www.oecd.org/eco/outlook/brazil-economic-forecast-summary.htm
3 George Martine and Gordon McGranahan, "Brazil's Early Urban Transition: What Can It Teach Urbanizing Countries?" (London: International Institute for Environment and Development, August 2010). https://www.citiesalliance.org/sites/citiesalliance.org/files/IIED_Brazil%27sEarlyUrbanTransition.pdf
4 "The Future of World Religions: Population Growth Projections 2010–2050" (Washington, D.C.: Pew Research Center, 2 April 2015). http://www.pewforum.org/2015/04/02/religious-projections-2010-2050
5 Sarah R. Hayward and S. Philip Morgan, "Religiosity and Fertility in the United States: The Role of Fertility Intentions," *Social Forces*, Vol. 86, No. 3 (2008). https://www.ncbi.nlm.nih.gov/pmc/articles/PMC2723861
6 Ibid.
7 "Religion in Latin America" (Washington, D.C.: Pew Research Center,

Blog, 17 May 2017. http://www.worldpolicy.org/blog/2017/05/23/education-kenya-needs-faster-reform

22 "Education in Kenya," *World Education News and Review*, 2 June 2015. http://wenr.wes.org/2015/06/education-kenya

23 "Kenya Fact Sheet," *UNESCO Global Partnership for Girl's and Women's Education, One Year On*. (New York: unesco, 2012). http://www.unesco.org/eri/cp/factsheets_ed/KE_EDFactSheet.pdf

24 Mokua Ombati, "Education Gender Parity: Challenges of the Kenyan Girl," *Journal of Women's Entrepreneurship and Education*, Nos. 3–4 (2013). https://www.academia.edu/6037067/Educational_Gender_Parity_Challenges_of_the_Kenyan_Girl

25 Wolfgang Lutz, William P. Butz, Samir KC, eds., *World Population and Human Capital in the Twenty-First Century* (Vienna: Wittgenstein Centre for Demography and Global Human Capital, 2014), executive summary.

26 "Kenya Demographic and Health Survey, 2014."

27 Nana Naitashvili, "Infant Mortality and Fertility," *Population Horizons*, Summer 2014. https://www.ageing.ox.ac.uk/download/143

28 Elizabeth Mareb, "Kenyan Population Expected to Hit 81 Million as Fertility Rates Soar." *Daily Nation*, 6 September 2015. http://www.nation.co.ke/news/Kenyan-population-to-hit-81-million-as-fertility-rates-soar/-/1056/2860682/-/ybvkdx/-/index.html

29 ダリル・ブリッカーによるインタビューより

30 Ibid.

31 Ibid.

32 "Bride Price App—The Easy Way to Calculate Dowry" *Up Nairobi*, 24 July 2014. http://www.upnairobi.com/oldsite/dt_portfolio/bride-price-app

33 ダリル・ブリッカーによるインタビューより

34 Ibid.

35 Geoffrey York, "Trump's Aid Cuts Risk Pushing Women 'into the Dark Ages,' Spelling Trouble for Rising World Population," *Globe and Mail*, 6 April 2017. http://www.theglobeandmail.com/news/world/africa-contraception-and-population-growth/article34599155

36 *Women's Rights in Africa* (Addis Ababa: African Union Commission, 2017). http://www.ohchr.org/Documents/Issues/Women/WRGS/

Bureau, 2017). http://www.prb.org/pdf17/2017_World_Population.pdf
3 "Median Age by Continent," *MapPorn* (Reddit, 2017). https://www.reddit.com/r/MapPorn/comments/6lgvdm/median_age_by_continent_6460x3455
4 "Kenya," *World Factbook* (Washington, D.C.: Central Intelligence Agency, 14 November 2017). https://www.cia.gov/library/publications/the-world-factbook/geos/ke.html
5 "Kenya SPEC Barometer Survey" (Paris: Ipsos Public Affairs, 16 July 2016), data confidential.
6 "Kenya," *World Factbook.*
7 "Kenya SPEC Barometer Survey."
8 Ibid.
9 "Kenya," *World Factbook.*
10 Ibid.
11 Ibid.
12 "Kenya Demographic and Health Survey, 2014" (Nairobi: Kenya National Bureau of Statistics, 2015). https://dhsprogram.com/pubs/pdf/FR308/FR308.pdf
13 "Kibera Facts and Information," *Kibera-UK.* http://www.kibera.org.uk/facts-info
14 ダリル・ブリッカーによるインタビューより。以下本章のインタビューはすべて匿名ベース
15 "Corruption by Country: Kenya" (Berlin: Transparency International, 2016). https://www.transparency.org/country/KEN
16 "2017 Index of Economic Freedom" (Washington, D.C.: Heritage Foundation, 2017). http://www.heritage.org/index/ranking
17 "Table of Country Scores," *Freedom in the World 2016* (Washington, D.C.: Freedom House), 2017. https://freedomhouse.org/report/freedom-world-2016/table-scores
18 ダリル・ブリッカーによるインタビューより
19 Ibid.
20 "Kenya," *World Population Prospects 2017* (New York: United Nations Department of Economic and Social Affairs/Population Division, 2017). https://esa.un.org/unpd/wpp/Graphs/Probabilistic/FERT/TOT
21 Chris Wamalwa, "Education in Kenya Needs Faster Reform," *World Policy*

14 Kathryn Blaze Carleson, "Curtain Lifts on Decades of Forced Adoptions for Unwed Mothers in Canada," *National Post*, 9 March 2012. http://nationalpost.com/news/canada/curtain-lifts-on-decades-of-forced-adoptions-for-unwed-mothers-in-canada
15 "Intercountry Adoption: Statistics" (Washington, D.C.: Bureau of Consular Affairs, Department of State, 2017). https://travel.state.gov/content/adoptionsabroad/en/about-us/statistics.html
16 Emma Graney, "Looking to Adopt in Alberta? Statistics Show There Are Fewer Children Waiting for a Home," *Edmonton Journal*, 7 July 2016. http://edmontonjournal.com/news/insight/alberta-adoption-numbers-plunge
17 Ryan Middleton, "2015 Highest Grossing Music Festivals," *Music Times*, 19 January 2016. http://www.musictimes.com/articles/62358/20160119/2015-highest-grossing-music-festivals-coachella-edc-outside-lands-top-list.htm
18 James Beal, "Welcome to Oldchella: The Rolling Stones, Paul McCartney, Bob Dylan and Other Legendary Rockers Take to the Stage for Mega Show," *The Sun* (U.K. edition), 10 October 2016. https://www.thesun.co.uk/tvandshowbiz/1943185/coachella-the-rolling-stones-paul-mccartney-bob-dylan-and-other-legendary-rockers-took-to-the-stage-for-mega-show
19 "Welcome to the Boomaissance; Mindshare North American Releases New Culture Vulture Trends Report," *pr Newswire*, 26 January 2017. http://www.prnewswire.com/news-releases/welcome-to-the-boomaissance-mindshare-north-america-releases-new-culture-vulture-trends-report-300397650.html
20 "Baby Boomers Will Control 70% of Disposable Income" (London: Impact Business Partners, 22 February 2016). https://impactbp.com/baby-boomers
21 Feng Wang, "China's Population Destiny: The Looming Crisis," Washington, D.C.: Brookings Institution, 30 September 2010. https://www.brookings.edu/articles/chinas-population-destiny-the-looming-crisis
22 Ibid.

6章　アフリカの人口爆発は止まる

1 *World Economic Outlook, April 2017: Gaining Momentum?* (Washington, D.C.: International Monetary Fund, 2016). http://www.imf.org/en/Publications/WEO/Issues/2017/04/04/world-economic-outlook-april-2017
2 "2017 World Population Data Sheet" (Washington, D.C.: Population Reference

Children," *Fact Sheet: Child Care* (Washington, D.C.: Center for American Progress, 16 August 2012). https://www.americanprogress.org/issues/economy/news/2012/08/16/11978/fact-sheet-child-care

3 Camilla Cornell, "The Real Cost of Raising Kids," *Moneysense*, 10 August 2011. http://www.moneysense.ca/magazine-archive/the-real-cost-of-raising-kids

4 "Over a Third of Single-Parent Families Depend on Welfare," *The Local*, 6 July 2016. https://www.thelocal.de/20160706/study-more-children-facing-poverty

5 "Adolescent Fertility Rate," (New York: United Nations Department of Economic and Social Affairs/Population Division, 2017). http://data.worldbank.org/indicator/SP.ADO.TFRT

6 "The Wage Gap Over Time" (Washington, D.C.: National Committee on Pay Equity, September 2016.) https://www.pay-equity.org/info-time.html

7 Mark Hugo Lopez and Ana Gonzalez-Barrera, "Women's College Enrollment Gains Leave Men Behind" (Washington, D.C.: Pew Research Center, 8 March 2014). http://www.pewresearch.org/fact-tank/2014/03/06/womens-college-enrollment-gains-leave-men-behind

8 "Growth in the Proportion of Female Medical Students Begins to Slow" (London: General Medical Council, October 2013). http://www.gmc-uk.org/information_for_you/23490.asp

9 "Women Still Underrepresented in *STEM* Fields," *USA Today*, 21 October 2015. http://www.usnews.com/news/articles/2015/10/21/women-still-underrepresented-in-stem-fields

10 Claire Cain Miller, "The Gender Pay Gap Is Largely Because of Motherhood," *New York Times*, 13 May 2017. https://www.nytimes.com/2017/05/13/upshot/the-gender-pay-gap-is-largely-because-of-motherhood.html

11 "Project on Student Debt: State by State Data 2015" (Washington, D.C.: Institute for College Access and Success, 2015). http://ticas.org/posd/map-state-data-2015

12 "Social Indicators of Marital Health and Well-Being," *State of Our Unions*, 2011. http://www.stateofourunions.org/2011/social_indicators.php

13 Joyce A. Martin et al., "Births: Final Data for 2015," *National Vital Statistics Reports*, Vol. 66, No. 1 (5 January 2017). https://www.cdc.gov/nchs/data/nvsr/nvsr66/nvsr66_01.pdf

http://data.worldbank.org/indicator/SP.POP.DPND
28 Naoyuki Yoshino and Farhad Taghizadeh-Hesary, *Causes and Remedies for Japan's Long-Lasting Recession: Lessons for the People's Republic of China* (Tokyo: Asian Development Bank Institute, 2015). http://www.adb.org/publications/causes-and-remedies-japan-long-lasting-recession-lessons-china
29 Lionel Fatton, "Women Are the Solution to Japan's Labour Shortage: Head of Int'l Body," *Kyodo News*, 10 December 2016. http://news.abs-cbn.com/overseas/12/10/16/women-are-solution-to-japans-labor-shortage-head-of-intl-body
30 Thomas Wilson, "Japan, Short of Workers, Eyes Hiking Optional Pension Age beyond 70," *Reuters*, 16 February 2018. https://www.reuters.com/article/us-japan-retirement/japan-short-of-workers-eyes-hiking-optional-pension-age-beyond-70-idUSKCN1G106L
31 David Green, "As Its Population Ages, Japan Quietly Turns to Immigration" (Washington: Migration Policy Institute), 28 March 2017. https://www.migrationpolicy.org/article/its-population-ages-japan-quietly-turns-immigration
32 Takamitsu Sawa, "Boosting Japanese Immigration," *Japan Times*, 21 November 2016. https://www.japantimes.co.jp/opinion/2016/11/21/commentary/japan-commentary/boosting-japanese-innovation
33 Rajeshni Naidu-Ghelani, "Governments Organize Matchmaking as Asia's Birthrates Fall," *CNBC*, 24 October 2012. http://www.cnbc.com/id/49471704
34 MentosSingapore, "Mentos National Night," *YouTube*, 1 August 2012. https://www.youtube.com/watch?v=8jxU89x78ac
35 "South Korea's New Drive to Boost Flagging Birthrate," *BBC News*, 26 August 2016. http://www.bbc.com/news/blogs-news-from-elsewhere-37196870
36 Satoshi Sugiyama, "Japanese City Offering Public Funds to Freeze Women's Eggs," *Medical Xpress*, 16 June 2016. https://medicalxpress.com/news/2016-06-japanese-city-funds-women-eggs.html
37 Chris Weller, "The Doomsday Clock Tells You When Japan's Sex Problem Will Cause the Country to Go Extinct."

5章　出産の経済学

1 第一子出産時の女性の中央年齢
2 Sarah Jane Glynn, "Families Need More Help to Take Care of Their

14 March 2012. https://www.ft.com/content/bd935806-6d00-11e1-a7c7-00144feab49a

14 Kelsey Chong, "South Korea's Troubled Millennial Generation," *Berkeley Haas*, 27 April 2016. http://cmr.berkeley.edu/blog/2016/4/south-korea/#fn4

15 2016年10月、ソウルにおけるジョン・イビットソンとの会談より

16 Chris Weller, "The Doomsday Clock Tells You When Japan's Sex Problem Will Cause the Country to Go Extinct," *Business Insider*, September 9, 2016. http://www.businessinsider.com/demographic-time-bomb-clock-japan-2016-9

17 Ibid.

18 "Balancing paid work, unpaid work and leisure," *Gender Equality* (OECD, 2018). http://www.oecd.org/gender/data/balancingpaidworkunpaidworkandleisure.htm

19 "Labour Force Participation Rate: Female," *Data* (Washington, D.C.: World Bank, 2016). http://data.worldbank.org/indicator/SL.TLF.CACT.FE.ZS

20 "Mother's Mean Age at First Birth," *World Factbook* (Washington, D.C.: Central Intelligence Agency, 2017). https://www.cia.gov/library/publications/the-world-factbook/elds/2256.html

21 Thisanka Siripala, "Japan's Births and Marriages Spiral to Record Low," *Diplomat*, 4 January 2018. https://thediplomat.com/2018/01/japans-births-and-marriages-spiral-to-record-low/

22 "List of Countries by Refugee Population," *Wikipedia*, compiled from unhcr data. https://en.wikipedia.org/wiki/List_of_countries_by_refugee_population

23 Chris Burgess, "Japan's 'No Immigration Principle' Looking as Solid as Ever," *Japan Times*, 28 June 2014. http://www.japantimes.co.jp/community/2014/06/18/voices/japans-immigration-principle-looking-solid-ever/#.WC8q33cZPBI

24 "The Upper Han," *Economist*, 19 November 2016.http://www.economist.com/news/briefing/21710264-worlds-rising-superpower-has-particular-vision-ethnicity-and-nationhood-has

25 "New Pledge of Allegiance to Reflect Growing Multiculturalism," *Chosunilbo*, 18 April 2011. http://english.chosun.com/site/data/html_dir/2011/04/18/2011041801112.html

26 ジョン・イビットソンによる匿名の日本人外交官へのインタビューより

27 "Age Dependency Ratio," *Data* (Washington, D.C.: World Bank, 2016).

High Growth Era," *The Economic Development of Japan*, (Tokyo: Yuhikaku, 2005). http://www.grips.ac.jp/vietnam/VDFTokyo/Doc/EDJ_Chap10-11.pdf 大野健一『途上国ニッポンの歩み』2005年、有斐閣

4 "*Social Security in Japan 2014*, (Tokyo: National Institute of Population and Social Security Research, 2015), Ch. 1. http://www.ipss.go.jp/s-info/e/ssj2014/pdf/01_SSJ2014.pdf

5 Olga Garnova, "Japan's Birthrate: Beginning of the End or Just a New Beginning?" *Japan Times*, 10 February 2016. http://www.japantimes.co.jp/community/2016/02/10/voices/japan-birth-rate-beginning-end-just-new-beginning/#.V6YoWWUz5Ec

6 "InspectorsKnock," *Economist*, 20 August 2016. https://www.economist.com/news/asia/21705375-getting-passport-not-easy-inspectors-knock

7 "Japanese Citizenship: How to Become Japanese," *Just Landed*. https://www.justlanded.com/english/Japan/Japan-Guide/Visas-Permits /Japanese-citizenship

8 John Creighton Campbell, "Japan's Aging Population: Perspectives of 'Catastrophic Demography,'" *Journal of Asian Studies*, Vol. 67, No. 4 (November 2008). http://www.jstor.org/stable/20203491?seq=1#page_scan_tab_contents

9 Sarah Harper, *How Population Change Will Transform Our World*, (Oxford: Oxford University Press, 2016), 50.

10 *Projections for Japan (2017): 2016-2065*, (Tokyo: National Institute for Population and Social Security Research, 2017). 国立社会保障・人口問題研究所「日本の将来推計人口」(2017年推計) http://www.ipss.go.jp/pp-zenkoku/e/zenkoku_e2017/pp29_summary.pdf

11 "Japanese Voters Want to Plan to Handle Declining Population," *Economist*, 5 October 2017. https://www.economist.com/news /asia/21730003-election-campaign-disappointing-them-japanese -voters-want-plan-handle-declining?fsrc=scn/tw/te/bl/ed /japanesevoterswantaplantohandleadecliningpopulation

12 PaulYipetal.,*AnAnalysisoftheLowestTotalFertilityRateinHongKong sar* (Tokyo: Hitotsubashi University).http://www.ier.hit-u.ac.jp/pie /stage1/Japanese/seminar/workshop0612/yip.pdf . e United Nations estimate is 1.2.

13 David Pilling, "The End of Asia's Demographic Dividend," *Financial Times*,

2016. http://www.theglobeandmail.com/news/world/saunders-avert-extremism-before-it-start-by-building-better-neighbourhoods/article27403775
16 Rick Lyman, "Bulgarian Border Police Accused of Abusing Refugees," *New York Times*, 23 December 2015. http://www.nytimes.com/2015/12/24/world/europe/bulgarian-border-police-accused-of-abusing-refugees.html
17 Ruth Alexander, "Why Is Bulgaria's Population Falling Off a Cliff?" *BBC News*, 7 September 2017. http://www.bbc.com/news/world-europe-41109572
18 Alan Yuhas, "Muslim Population to Reach 10% by 2050, New Forecast Shows," *Guardian*, 2 April 2015. https://www.theguardian.com/world/2015/apr/02/muslim-population-growth-christians-religion-pew
19 Patrick Worrall, "Fact Check: Will Britain Have a Muslim Majority by 2015?" *Channel 4*, 14 June 2013. http://blogs.channel4.com/factcheck/factcheck-will-britain-have-a-muslim-majority-by-2050
20 "Gunnar Myrdal, Analyst of Race Crisis, Dies," *New York Times*, 18 May 1987. http://www.nytimes.com/1987/05/18/obituaries/gunnar-myrdal-analyst-of-race-crisis-dies.html?pagewanted=all
21 Mary Johnson, "Alva and Gunnar Myrdal: The Great Happiness of 'Living to Be Very Old and Together,'" *People*, 11 August 1980. http://www.people.com/people/archive/article/0,,20077164,00.html
22 Ibid.
23 Stephen Philip Kramer, "Sweden Pushed Gender Equality to Boost Birth Rates," *We News*, 26 April 2014. http://womensenews.org/2014/04/sweden-pushed-gender-equality-boost-birth-rates
24 Kajsa Sundström, "Can Governments Influence Population Growth?" *OECD Observer*, November 2001. http://www.oecdobserver.org/news/archivestory.php/aid/563/Can_governments_influence_population_growth_.html

4章　日本とアジア、少子高齢化への解決策はある

1 Meagan Hare, "A Brief History of the Walkman," *Time*, 1 July 2009. http://content.time.com/time/nation/article/0,8599,1907884,00.html
2 Ro bert Baran, "Some of the Serious Conditions in Japan After World War II." http://www.magiminiland.org/BigPicture/PostWarJapan.html
3 Kenichi Ono, "Chapter 10: Postwar Recovery 1945-49" and "Chapter 11: The

4 Zosia Wasik, "Poland's Shrinking Population Heralds Labour Shortage," *Financial Times*, 4 September 2015. https://www.ft.com/content/3001e356-2fba-11e5-91ac-a5e17d9b4cff

5 Ibid.

6 Valentina Romei, "Eastern Europe Has the Largest Population Loss in Modern History," *Financial Times*, 27 May 2016. http://blogs.ft.com/ftdata/2016/05/27/eastern-europe-has-the-largest-population-loss-in-modern-history

7 Evan Hadingham, "Ancient Chinese Explorers," *Nova*, 16 January 2001. http://www.pbs.org/wgbh/nova/ancient/ancient-chinese-explorers.

8 Neil Cummins, "Marital Fertility and Wealth During the Fertility Transition: Rural France 1750–1850," *Economic History Review*, Vol. 66, No. 2 (2013), pp. 449–76. http://onlinelibrary.wiley.com/doi/10.1111/j.1468-0289.2012.00666.x/epdf ?r3_referer=wol&tracking_action=preview_click&show_checkout=1&purchase_referrer=www.overcomingbias.com&purchase_site_license=LICENSE_DENIED_NO_CUSTOMER

9 Jan van Baval and David S. Reher, "What We Know and What We Need to Know About the Baby Boom," paper prepared for the Annual Meeting of the Population Association of America, San Francisco, May 2012. http://paa2012.princeton.edu/papers/120715

10 Ibid., p. 23.

11 Jonathan Luxmoore, "With Decline in Participation, Brussels Archdiocese to Close Churches," *National Catholic Reporter*, 8 February 2013. https://www.ncronline.org/news/world/decline-participation-brussels-archdiocese-close-churches

12 Jon Anderson, "Belgium's Crisis of Faith," *Catholic Herald*, 15 October 2015.

13 "Marriage and Divorce Statistics," Statistics Explained (Luxembourg: Eurostat, 2 June 2017). http://ec.europa.eu/eurostat/statistics-explained/index.php/Marriage_and_divorce_statistics#Main_statistical_findings

14 "Population Forecast for Belgium" (Denver: Pardee Center for International Futures, University of Denver, 2017). http://www.ifs.du.edu/ifs/frm_CountryProfile.aspx?Country=BE

15 Doug Saunders, "Integration: A New Strategy," *Globe* and Mail, 14 January

-declining
43 Patricia Miller, "Women Are Leaving the Church, and the Reason Seems Clear," *Religion Dispatches*, 25 May 2016. http://religiondispatches.org/women-are-leaving-church-and-the-reason-seems-clear
44 Oliver Smith, "Mapped: The World's Most (and Least) Religious Countries," *Telegraph, 16* April 2017. http://www.telegraph.co.uk/travel/maps-and-graphics/most-religious-countries-in-the-world/
45 Linda L. Malenab-Hornilla, "Overview of Urbanization in the Philippines," *Overview of the Philippines Action Plan*, 14 December 2015. http://www.urbangateway.org/icnup/sites/default/files/ICNUP%20Philippines.pdf
46 "Rankings," *2016 Gender Gap Report* (Davos: World Economic Forum, 2016).
http://reports.weforum.org/global-gender-gap-report-2016/rankings/
47 Joes Torres, "Church Attendance in Philippines Declines," *UCA News*, 25 April 2017. http://www.ucanews.com/news/church-attendance-in-philippines-declines/78988
48 Danielle Erika Hill and Scott Douglas Jacobsen, "Women's Rights in the Philippines: An Overview," *Humanist Voices*, 11 May 2017. https://medium.com/humanist-voices/womens-rights-in-the-philippines-an-overview-55ab86df42a
49 "Highlights of the 2010 Census-Based Population Projections" (Quezon City: Philippines Statistics Authority, 9 August 2016). https://www.psa.gov.ph/statistics/census/projected-population

3章 老いゆくヨーロッパ

1 "Total Fertility Rate, 1960–2014," *Statistics Explained* (Luxembourg: Eurostat, 14 March 2016). http://ec.europa.eu/eurostat/statistics-explained/index.php/File:Total_fertility_rate,_1960–2014_(live_births_per_woman)_YB16.png
2 Nikos Konstandaras, "Greece's Dismal Demographics," *New York Times*, 9 December 2013. http://www.nytimes.com/2013/12/10/opinion/greeces-dismal-demographics.html
3 "Italy Is a 'Dying Country' Says Minister as Birth Rate Plummets," *Guardian*, 13 February 2015. http://www.theguardian.com/world/2015/feb/13/italy-is-a-dying-country-says-minister-as-birth-rate-plummets

インタビューより
31 Tedx Talks, “We Won't Be Nine Billion: Jørgen Randers at tedx Maastricht,” *YouTube*, 11 May 2014. https://www.youtube.com/watch?v=73X8R9NrX3w
32 “Don't Panic,” *Economist*, 24 September 2014.
33 Gapminder Foundation, “Don't Panic: Hans Rosling Showing the Facts About Population,” *YouTube*, 15 December, 2014. https://www.youtube.com/watch?v=FACK2knC08E
34 “World Population to Peak by 2055: Report,” *CNBC*, 9 September 2013. http://www.cnbc.com/id/101018722
35 “The Astounding Drop in Global Fertility Rates Between 1970 and 2014,” *Brilliant Maps*, 23 June 2015. http://brilliantmaps.com/fertility-rates
36 “Margaret Sanger's the Woman Rebel—One Hundred Years Old,” *Margaret Sanger Papers Project* (New York: New York University, 2014). https://sangerpapers.wordpress.com/2014/03/20/margaret-sangers-the-woman-rebel-100-years-old
37 *OECD Health Statistics 2014: How Does Spain Compare?* (Paris: oecd, 2014). http://www.oecd.org/els/health-systems/Briefing-Note-SPAIN-2014.pdf
38 Ashifa Kassam et al., “Europe Needs Many More Babies to Avert a Population Disaster,” *Guardian*, 23 August 2015. https://www.theguardian.com/world/2015/aug/23/baby-crisis-europe-brink-depopulation-disaster
39 “Population Projection for Spain, 2014–2064” (Madrid: Instituto Nacional de Estadística, 28 October 2014). http://www.ine.es/en/prensa/np870_en.pdf
40 Rebecca Flood, “Spain Appoints ‘Sex Tsar’ in Bid to Boost Declining Population,” *Independent*, 25 February 2017. http://www.independent.co.uk/news/world/europe/spain-sex-tsar-population-crisis-baby-parents-demographic-government-a7599091.html
41 Ilan Shrira, “History's Mysteries: Why Do Birth Rates Decrease When Societies Modernize?” *Psychology Today*, 14 March 2008. https://www.psychologytoday.com/blog/the-narcissus-in-all-us/200903/history-s-mysteries-why-do-birth-rates-decrease-when-societies
42 David Gushee, “Why Is Christianity Declining?” *Religion News Service*, 6 September 2016. http://religionnews.com/2016/09/06/why-is-christianity

Proceedings of the National Academy of Sciences of the United States of America, 31 July 2012. http://www.ncbi.nlm.nih.gov/pmc/articles/PMC3411969
20　Tania Branigan, "China's Great Famine: The True Story," *Guardian*, 1 January 2013. http://www.theguardian.com/world/2013/jan/01/china-great-famine-book-tombstone
21　購買力平価でドル換算した一人当たりGDPで比較。Ami Sedghi, "China GDP: How it has changed since 1980," *Guardian*, 23 March 2012 (then updated). http://www.theguardian.com/news/datablog/2012/mar/23/china-gdp-since-1980
22　"GDP Per Capita of India," *Statistics Times* (Delhi: Ministry of Statistics and Programme Implementation [imf], 19 June 2015). http://statisticstimes.com/economy/gdp-capita-of-india.php
23　Such as Max Roser and Esteban Ortiz-Ospina, "Global Extreme Poverty," *Our World in Data*, 2013/2017. http://ourworldindata.org/data/growth-and-distribution-of-prosperity/world-poverty
24　Donella H. Meadows et al., *The Limits to Growth: A Report on the Club of Rome's Project on the Predicament of Mankind* (New York: Universe Books, 1972), 23.
25　Ibid., 183. ドネラ・メドウズ他『成長の限界』1972年、ダイヤモンド社
26　Graham Turner and Cathy Alexander, "The Limits to Growth Was Right: New Research Shows We're Nearing Collapse," *Guardian*, 2 September 2014. http://www.theguardian.com/commentisfree/2014/sep/02/limits-to-growth-was-right-new-research-shows-were-nearing-collapse
27　Joel K. Bourne Jr., *The End of Plenty: The Race to Feed a Crowded World* (New York: Norton, 2015), ch. 14.
28　John Bongaarts and Rodolfo A. Bulatao, eds., *Beyond Six Billion: Forecasting the World's Population* (Washington, D.C.: National Academy Press, 2000), ch. 2. http://www.nap.edu/read/9828/chapter/4
29　*World Population Prospects 2017* (New York: United Nations Department of Economic and Social Affairs/Population Division, 2017). https://esa.un.org/unpd/wpp. All current and projected population and fertility data in this book is drawn from this source unless otherwise noted.
30　2016年4月15日、ダリル・ブリッカーによるヴォルフガング・ルッツへの

Future Improvement of Society, with Remarks on the Speculations of Mr. Godwin, M. Condorcet, and Other Writers (London: J. Johnson, 1798). http://www.econlib.org/library/Malthus/malPop1.html#Chapter%20I

5 Ibid.

6 Ibid.

7 Ibid.

8 Ibid.

9 Ron Broglio, "The Best Machine for Converting Herbage into Money," in Tamar Wagner and Narin Hassan, eds., *Consuming Culture in the Long Nineteenth Century: Narratives of Consumption 1700–1900* (Lanham: Lexington, 2007), 35. https://books.google.ca/books?id=NAEZBjQwXBYC&pg=PA35&dq=weight+of+cow+1710+and+1795&hl=en&sa=X&ved=0ahUKEwiwib_70InKAhUFGB4KHRmZCqUQ6AEIHDAA#v=onepage&q=weight%20of%20cow%201710%20and%201795&f=false

10 *Elizabeth Hoyt*, "'Turnip' Townsend and the Agricultural Revolution," Elizabeth Hoyt. http://www.elizabethhoyt.com/extras/research/revolution.php

11 Tim Lambert, "A History of English Population," *Localhistories.org*, 2017. http://www.localhistories.org/population.html

12 Paul Ehrlich, *The Population Bomb* (Rivercity: Rivercity Press, 1968), xi.

13 Ibid., 17.

14 Ibid., xii.

15 Ibid., 25.

16 Tom Murphy, "U.N. Says MDGs Helped Lift 1 Billion People Out of Poverty," *Humanosphere*, 8 July 2015. http://www.humanosphere.org/world-politics/2015/07/u-n-says-mdgs-helped-lift-1-billion-people-out-of-poverty

17 "National Air Quality: Status and Trends of Key Air Pollutants" (Washington, D.C.: Environmental Protection Agency, 2017). https://www.epa.gov/air-trends

18 Dan Egan, "Great Lakes Water Quality Improved, but There Are Still Issues, Report Says," *Milwaukee Journal-Sentinel*, 14 May 2013. http://www.jsonline.com/news/wisconsin/great-lakes-water-quality-improved-but-there-are-still-issues-report-says-i49uq79-207463461.html

19 Prabhu Pingali, "Green Revolution: Impacts, Limits and the Path Ahead,"

.wordpress.com/2012/09/25/john-l-leal-hero-of-public-health
27 Ibid.
28 "Life Expectancy" (Canberra: Australian Institute of Health and Welfare, Australian Government, 7 February 2017). https://www.aihw.gov.au/reports/life-expectancy-death/deaths/contents/life-expectancy
29 "Fertility Rates" (Australian Bureau of Statistics, Australian Government, 25 October 2012). http://www.abs.gov.au/ausstats/abs@.nsf/Products/3301.0~2011~Main+Features~Fertility+rates
30 "Harry W. Colmery Memorial Park" (Topeka: American Legion, Department of Kansas). http://www.ksamlegion.org/page/content/programs/harry-w-colmery-memorial-park
31 "Harry W. Colmery" (Indianapolis: American Legion, 2017). http://www.legion.org/distinguishedservicemedal/1975/harry-w-colmery
32 "Servicemen's Readjustment Act (1944)," *Ourdocuments.gov.* http://www.ourdocuments.gov/doc.php?flash=true&doc=76
33 World Health Organization; World Food Program; United Nations Educational, Scientific and Cultural Organization; United Nations Children's Fund.
34 Max Roser, "Life Expectancy," *Our World in Data*, 2017. http://ourworldindata.org/data/population-growth-vital-statistics/life-expectancy
35 Max Roser and Esteban Ortiz-Ospina, "World Population Growth," *Our World in Data*, April 2017. https://ourworldindata.org/world-population-growth/
36 Mike Hanlon, "World Becomes More Urban Than Rural," *Gizmag*, 29 May 2007. http://www.gizmag.com/go/7334

2章　人口は爆発しない――マルサスとその後継者たちの誤り

1 *Soylent Green*, dvd, directed by Richard Fleischer (Los Angeles: mgm, 1973). http://www.imdb.com/title/tt0070723/
2 *Inferno*(『インフェルノ』), DVD, directed by Ron Howard (Los Angeles: Sony, 2016).
3 Donald Gunn MacRae, "Thomas Robert Malthus," *Encyclopedia Britannica.* http://www.britannica.com/biography/Thomas-Robert-Malthus
4 Thomas Malthus, *An Essay on the Principle of Population as It Affects the*

Declined (New York: Penguin, 2011).『暴力の人類史』(青土社、2015 年)
16 Alfred Crosby, *Germs, Seeds and Animals: Studies in Ecological History* (New York: Routledge, 1994).
17 Pamela K. Gilbert, "On Cholera in Nineteenth Century England," *BRANCH: Britain, Representation and Nineteenth-Century History* (2013). http://www.branchcollective.org/?ps_articles=pamela-k-gilbert-on-cholera-in-nineteenth-century-england
18 Sharon Gouynup, "Cholera: Tracking the First Truly Global Disease," *National Geographic News*, 14 June 2004. http://news.nationalgeographic.com/news/2004/06/0614_040614_tvcholera.html
19 Judith Summers, *Soho: A History of London's Most Colourful Neighborhood* (London: Bloomsbury, 1989), 113–17. http://www.ph.ucla.edu/epi/snow/broadstreetpump.html
20 David Vachon, "Doctor John Snow Blames Water Pollution for Cholera Epidemic," *Father of Modern Epidemiology* (Los Angeles: UCLA Department of Epidemiology, 2005). http://www.ph.ucla.edu/epi/snow/fatherofepidemiology.html
21 "Population of the British Isles," *Tacitus.NU*. http://www.tacitus.nu/historical-atlas/population/british.htm
22 Max Roser and Esteban Ortiz-Ospina, "World Population Growth," *Our World in Data*, 2013/2017. http://ourworldindata.org/data/population-growth-vital-statistics/world-population-growth
23 Michael J. White et al., "Urbanization and Fertility: An Event-History Analysis of Coastal Ghana," *Demography*, Vol. 45, No. 4 (November 2008). http://www.ncbi.nlm.nih.gov/pmc/articles/PMC2834382
24 Elina Pradhan, "Female Education and Childbearing: A Closer Look at the Data," *Investing in Health* (Washington, D.C.: World Bank), 24 November 2015. http://blogs.worldbank.org/health/female-education-and-childbearing-closer-look-data
25 Michael Haines, "Fertility and Mortality in the United States," *EH.net Encyclopedia*, 19 March 2008. https://eh.net/encyclopedia/fertility-and-mortality-in-the-united-states.
26 Michael J. McGuire, "John L. Leal: Hero of Public Health," *Safedrinkingwater.com*, 25 September 2012. https://safedrinkingwaterdotcom

3 Ole J. Benedictow, "The Black Death: The Greatest Catastrophe Ever," *History Today*, 3 March 2005. http://www.historytoday.com/ole-j-benedictow/black-death-greatest-catastrophe-ever

4 Samuel K. Cohn Jr., "Epidemiology of the Black Death and Successive Waves of Plague," *Medical History*, Supplement 27, 2008. http://www.ncbi.nlm.nih.gov/pmc/articles/PMC2630035/

5 "Plague" (Atlanta: Centers for Disease Control, 14 September, 2014). https://www.cdc.gov/plague/transmission

6 Ibid.

7 Mark Wheelis, "Biological Warfare at the 1346 Siege of Caffa," *Emerging Infectious Diseases Journal*, Vol. 8, No. 9 (September 2002). http://wwwnc.cdc.gov/eid/article/8/9/01-0536_article

8 G.D. Sussman, "Was the Black Death in India and China?" *Bulletin of the History of Medicine*, Vol. 85, No. 3 (Fall 2011). http://www.ncbi.nlm.nih.gov/pubmed/22080795

9 Benedictow, "The Black Death."

10 C.W. "Plagued by Dear Labour," *Economist*, 21 October 2013. http://www.economist.com/blogs/freeexchange/2013/10/economic-history-1

11 Ker Than, "Massive Population Drop Among Native Americans, dna Shows," *National Geographic News*, 5 December 2011. http://news.nationalgeographic.com/news/2011/12/111205-native-americans-europeans-population-dna-genetics-science

12 William M. Donovan, *The Native Population of the Americas in 1492* (Madison: University of Wisconsin Press, 1992), 7.

13 Nathan Nunn and Nancy Quinn, "The Columbian Exchange: A History of Disease, Food and Ideas," *Journal of Economic Perspectives*, Vol. 24, No. 2 (Spring 2010), p. 165. https://web.viu.ca/davies/H131/ColumbianExchange.pdf

14 *World Population to 2300* (New York: United Nations Department of Economic and Social Affairs/Population Division, 2004), Table 2. All historical global population numbers are drawn from this table. http://www.un.org/esa/population/publications/longrange2/WorldPop2300final.pdf

15 Steven Pinker, *The Better Angels of Our Nature: Why Violence Has*

ソースノート

序章　2050年、人類史上はじめて人口が減少する

1　Jasmine Coleman, "World's 'Seventh Billion Baby' Is Born," *Guardian*, 31 October 2011. http://www.theguardian.com/world/2011/oct/31/seven-billionth-baby-born-philippines. And "Indian Baby Picked as the World's 'Seven Billionth' Person." *BBC News*, 31 October 2011. http://www.bbc.com/news/world-south-asia-15517259. And "World's 'Seven Billionth' Baby Born in Russia," *Forbes*, 31 October 2011. http://www.forbes.com/sites/kenrapoza/2011/10/31/worlds-seven-billionth-baby-born-in-russia

2　"World Welcomes 7 Billionth Baby," *Herald*, 31 October 2011. http://www.herald.co.zw/world-welcomes-7-billionth-baby

3　Joel K. Bourne Jr., *The End of Plenty: The Race to Feed a Crowded World* (New York: Norton, 2015), introduction. https://books.google.ca/books?id=XAmdBAAAQBAJ&printsec=frontcover&dq=the+end+of+plenty+the+race+to+feed+a+crowded+world&hl=en&sa=X&ved=0ahUKEwjIpr6ysIXYAhUi8IMKHbPoCJ4Q6AEIJzAA#v=onepage&q=the%20end%20of%20plenty%20the%20race%20to%20feed%20a%20crowded%20world&f=false

4　"Italy Is a 'Dying Country' Says Minister as Birth Rate Plummets," *Guardian*, 13 February 2015. http://www.theguardian.com/world /2015/feb/13/italy-is-a-dying-country-says-minister-as-birth-rate-plummets

1章　人類の歴史を人口で振り返る

1　Ian Morris, *Why the West Rules—For Now: The Patterns of History and What They Reveal About the Future* (New York: Farrar, Straus and Giroux, 2010), 296.

2　"Historical Estimates of World Population," International Programs database, table (Washington, D.C.: United States Census Bureau, 25 July 2017). https://www.census.gov/population/international/data/worldpop/table_history.php

訳者あとがき

「脳は最も重要な生殖器である」――本書のメッセージは、2章に登場する人口統計学者ヴォルフガング・ルッツのこの言葉に集約されている。

国連の予測によれば、現在80億人未満の世界人口は今後も増え続け、80年後の2100年前後には1・5倍近くの112億人になるだろうという(中位推計)。増え続ける人口が地球環境破壊や食料危機をもたらすという「人口爆発」の警告はこれまで何度も繰り返されてきた。だが、本書はそうした予測を真っ向から否定する。今からわずか30年ほどで世界人口は減少に転じ、その後は坂道を転げ落ちるように急減していくというのだ。それが本当なら人類全体にとって衝撃的な話だが、なにを根拠に著者はこれまでの常識をひっくり返すような主張をするのか。

その根拠を一言でいえば「都市化と女性の地位向上」である。詳細は本文に譲るが、ヒトが一生に何人の子供をもうけるかは、そのヒトが暮らす社会の文化や価値観に決定的な影響を受ける。避妊にかかる費用、大流行したテレビドラマに描かれる女性像、結婚に必要な持参金、仕事上のプレッシャー――こうした、統計数値には決して表れない国ごとの独自の事情が「脳という生殖器」に影響を与える。著者ふたりは、欧州、アジア、アフリカ、南北アメリカなど世界各地でフィールドワークを行い、若い女性が発する生々しい声を聞く。そして、世界中どこでも、教育の機会と情報に接する手段を手に入れた女性は子供の数を減らしていく、と確信するのだ。

　インドのスラム街で会った若い女性たちは、グループ討論の最中にもサリーの中に隠し持ったスマートフォンをいじっていた。その姿を見た著者は言う。

「デリーのスラム街でも、女性はスマートフォンを持っている。キャリアプランにも人々のネットワークにもアクセスできるということだ」

　そう、本書が言う「世界人口大減少」とは先進国によって引き起こされるのではない。女性が子供を生まない、生んでもひとりかふたりというのがごく当たり前になっている先進国ではなく、今でも女性が5人、6人と子供を生んでいる発展途上国の貧しい人々が変わりつつある――都市化と女性の地位向上で子供を生まなくなる――ことによって引き起こされるのだ。その生々しい変化の片鱗をとらえた点が、本書の説得力の源泉となっている。


　著者のダリル・ブリッカーは、パリに本社を置く世界的なリサーチ会社イプソス（Ipsos）のグローバルCEO。世論調査と統計分析の専門家であり、出身国のカナダでは政治や経済社会についてのオピニオンリーダーとしても活躍している。もう一人の著者ジョン・イビットソンは、カナダ最大の日刊紙「グローブ・アンド・メール」を基盤に長年活躍してきたジャーナリスト／コラムニストで、多数の著作がある。専門はカナダの国内政治や国際関係だ。調査・分析のプロであるブリッカーと、ベテランのジャーナリストであるイビットソンという組み合わせが、リアルな現場の声と客観的な統計数値とのいずれにも偏りすぎない本書の魅力を生んでいる。このふたりは2013年にも手を組んで"*The Big Shift*"(日本未訳)という本を出版している。同書は、世界で最も人種の多様化が進むカナダで、アジアからの移民によって政治とビジネスの世界で根深い変化が起きつつある様を描き、各界で話題となった。

本書『2050年 世界人口大減少』でも移民は最大のテーマだ。昔から大量の移民を受け入れて栄えてきたアメリカの現状、中東難民問題で揺れる欧州、移民政策によって国民人口倍増をかかげるカナダの取り組み。いずれも、これから移民に門戸を開放しようかという日本にとって大いに参考になる。とりわけ、第12章「カナダ、繁栄する〝モザイク社会〟の秘訣」は興味深い。現在人口3500万人のカナダは、2100年までに人口1億人を目指すという。2050年代に人口1億人割れが予想される日本と好対照だ。人口増加のエンジン役は移民である。カナダは歴史の失敗に学び、自国の利益のために移民を受け入れることを学んだ。だが人口増加と引き替えに、「カナダ人とはなにか」という国としてのアイデンティティは失われつつあるという。この点でも「日本人論」が大好きな日本と好対照である。

筆者たちは、急速な少子高齢化にもかかわらず、移民受け入れや国籍付与に後ろ向きな日本(およびアジアの先進国)には暗澹たる未来が待っている、という。移民を受け入れるか、縮小均衡の小国となる道を選ぶのか、選択肢は2つしかないと——。詳細は本文を見てほしいが、育児休業制度や保育サービスの拡充といった政府による社会政策は、仮に実現できたとしてもそれほどの効果は見込めない、と筆者たちは指摘する。これは私も身にしみて同感できる。

私事で恐縮だが、私は主夫としてドイツで二人の子供を育てた経験がある。ドイツの子育て環境は日本から見ればまさに理想的だ。児童手当は子供ひとりにつき月に2~3万円と手厚く、大学卒業までほぼ無条件にもらえる。ドイツ国籍のない外国人も対象だ。育児休業は最長3年間、男性でも女性でも取れ、職場への復帰は保証されている。しかも育児休業中は元の収入の7割程度が支給される。制度面だけでなく、赤ちゃん連れに対する人々の態度もきわめて寛容である。公共の交通機関でもレストランでも、犬と赤ちゃんはどこでも歓迎される。ベビーカーを押した女性がバスに乗り込むときは誰もが手を貸すし、私も子連れで外出して嫌な思いをした経験は一度もない。幼稚園や小学校の送り迎えでは父親の姿も多く、特に朝は出勤途中の父親のほうが多数派なほどだ。専業や兼業の主夫も珍しくない。2015年のドイツ政府の発表によれば、男性の育児休業取得率は8割近いという。

ところが、それにもかかわらず、ドイツは日本に次ぐレベルの深刻な少子高齢化に直面している。これだけ子育て支援の政策が充実し、人々が子連れに優しい社会であってもそうなのだ。であれば、仮に日本で議論されているような子育て支援策が軒並み実現したとしても、出生率が大幅に高まるとは思えない。結局、日本やドイツのように（世界レベルで見れば）女性の地位が高く豊かな社会では、筆者が言うように、女性が自分で子供の数を決められる。そして彼女たちが望む数はせいぜいふたりなのだ。

国民人口の壊滅的な減少を食い止めたければ、全面的に移民を受け入れるしかない――本書を読めば、日本の進むべき道は1つしかないことがはっきりとわかる。

解説

少子高齢化大国・日本は、〝世界の未来の姿〟だ

人口減少対策総合研究所理事長　**河合雅司**

人口問題の専門家たちが、本書の予測に驚かない理由

２０５０年頃をピークとして、世界人口は減少を始め、その後、二度と増えることはない――本書のこの予測を、衝撃的と感じるだろうか。私には、想定内の結論であると感じられた。じつは人口問題の専門家たちのあいだでは、「発展途上国で多くの人々が教育を受けられるようになれば、国連推計よりも早いスピードで少子化が進む」との見解が広く存在している。２０５０年は早いとしても、２０６０年頃には人口膨張が止まり、地域差やスピード差はあるものの、世界人口は減少に向かうというものだ。

一般的に経済や産業が発展し、教育や公衆衛生などの水準が上がるにつれて、少産へと向かうとされる。そうして一旦出生率が低くなると、多くの人々が子どもを産まなくなり、そうした行動が拡大再生産されて一層少子化が進行する。いわゆる「低出生率の罠」が、世界の多くの地域で進むと見ているのだ。

ではなぜ、国連の人口推計は、２０５０年を越えても、人口が増え続けるという見通しを示しているのか。人口推計というのは前提をどう置くのかによって結論は大きく異なる。そこには、さまざまな思惑が入り込み易いからである。

人口推計は通常、３つのパターンで提示される。出生率を高めに見積もった高位推計から、無難な見通しを前提とした中位推計、低めに見積もった低位推計（本書の予測はこれに近い）だ。しかし過去の例をみると、低位推計が実際の値に近かった、というケースが多い。

日本においても、出生率の未来予測は高めに見積もられがちだった。なぜなら、年金財源の将来見通しを計算する際の前提値の１つとして用いられてきたからだ。そこには、年金の支え手となる若者が増え続けるという楽観的な数字をもとに、年金制度の安定をアピールしたい時々の政権の思惑があり、官僚たちによる〝政治的配慮〟があった。同じように国連による世界推計にも、たとえば貧困問題への注目を集めたい、などの思惑があったのではないか。

人口推計の見方については、ほかにも注意すべき点がある。「人口推計は、経済見通しなどとは違って、唯一、予測可能である」とよく言われる。地球に既に生まれ落ちた人数は確定しているのだから、それはその通りだ。しかし、ひとりの女性が未来において何人の子どもを産むかどうかは未知数である。つまり、出生率という変数をどう考えるかで、将来の人口予測はいかようにも変えられてしまう。また、アフリカなどがそうなのだが、統計の基となるデータ収集がやや粗い国や地域もある。以上の理由から、国連の人口推計はズレが大きいともされてきた。

こうした要素を織り込んだうえで、人口問題の専門家たちは、国連の予想より早いスピードで世界の少子化が進む、と結論づけているのだ。ただし、現実の世界には、さまざまな流動的要素が存在するため、果たして理論通りに進むのだろうかという疑問は残る。

数字には現れない「世界各国の若い女性たちの生き方」

そこで、本書が重要な意味を持ってくる。著者ふたりが、各種統計を吟味するのみならず、中国、インド、アフリカ、ブラジル、ヨーロッパ、韓国など世界各地へと実際に足を運んでいるからだ。そして、地域ごとの価値観や文化的背景、政治制度や経済システムを加味し、そのうえで世界人口が減少へ向かっていることを、きちんと裏打ちしてみせたのだ。まずはその行動力に敬意を表したい。

著者たちは、地球の未来を決めるうえでの「最大の変数」である出産可能な年齢の若い女性たちが置かれている状況を観察し、彼女たちの生き方や願望に至るまで聞き取り調査を行っている。すでに少子高齢化に突入したEUで、「ふたりめの子どもは無理」と生活コスト面からの苦悩を明かす若いカップルたち。一方、父親が女性の生き方を決める文化が残っているインドなどもある。避妊に対してのハードルも国によって違う。宗教も絡んでいる。それぞれの地域に、それぞれの理屈や事情がある、という印象を強く抱いた。

しかも、インドのスラム女性たちが、サリーの中に仕舞われたスマホを通じて、現代的価値観に触れていることを著者たちは見逃さない。アフリカでも、伝統的なダウリーをスマホで払うなど、旧習と最先端テクノロジーがないまぜとなっている。こうした観察を通じ、伝統的価値観とせめぎあいながらも、総じて子どもを多くは作らない、という方向に大きく動いていることを見抜いているのである。なかでも、多産傾向にあるとされていた貧困層の女性の多くが、じつは避妊したいという願望を持っている、というのは新しい発見だった。ジャーナリスティックな視点を持つ著者たちの現地レポートを読み終わった読者は、こう実感するだろう。国連の人口推計は甘く、世界の価値観は少子化に傾いている、と。

米中の覇権争いを左右する隠れた要因

人口問題は、今後の世界のパワーバランスをも変えていくはずだ。

たとえば中国とアメリカの覇権争いは、どちらに軍配があがるだろうか。現在の人口世界一位である中国は、しかし一人っ子政策の後遺症で、政治的・経済的に成長しきる前に老化が始まり、衰退の道を歩みはじめている。それに対して、アメリカの出生率は、比較的横ばいだ。それは、国家資本主義のもとテクノロジーと人口力を武器に中国が世界の覇権を制する、という大方の予測は当たらない可能性が大きいことを窺わせる。

アメリカに対しては、多産のヒスパニック系が、白人の出産数減少の穴埋めをしてきた、との先入観を抱く人は多い。しかし実際は、黒人やヒスパニック系の出生率は下がっていて、白人の出生数が増えており、この3つの人種グループの差は縮まってきている（p.253参照）。移民の出生率も高い。「メキシコに壁を作る」と宣言するトランプ大統領が登場したとはいえ、移民国家であるアメリカは案外しぶといのではないか。著者たちのそんな予測に、私も同意見だ。

人口規模は消費マーケットの大きさであり、経済的な影響力につながっている。２０２７年ごろには、人口世界一位の座が中国からインドへと交代するだろう。もちろんインドでもやがて人口減少がはじまるが、２１００年時点で中国が10・6億人、インドは14・5億人と、さらに差が開くと予想される。そのときインドが国際的に存在感を高めるのではないか。

サハラ以南のアフリカ、アジア、ラテンアメリカなどの〝若い国〟からも目が離せない。アフリカは現在のところまだ、多産多死傾向にあるが、とくにサハラ以南のアフリカはこれから加速的に人口が増えると予測されている。同じく〝若い国〟である中東においても同じようなことが起きる。となると、資本、マネーの流れも変わり、ビジネス面をはじめとする世界の勢力地図が塗り替わる可能性もある。

SDGs問題も、人口減少が究極の解決策となる

これは人口問題に限らずだが、物事を判断するには、タイムスパンをどう設定するかが重要となってくる。人口減少の影響をどうとらえるかについても、近い未来の話か、それとも遠い未来の話か、によって見えてくるものが全く異なるからだ。たとえばSDGs（持続可能な開発目標）が提起する問題について、2050年頃までと、人口が減り始めると予測されるそれ以降と、二つの時間軸で見てみよう。SDGsで課題にされているのは、貧困、飢餓、エネルギー問題などだ。その大部分は、人口が増えていることで起きているともいえる。人間が排出する二酸化炭素による地球温暖化などがそうだ。それゆえ、数十億人の単位で人口が増え続ける2050年までは、「地球に住んでいる人間の生きづらさ」は続くだろう。

しかし2050年以降は、地球人口が減ってゆくとなれば、SDGs問題の解決につながるのではないか。さらに極論をいうと、温暖化を解決するには、遠回りのようでも、女子教育に力を入れてバースコントロールの考え方を普及させればよいのかも知れない。いずれにせよ「〝地球

に住んでいる人間の生きづらさ〟は、21世紀前半に特有の問題だった」と未来から振り返られる日が来るのだ。そして2050年以降は、地球人口激減へどう対応すべきかへとアジェンダが変わるだろう。

本書の原著刊行後に発表された2019年の国連推計は、人口が抑制される可能性について初めて言及した。長年にわたり国連の世界人口推計をウォッチしてきた私は、国連は大きな転換を行った、との感慨を抱いた。温暖化や食糧不足で人類は昆虫まで食べないと生き延びられない、とさえ言われてきたなか、2100年を迎えるまでに人口が頭打ちとなる、あるいは減少に転じれば、未来は随分違ってくる。国連は合計特殊出生率が2050年には2・2、2100年には1・9になると予測している。現状が2・5であることを考えると驚きだ。まさに本書の予測を裏付けるようなデータである。

しかしながら、出生率が低下すれば、別の課題とも向き合わなければならなくなる。たとえば社会保障制度は各国で脆弱なものとなるだろう。少子高齢化のトップランナーであり課題先進国と言われている日本が、世界に先駆けて早くも直面している問題だ。日本もいまだ解決策を出しきれていないが、2050年以降、全世界共通の課題となるだろう。あと20〜30年のうちに、世界中で高齢者が増え、各国はその対応に追われていく。すると、政治的エネルギーや資金を、日本のように高齢者向け施策に投入していかねばならなくなる。そのとき、地球規模での発展的な未来は続くのだろうか。高齢者は、変化を受け入れる体力・気力が弱り、現状維持へと向きがちだ。これは、課題先進国に生きる私ならではの感覚であるかも知れないが、イノベーションを起こすには、若者が最大人数である今が「最後のチャンス」と認識したほうがよい。なのかも知れない。

日本の移民政策は成功するのか

本書では、日本が少子高齢化に陥った理由のいくつかとして外国人差別、女性差別、ロスジェネ放置などを挙げている。その対応策として、女性の活躍、シニアの活躍、ＡＩの活用、若者への教育なども検討したうえで、日本の少子高齢化への最後の切り札は、移民政策しかない、と結論づけている。

たとえばカナダは、高度なスキルを持った移民を受け入れ、活躍できる職場環境を整え、教育機会も提供することで、経済成長にも寄与してもらうという巧みな戦略を取り、少子高齢化を防ぐことに成功している。日本もカナダを見習えば、〝モザイク型移民国家〟として繁栄できるという提言だ。ただしカナダではダイバーシティが実現され、高度なスキルを持った移民が快適に過ごせている。果たして日本にその土壌があるのかどうかといえば、私はやや悲観的な見方をしている。

著者たちも指摘する通り、日本には、ハンガリーのような特異性、すなわち血統主義（p.306、p.326参照）が存在する。また、島国独特の歴史的背景ゆえの、海の外から来る者への拒絶感、アレルギーと無縁ではない。これらを克服できない限り、なかなか厳しいかも知れない、というのが私の実感だ。私は、そもそも日本は、移民の方々に来ていただくタイミングを既に逸したのではないか、と認識している。経済成長の目覚ましい近隣アジア諸国の方々にとって、少子高齢化で経済や社会が停滞し、ダイバーシティの観点からも遅れている日本は、移民先として魅力的な国と言えるのだろうか。

　本書は21世紀の地球の俯瞰に成功したが、問題はこの状況にどう対応するかだ。著者たちが推奨する移民という切り札ひとつ取っても、ひとつの国の短期的な解決策にはなってもグローバルな視座で見て長期的な解決策になるかというと、話は違ってくる。現在、人口減少が進む日本国内では、地方創生の名のもと自治体同士が住民を奪い合っているが、今後は、地球規模で同じようなことが起きるだろう。世界の総人口のパイが縮まるなか各国が移民を取り合うことが、はたして究極の解決策といえるだろうか。

　本書と出会って、願わくば私も著者たちのように、世界の各国を歩いて、現地で何が起きているかを、この目で直接確認したいと思うようになった。日本は世界に先駆けて人口減少を経験している。そんな日本の「未来」を読み解いて来た私だからこそ気が付く点は少なくないだろう。そのうえで、著者たちと〝人口が減り行く地球〟の未来について対話をしてみたい。

　エンプティー・プラネットが子孫にとっても暮らしやすい〝故郷〟で在り続けるために、われわれができることとは何なのか。それを考えることは、今をすでに「大人」として生きている世代のミッションである。多くの人がこの議論の輪に参加したならば、きっと有用な方策が見つかることだろう。

著者

ダリル・ブリッカー

名門調査会社イプソスのグローバルCEOを務める。世論調査と統計分析の専門家。現職で得られる豊富なデータに加え、中国、韓国、インド、アフリカ、ブラジル、ヨーロッパなど世界各国にてフィールドワークを行い、統計に現れない変化や証言をも拾い上げて、本書を書きおろした。

ジョン・イビットソン

カナダを代表する新聞社 The Globe and Mail のジャーナリスト。政治分析をテーマにしたブリッカーとの共著書『The Big Shift』は同国内にてベストセラーを記録した。

訳者

倉田幸信（くらた・ゆきのぶ）

1968年生まれ。早稲田大学政治経済学部卒。朝日新聞記者、週刊ダイヤモンド記者、DIAMONDハーバード・ビジネス・レビュー編集部を経て、2008年より翻訳者へ。共訳書に『ALLIANCE アライアンス』（リード・ホフマン、ベン・カスノーカ、クリス・イェ）、『THE ONE DEVICE ザ・ワン・デバイス』（ブライアン・マーチャント、ともにダイヤモンド社）、訳書に『VRは脳をどう変えるか？　仮想現実の心理学』（ジェレミー・ベイレンソン／文藝春秋）などがある。

解説

河合雅司（かわい・まさし）

1963年生まれ。中央大学卒。人口減少対策総合研究所理事長。著書『未来の年表』『未来の年表2』『未来の地図帳』（すべて講談社現代新書）がベストセラーに。高知大学客員教授、大正大学客員教授、日本医師会総合政策研究機構客員研究員、産経新聞社客員論説委員、厚労省や農水省などの有識者会議委員も務める。

装丁　永井翔
本文扉デザイン　精興社

2050年《ねん》 世《せ》界《かい》人《じん》口《こう》大《だい》減《げん》少《しよう》

2020年2月25日　第1刷

著　者　ダリル・ブリッカー　ジョン・イビットソン
解　説　河合雅司《かわいまさし》
訳　者　倉田幸信《くらたゆきのぶ》
発行者　花田朋子
発行所　株式会社　文藝春秋
東京都千代田区紀尾井町3-23（〒102-8008）
電話　03-3265-1211（代）
印　刷　精興社
製本所　大口製本

ISBN 978-4-16-391138-0　Printed in Japan